JN124944

目次

II　呪符と呪儀

序　まじなひの世界・事始

馬を殺して漢神を祀る

――最初に「まじなひ」という行為をどのように考えられますか。

人間の生活には明るい日の生活と暗い日の生活というものがあると思うのです。若いときには、どんどん伸びていくから、人生の暗さというものはわからないが、年をとってくると人生の暗さ、次第に死に至る暗さといったものがわかってくる。社会にも明るい日射しのさす時代と暗い時代があるし、家族の流れの中にも光明と暗黒があると思うのです。そういう場合に、こうした暗さをどう克服するかということが非常に問題にされると思うのです。

こうした人間の暗さを克服するために、現在では、人間には薬とか医者があるし、社会にも社会病理学といった分野がひらけていますが、昔は科学的な治療法はないし、社会的にも社会病理学などが確立していないだけに、「まじなひ」というものが、予防薬として、また病をいやす薬として、時には社会のかげりに対応する薬ということで息づいていたのです。世の中の暗さを取り除くそうしたまじなひのシステムさえ守れば、災厄の暗さ、社会の暗黒から脱出することができると考えられていたのです。その意味で予防、快復の薬として一種の薬のようなものとして、「まじなひ」というものがあったわけです。

このようにまじなひによって、暗黒の世界から脱出しようとする一方、逆に明るい世界で威張っている人を暗い世界にひきずりこむとか暗黒の世界につきおとす、そういう働きとしてのまじなひも大きな役割を果たしていると思うのです。

一つの社会に、構造としてダイナミックに生きたまじなひは、今日のように「まじなひか」とみんなから無視されてしまうような存在ではなくして、その当時は非常にきめ細かく縦横にくみたてられ、社会的に築き上げられたものであり、一つの社会の理念的構造として存在したのだと思うのです。社会の理念的構造の中にまじなひが非常に強く働きかけているわけで、そうした意味では、宗教や芸能と変わらないと思うのです。宗教が光明世界に近づく志向をもつものであるとすれば、まじなひは、暗黒世界から手を伸ばしているような、あるいはその中に閉じこもっているような、閉鎖的なものであろうと考えられます。その構造を一つ踏み間違えば大変なことになる。そういう意味で、まじなひがあったと思うのです。

——単なるネガティブなものではなくて、アクティブなものだと。

そうです。まじなひはもちろん縄文時代、弥生時代にもあるわけです。しかし奈良時代というのは、日本でまじなひが一つの正確な形をとって出てくる時期だと私は思うのです。社会的に存在したまじなひが政治的に定着していく時期がこの奈良時代だと思うのです。今日まで、縄文時代からといいますか、人間とともにまじなひがあって、それが進歩したり、退化したりする、そういう形で、考えられているようですが、私は、単に進歩、退化するのではなく非常に政治的な動きが出てくると思うのです。平城宮跡など掘っていますと、奈良時代の遺物の中に、土馬《どば》、かまどのミニチュア、人の顔を墨で描いた壺(人面墨書土器)、人形《ひとがた》、馬形、鳥形、そうしたものがたくさん発見されるわけです。これらの資料をどのように理解するかということから奈良時代のまじなひがどうあったかということが復原できると考えています。奈良時代の社会がふつう「咲く花の匂うが如く」というように非常に華やかなものとみられている一面、こうした非常に暗い世界を示す文物があるわけです。

——呪術を通して、当時の社会を理解できると。

そうなのです。今まで、あまりにも政治史的に、あるいは発掘のすばらしい成果だけで、華やかな奈良時代が語られているけれども、決してそうではないということですね。

たとえば、土馬というものがさかんに出てくるので、一例としてとり上げて考えてみましょう。まず生きた馬があるわけです。大阪府の河内国府遺跡とか嶋上郡衙《ぐんが》跡を発掘しましたところ、長径が一メートル前後、幅が九〇センチほどの小さな穴の中から、馬の歯が一揃え出てきたことがあります。

——国府とか郡衙というと、政治的に重要な地点ですね。

おっしゃるとおり河内の国府とか、大阪の摂津国の嶋上郡衙は、それ自体、政治的な拠点として重要な遺跡です。その一面に、いくつものこうした穴が掘られているわけです。いくらその頃の馬が小さいといいましても、一メートル×六〇センチという小さな穴の中に馬一頭は収められないわけです。そうすると、はっきり歯が残っているわけですし、ときには轡《くつわ》を装着したままで検出されていますので、首だけを切り、この穴に収めている可能性が出てくるわけです。このようにみてきますと、馬を殺し、首の部分だけを大事に穴の中に葬った状景がほうふつと浮かび上がってくるのです。肉や骨は腐っても、歯は堅いから残されている。こういう状況なんですね。

嶋上郡衙跡ではその中に灰が一杯一緒に入っていました。これはおもしろい事実です。馬を殺すということは、当時馬が大切なものであっただけに大変なことです。馬を殺して食べ首の部分を大事に置いて、それを穴に埋める、そうした行為の結果だろうと私は思うのです。

『日本書紀』の皇極《こうぎょく》天皇六月の条に、日照りがつづき国の民の苦しむ中で、天皇が群臣に祈雨をいのる方法をはかる場面があります。その中で、村々の祝部《はふりべ》が村の人たちに旱天《かんてん》をのがれる方法をいろいろ教えている様子が記されています。教えている内容は、牛馬殺して神に祈り、しきりに市を移す、また川神に雨を祈るといった方法があげられています。こうしたやり方では効果がないのでどうしたらいいかという相談を天皇が群臣にはかっているわけです。

少し時代が下りますが、『類聚三代格《るいじゅうさんだいきゃく》』の中に延暦《えんりゃく》十年（七九一）の太政官符《だじょうかんぷ》が載せてありまして、漢神《かんじん》を祀るために牛を殺してはならないといっているのです。皇極紀では、雨を求めて牛馬を殺すとあり、『類聚三代格』では、漢神を祀るために牛を殺すとあるわけですから、雨を求めて祈られる神は漢神ではないかという発想の可能性が出てくるわけですね。そうすると、漢神を祀るために牛馬を殺すということになれば、これは中国から伝えられた風習である可能性が非常に強いわけです。日本で昔から行なわれていたのではなく、七世紀以前、漢神とその信仰が日本に伝わり、漢神は天気を司り、牛馬を捧げれば雨が降る、あるいは漢神を祀るのに牛馬をよしとする思想があるということがわかるのです。私はおそらく六世紀の中葉に成立してくる思想だと思いますね。

牛馬を殺して云々というところから始めるとおもしろいことがたくさん出てくるのです。たとえば、土馬は、平城宮以前から確かに発生しているのですが、大阪の国府遺跡の場合でしたら、馬噛が発見されたいくつかの穴のすぐそばで、土馬を収めた穴が発見されているのです。この土馬は脚が壊されていたり、尻尾が壊されている、土偶と同じように、壊されているという事実があります。これはやはり死に至らしめているのではないかと考えられるわけですね。

先ほど馬を殺して云々ということがありました。それは実際の馬を殺したわけですが、少し時間がたちますとそれが土馬に代えられ、土馬を殺すという時期があったのではないかと考えられるわけです。

——殺すことが残酷だとか、あるいは惜しいとか、そういうことで、土馬が誕生するのですか。

惜しいというのではなくて、おそらく牛馬を殺すということになると、生産の大事な一対がくずれていくわけです。そういうこともあったと思うのです。日本では、古くから物を形代《かたしろ》にするという考え方が強くあって、八世紀に入ると土馬がにぎやかに登場してくるのです。

生馬と土馬と絵馬の語り

ところで『日本霊異記』の中に注目される記事があります。「聖武《しょうむ》天皇の代、摂津国東生《ひがしなり》郡撫凹《なでくぼ》村の金持ちが漢神の祟りを受けた。それを払うために七年間、毎年一頭ずつ、牛をはふり、一方で放生会《ほうじょうえ》を行ない、七年後、彼は死んだ。彼は焰羅《えんら》の前に連れ出され審判をうける。七匹の牛頭の人間が現われ、この男に毎年一頭ずつ切り裂かれ、なますにして食べられたと告げ、この男を切り裂きなますにして食べたいと述べる。一千万人以上の人が一方に現われ、牛こそ殺したけれど、彼は多くの放生の善業《ぜんぎょう》を修めて死んだのだからこれは罪ではないんだ、殺してはいけない、と述べた。結局、七対一千万ということで、焔羅王は、祟る漢神を祀らんがために牛を殺したにすぎないとして助けることとなり、この人は生き返るのです。

　この話の中で、牛を殺しなますにするということが非常に注目されます。当時、漢神いいかえれば鬼神《きしん》といいますか、そういうものがとりついたときには、牛馬を切り裂き、なますにして食えばよい。私は頭の部分は食えないから、それは穴に埋めると考えているわけです。本来は食うという過程まであり、食べた後、骨や残肉などを焼く。それが灰になって、嶋上郡衙などでは出てくるのではないかと考えているわけです。そうしたことをなぜ行なうのかといいますと、人間に不幸が生じた時、たとえば、鬼神や漢神がとりつき病に臥《ふ》すとか、旱天が続くとか、疫病《えきびょう》が流行するというように、世の中が暗黒におちいる時、逃れる一つの術としてまじなひがあり、生馬を殺したり土馬が考え出さ

図1　土馬と絵馬

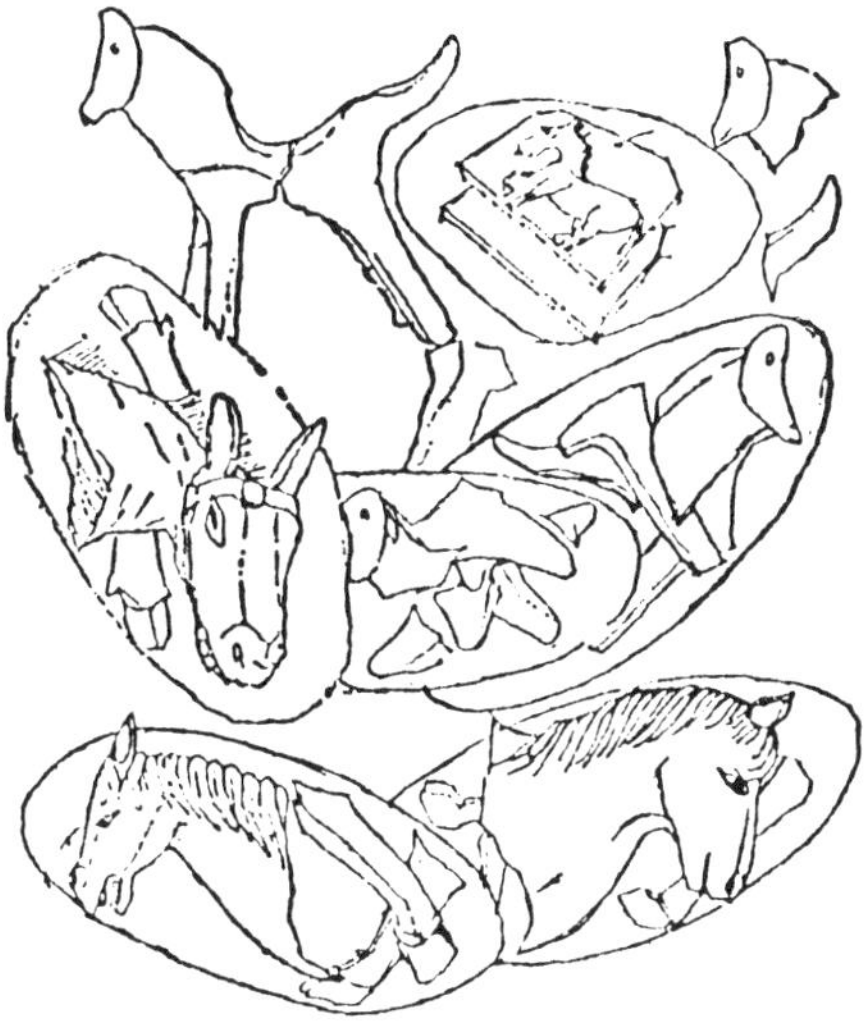

図2　殺馬と土馬と絵馬を埋める

れるわけなのです。

土馬が登場してくると、その土馬をめぐって注目しなければならないのは、六月、十二月、朝廷が行なう大祓《おおはらえ》の儀式です。六月、十二月という一年を二分した時期は人間の体が弱る時期と考えられていたのですね。人間にとりついたいろいろな悪の要素、穢《けがれ》の要素、そういったものを祓い流す、祓いやってしまうのです。その大祓に必要なものが「祓柱《はらえつもの》」ですが、その中に馬があるわけです。天皇などは本当の生きた馬であったと思いますが、官人などは土馬を使ったのではないかという気がするわけです。土馬をつくって諸悪の根源をのせて祓いやるというように考えるのです。

――祓柱は馬だけでなくて、いろんなものがあるのですか？

もちろんです。しかし、馬が主体になっています。素戔《すさのう》嗚命《のみこと》は天照大神《あまてらすおおみかみ》が籠もり機《はた》を織っている建物へ馬を逆剝《さかは》ぎにして投げ込む、天照大神は驚き亡くなったという神話が記紀にありますね。そういう記録をもとにして大祓をやっているわけでして、漢神と素戔嗚命が重なっているわけです。

――そうすると、あの神話は儀式と関係があるわけですか？

そういうことです。あの神話こそ大祓の儀式の由来となる神話なんです。大祓の神話であり、また漢神の神話でもあったと思うのです。

そういうふうに、馬が祓柱としてさかんに使われ、平城宮跡では溝の中からたくさん出てくるわけです。稗田阿礼《ひえだのあれ》が住んでいた平城京から約一キロ南にある稗田村落の近くを最近奈良県教育委員会が発掘調査したときも、たくさんの土馬が出ているんですね。

――それは政庁があったのではなく、稗田氏関係の人たちがやっているわけですか？

村の中でもやっている。近畿地方を中心に、朝廷が命じて大祓をさせているわけです。ですから、いっせいに大祓をやっているんだと思うのです。そういうことで、稗田阿礼の村でも、また平城京の港津であった木津川の木津の地＝京都府の南端の地でもたくさんの土馬が出ているのですね。

——川の近辺に多いのですか?

川の近辺に多いのは確かです。川でないところからも出てきますが。朝廷の命により、土馬をつくり種々の災厄《さいやく》をとりつけて川に流し、時には埋めるということが行なわれたのですね。はっきりいえば、馬を殺すだけではなくて、朝廷が理念的につくり出したまじなひとして、土馬をめぐる儀式があったのです。

——それは政治的な指示が出され地域をえらんでさせるのでしょうか?

そういうことですね。指示が出ているわけです。それで近畿地方一円で行なわれているのです。

ところが、平安時代に入りますと土馬が次第に使われなくなっていきます。そうして逆に出てくるのが、絵馬なんですね。奈良時代から、絵馬はあるわけです。静岡県の伊場《いば》遺跡でも、もうすでに絵馬は出ているし、奈良県でも、最近奈良時代の絵馬が発見されはじめました。

絵馬の場合も、非常におもしろいことですが、絵馬については、『先代旧事本紀《せんだいくじほんぎ》』の中に、こういうことが書いてありますね。三輪大神《みわのおおかみ》は、厄神《やくがみ》を司り、病を司る。五月の端午の日、五色の餅をつくりカヤの葉に包み、紐でしばり、ちまきをつくる。それに酒を供え、絵馬を二つつくり、これを添えて土に埋める。という記事が出てきます。この三輪の神を祀ると、流行病や争乱が直ちに止み、五穀の豊穣が果たされるということが説かれております。絵馬が先ほどの鬼神や漢神、厄病神《やくびょうがみ》につながっているわけです。

日本の歴史の中で、諸悪の根源をなだめるまじなひとして、馬をめぐる世界が一つの大きな系譜となっています。それが現実の馬を殺すとか、土馬をつくるとか、絵馬をつくることになっていく。平安時代になりますと、紙でつくり彩色した馬形がみられるのです。紙の絵馬は実際には出てこないので、具体的な形はわかりませんが、土馬がなくなった後も紙でつくった馬というものが、さかんに行なわれているということが理解されるのです、ワラや草でつくった馬などが全国的に広がってくるのは、平安時代以降だと思うのですが。

いずれにしましても、今日にみるような、馬のおもちゃの源流がその時期に求められるだろうと思うのです。子供にもてあそびものとして馬を持たせて、子供の病い、災疫を背負わせ、本来は毎年流すものだったわけですね。流し雛《びな》のようなものとして各種の馬形が続くのです。

したがって、単に雨を祈るとか、水を保つためにとか、一つの目的のために土馬などがつくられるのではなくて、素盞嗚命に皮を剝がれた馬のように、諸悪の根源として馬が位置づけられて、また、それを救うものとして各種の馬がつくられていくのですね。

韓竈と韓神・漢神と

馬と非常によく似たあり方を示すのが竈《かまど》だと思いますね。奈良時代やそれ以前の一般的な住居をみますと、竪穴の一辺につくりつけのカマドがあったり、炉がつくられています。

ところが、珍らしいことに、一方では持ち運びできる、ポータブルなカマドがあるわけです。この種のカマドは、五世紀末から六世紀ごろ朝鮮から日本に入ってくるようなのです。渤海《ぼっかい》などの諸国と交流のあった北陸地方に、古いカマドの例が見られるのです。石川県富来町《とぎまち》の高田遺跡でも、二、三点ありますし、新潟県佐渡の真野町《まのまち》でもこの種のカマドが発見されているのです。長い胴の甕《かめ》をつくり、それを二つに切り胴から上を竈体として用い、焚口《たきぐち》をくりぬいてカマドをつくるわけです。カマドの上に釜や甑《こしき》をのせるのですが、五・六世紀までなかった炊飯具がこの地域に成立しています。

同じように早くから成立していると考えられるのが、近畿地方です。畿内の随所にあるのではなく、漢人《かんじん》系と称する氏族や百済《くだら》系の帰化人《きかじん》が多くいました地域にカマドが成立しています。

六世紀中ごろから後半の横穴式石室をもつ(古墳がさかんに造られている時期ですが)、近畿地方の古墳の中から、高さが一〇チ《セン》前後のカマドのミニチュアが出てくるわけです。先ほど、漢神を祀るために六世紀になってから馬が登場してくるといいましたが、やはり中国や朝鮮の影響を受けたポータブルなカマドも前後して同じように登場してくるわけです。近畿地方の場合、ミニチュアとしてつくられ古墳の中に死者と共に納められているのです。この種のカマドのミニチュアは記紀にみえる黄泉戸喫《よもつへぐい》を示すものと考えられていますが、死者があの世に、彼岸のカマドで炊いた食事をする。そこで、死者は死の世界に住まうことになる、その黄泉の国の食事を示すものがこのカマドのミニチュアではないかと小林行雄先生が説いておいでになります。私も確かにそういう一面があると思います。ただ、それだけではなくて、こうしたカマドのミニチュアの出た土地を調べていきますと、すべて漢人系、または百済系帰化人の編貫《へんかん》された地域なのです。帰化人が集中していた滋賀県大津市の北郊の古墳群、大阪府南河内郡の一須賀《いちすが》古墳群などでたくさん発見されているのです。

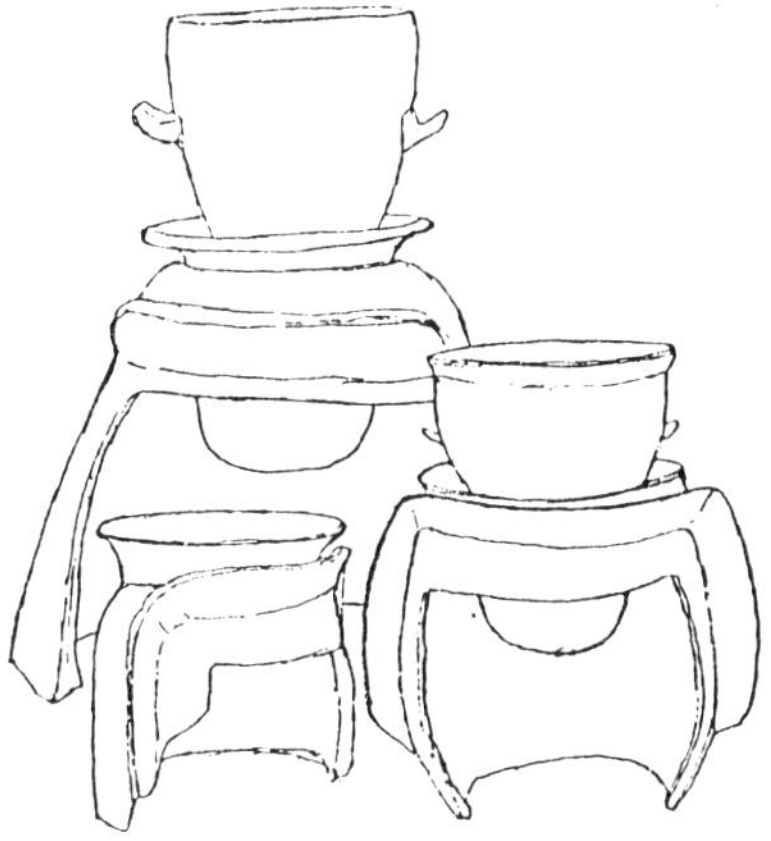

図3　カマドミニチュア

したがってカマドのミニチュアは元来帰化人の間で非常に信仰され、家の神、守護の火の神と考えられていたようなのです。

ところが七世紀に入ると、パタリとカマドのミニチュアをつくることが絶えてしまうのです。七世紀に入り古墳がつくられなくなると、カマドを死者にそえるということが行なわれなくなるのです。

しかし八世紀になると、突如として、このミニチュアのカマドをつくることが復活してくるのです。平城宮を中心として、いっせいに近畿地方で行なわれるようになるのです。最近は畿内でのカマドのミニチュア発見例が急増しています。『延喜式《えんぎしき》』などでは、こうしたポータブルなカマドを「韓竈《からかまど》」とよんでいますが、やはり、中国や朝鮮からきたカマドだというふうに意識されていたわけです。

実際、朝廷でも韓竈を使っているのですが、これを儀式のためにミニチュアとしてさかんにつくるのです。八世紀になり、いったん途絶えていたミニチュアのカマドが再び政治的に台頭してくるのですね。先ほどお話ししました土馬と同じように、ものすごい勢いで流行しはじめるのです。

おそらく朝廷が設定した祭式、「まじなひ」だと私は思うのですが。

ミニチュアのカマドは家の竈神《かまどかみ》の象徴ですから、非常に重視されたのだと思いますが、本来祀られていたのは帰化人の神＝漢神であり、そのシンボルとしてつくられ、古墳に納められていたのに、そうした風習を朝廷は上手に利用して、他地から来た恐ろしい神、時には食事、食物を通じて流行病の根源となり、また家々に不幸をもたらすといった、そういう信仰を上手に利用しまして、疫病や災厄を祓う祀りを朝廷がつくっていくのです。八世紀のミニチュアのカマドの成立のいきさつは、ほぼこうしたものでしょう。

――最初の、六世紀代には、帰化氏族自身によってカマドのまつり、まじなひが行なわれたけれど、八世紀になると目的や意図を改変して、朝廷が恐ろしい外来の神として位置づけしたということですね。

その通りです。朝廷の力で、近畿地方を中心とする権力構造の中で用いられてゆくということです。近畿地方の村にミニチュアカマドを用いて祭りなり呪儀を実修するようにという指示を出しまして、やらせているようなのです。

ミニチュアカマドの場合もやはり韓神＝漢神なのですね。外来の神を恐れるところから一種のまじなひの世界が誕生していたわけです。

ところで、カマドのミニチュアも、また土馬もおもしろいことですが、あまり広い地域に広がらないのです。近畿地方には濃密にみられるのですが、九州の太宰府では未だに土馬や、ミニチュアカマドは出土していないようですし、東北の多賀城でもやはりそういうものは出てこないのです。朝廷を中心として、朝廷に仕えている役人、朝廷を直接とりまいている村々という畿内でもさらに限定された地域の中で土馬やミニチュアカマドは息吹いているのです。

人面墨書土器と胡王の世界

ところが、一方にそうでない広い地域にみられるまじなひの文物があるのです。たとえば、人面墨書土器、墨で顔を描いた壺とか皿ですが、多くの場合、男の顔で、ヒゲが描かれ恐ろしい顔、ニタッと笑っている顔が描かれているという不思議な土器なのです。これは六世紀や七世紀という古い時代にはありません。やはり八世紀になってからいっせいに出現するのです。先ほどの土馬やミニチュアのカマドが八世紀になって再流行するのと軌を一にしているわけです。奈良時代になりますといっせいに一つの宗教体系がつくり上げられ、まじなひや呪儀の体系もつくり上げられていくわけです。

――人面墨書土器はどういうところから出土しているのですか?

人面墨書土器の場合、顔はふつう壺などの外側に一～四面を描くのですが、東北地方の蝦夷《えみし》と対決しているはずの多賀城でずいぶんたくさん出てくるのです。これは近畿地方からの思想といいますか、考え方が直輸入されているのだと思うのです。東北地方の人面墨書土器の顔は蝦夷の顔を意識している。むしろそのものを描いている。日常敵対する者の顔を描いているわけですね。

近畿地方の場合では、非常に恐ろしい顔あるいは酒に酔ったような顔、まじめな顔を描いている。東北地方の多賀城では少し変わった帽子を被る異様な顔などを描いております。

こういった人面墨書土器が多賀城を中心とする東北地方や近畿地方を中心として出てきますと、この場合も土馬などと同様、朝廷が多賀城にこういうことをやりなさいと指示しているのだと思うのです。多賀城の場合、描かれているのは、蝦夷の顔のようですが、近畿地方の場合は何の顔かということになりますね。ここで考えられる一番近いものに、正倉院展で展示された布作面《ふさくめん》があります。よく似た顔が布でつくった面に描いてあるわけです。この面は布面の左右両側を切り紐にして頭で結ぶものでして、簡単につ

図4　人面墨書土器と布作面

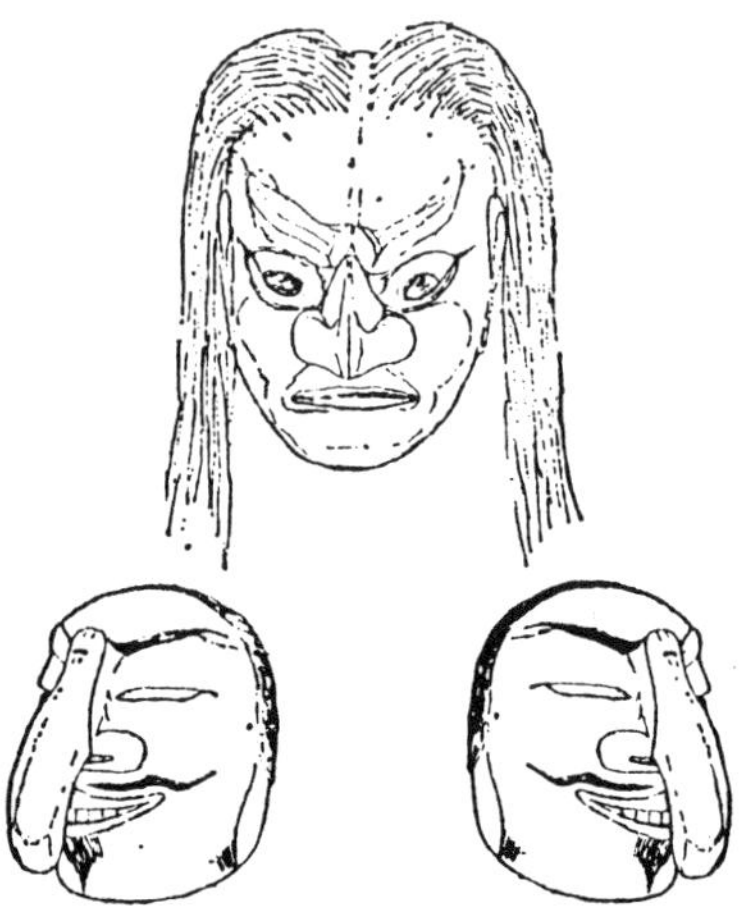
図５　酔胡王と酔胡従

くれる面なのです。こうした布作面が正倉院にたくさん収められているのです。

この布作面は「酔胡王《すいこおう》」と「酔胡従《すいこじゅう》」なのです。胡国《ここく》の王と家来が、酒に酔い種々の酔態を示す楽《がく》が成立しているわけです。先の布作面は酔胡従として使われたのだろうとされています。胡王の面は、恐ろしい形相をしており、人を怖れさせるだけの顔をしています。胡国の王ですから、貫禄のある顔を描いており、家来もまた胡国の人らしく眉やヒゲは毛むくじゃらの顔をしていまして、まさにその表情は、人面墨書土器の顔と酷似しているのです。

ですから、人面墨書土器は胡人の顔が描かれているわけです。

伎楽《ぎがく》の上で酔胡王と酔胡従が何をするかはわからないのですが、おそらく胡王が酔い、笑った醜態を演じたり、さまざまなことをするわけですね。ひどいのになりますと、酔胡従の中には鼻まがりの面までありまして、恐ろしい顔をしながら最後には人々を笑わせる仕掛けになっているわけです。恐怖から笑いへと変化していく芸の中で次第に恐ろしい要素が消えていくというのが酔胡王と酔胡従の舞の意味だったと思います。

そういったものを媒介として考えてみますと、人面墨書土器は、胡王なり漢神に多くの人々のわずらいごとを移し祓いやろうというところがあるわけなんですね。『延喜式』には、天皇の大祓に当たり中臣《なかとみ》の女が壺の中に小さい石を入れまして、天皇にささげ、その中に天皇が息を吹きこむ紙で口を蓋するといった記事がありますが、おそらく一番弱った時期・弱った気を示す息がその中に込めれて、やがては、川に流されるのですね。そういう壺のことが書かれていますけど、その壺にも顔が描かれていたのではないかと考えているのです。

結局、胡王やその従者と同様、外つ国の神の恐ろしい顔を描き、それによって吹き込んだ気息が、その神たちに守られながら、またその人たちにひっつけて、ともに川に流しやってしまうことが考えられているのです。

――土器も流したわけですね。

人面墨書土器は全部流したものです。大和川など川の中からも、また堀や井戸の中からも発見されます。水の道にみんな流しているのですね。当然これは、古くからあった禊《みそぎ》とか祓《はらえ》と重なってしまう一面もありますけれども。

――中に石とか何か入っている可能性はあるのですか？

これから、慎重に掘ってもらったら、出てくる場合もあると思います。石でなくても、紙でも人形でも玉でもいいと思います。とにかく息をとりつけられるようなものが中に入っていた可能性はあると思います。そういうものは、紙で蓋して流すわけですから、紙は残りませんね。胡王や家来のと似た顔、これが神の顔でありまして、やがては漢神や胡神、夷神とかになってしまうわけですね。王は神自体でもありますから、漢神＝他国から来たような畏怖すべき力をもつ神とその眷属といった形になってくるのです。

こうみてきますと、奈良時代は、「咲く花の匂うが如く」といった一面だけではなく、朝廷をとりまく外の世界、外国から来る神を非常に恐れており、しかも一方では自分たちの間に起こる災厄をそれにかこつけて祓い流そうとしているのですね。

そういった意味で、奈良時代のまじなひ＝呪儀《じゅぎ》というのは、祓い流すことにすごく大きなウエイトが置かれていたと思われ、しかもそれらは朝廷が創設・再編したものという意味で非常に興味をひきます。逆言すれば帰化氏族が大きくこうしたまじなひ世界にタッチしているということになりますね。

こうみてきますと、日本のまじなひが整備されるのは、まず奈良時代、早ければ天武朝に政治的に整備されるのであり、帰化氏族の関与があって組織化されるのではなかろうかと思うのです。

――日本には土着の思想として、マレビトだとか外来魂を恐れ敬う心があるのを、朝廷が規模を大きくして、中国や朝鮮からのそれを外来神として恐れ敬ったということがあるのでしょうか？

上手に重ね習合させているわけです。日本に、もともと遠いところからやってくる、時には恐ろしく時には福をもたらす神があると、折口信夫先生がさかんにいわれていますが、マレビト神ですね。マレビト神は考古学的にはなかなかむつかしいのですが。しかし、今の場合、そうした信仰が日本の土着の信仰としてあったと仮定すれば、それを巧みに利用して、しかも明らかに目を外国に向けて、マレビトに漢神、夷神など外来の神々を重ね具象化しているといえるでしょう。それを怒らせると怖い、どのような災厄が生まれるかわからない、それをなだめるのですね。

――実際に帰化氏族が来て、儀式なり呪儀を形成していくと考えていいのですね。

漢韓文化を上手に習合させるといいますか、呪儀をつくり出している。といっていいでしょう。

人面墨書土器が多賀城で出たというのは蝦夷がいるからですね。朝廷が蝦夷をさかんに気にしているのだと思います。大宰府では緊迫性なり必然性がないのだろうと思います。

こうみてきますと、大きな意味での地域観が出てくるわけです。朝廷に近い地域、たとえば岡山・香川・静岡などといったところからは、この種の遺物は出てこないのです。ただ、人面墨書土器の中で静岡や千葉などで、畿内や東北とはちょっと異なった、女性の顔や剃髪《ていはつ》した女性の顔を描いた墨書土器がありますが、これは先ほどの墨書土器とは表現もちがい直接個人の病気を癒すための呪具だと思うのです。

このように朝廷がつくり出した呪儀は、非常に狭い範囲に限定されて行なわれている、しかも政治的に実修されている、ということがわかるわけです。ところが、一方では、多くの木簡などを出して有名な静岡県浜松市の伊場遺跡では普通の木簡とは少し形の違う木札が発見されまして、その表には「二万千三百廿□」という数字が、また裏には「己丑《つちのとうし》年八月放□」の文字が書かれていました。私は、この札が放生の札であろうと考えているのです。

たとえば、後の時代のものですけれど、『広義門院《こうぎもんいん》御産《ぎょさん》愚記《ぐき》』の中には、七仏薬師《しちぶつやくし》を祀り安産を祈る条がありまして、放生を行なうことを記しています。
兵庫尼崎の浜や、難波天王寺今宮浦《いまみやうら》で、ハマグリ三億三万一千五十六をはじめ、すずめ貝や鮎《あゆ》、鮒《ふな》などを買うわけです。そうして生きたまま放してやるといった放生をさかんにやっているわけです。放生する魚貝は膨大な数なのです。広義門院の場合は後の時代の一例としてあげたわけですが、伊場遺跡の木札にも同様、膨大な数がみられるわけです。裏側に己丑年八月に放生した旨が書かれているわけです。ところで、己丑年は持統《じとう》天皇三年（六八九）に当たりますので『日本書紀』にあたってみますと、ちゃんと書かれているのです。同年の八月十六日、摂津国武庫《むこ》浦の海一千歩の内、および紀伊国那耆野二万頃、伊賀国身野二万頃の漁猟を禁断し、河内国高脚海に准じ守護の人を置いたことが記されているのです。『日本書紀』の記事と木簡が一致するわけです。『日本書紀』では漁猟を禁断することが書かれているだけですが、伊場遺跡でも放生が同時に行なわれたことがわかるわけです。おそらく朝廷の命令として行なわれているのでしょう。伊場放生木簡の発見で、日本全国に朝廷が触れを出し、全国の国司から郡司におりて、郡衙や御厨《みくりや》で、いっせいに放生が行なわれている。換言すれば、朝廷の指示が貫徹しているということがわかるわけです。

図6　放　生

――放生会というのは中世からかと思っていましたけど、古くから始まっているのですね。

文献の上では天武天皇五年（六七六）の放生が確かなものでしょう。そうすると放生のように全国的に行なわれている儀式・呪儀と特定の地域に限り行なわれた儀式・呪儀という二つのタイプがあるということがわかりますね。朝廷の儀式・呪儀に対する配慮がどのようなものであったか、ということがわかるわけですよ。

もう一つ放生と同じような例があります。それが人形《ひとがた》なのです。穢れを人形に移し、川に流してやるのです。膨大な数の人形を朝廷で使用しています。『延喜式』に見える資料では天皇の場合、毎月晦日に使用し計七二〇枚の人形を使用しています。新嘗祭《にいなめさい》には三八四枚、神今食祭《じんこんじきさい》に七六八枚が必要とされています。天皇の年間の必要人形数は一八七二枚となります。本当に膨大な数の使用といえましょう。

図7　人　形

――人形にはどんなものがあるのですか？

鉄の人形、金銀塗の人形、木の人形が『延喜式』にみえますし、紙の人形、草、ワラの人形も出てきます。天皇の使う量だけで、それだけの量ですから、一般の官人まで人形を使えば膨大な量になるのは当然のことなのです。

こうした人形は毎度繰り返しつくり使用していくわけですから、平城宮など都の溝の中から多くの人形が出てくるのは当然なのです。人形は贖物《あかもの》といいまして、わが身の代わりをつとめさせる形代で、自分の犯した罪を人形につけ祓うのです。この罪は、素戔嗚尊が犯した罪、それは畔《あぜ》を切り離すこと、溝を埋めること、樋《ひ》を離すこと、種子をやたらにたくさん播《ま》くこと、田に串を刺し入れないようにすること、生き物の生皮を剥ぐこと、随所に大小屎をふりまくこと、といった罪を犯したわけです。人の世にもあるそうした犯罪をすべて流しやるものとして人形があるわけです。

素戔嗚尊の犯した罪は、人間の心根や、行動の中にふくまれる罪なのです。そういうものを流しやることによって人間が正常な姿に帰るわけです。次の年また新たに罪を知らず知らず重ねていくわけです。そのために罪を贖《あがな》うのが人形なのです。

――数が多いというのは、一つ一つの罪について、それぞれをあがなうためにやっているからと考えられるのですか。

数多くの罪を犯したという意識が一つあることと、犯していないと思っても知らず知らずに犯しているだろうということがあると思うのです。数多くの罪を犯したという意識と、数多くの人形を流しやることによって、より清らかなものになろうという意識が働いているのです。天皇は、最高の位置をしめるだけに、その完璧が望まれ、数多く人形が流されていくわけですね。一般の人たちもさかんに実《じっ》修《しゅう》したようです。最近、愛媛県松山市でもたくさんの人形が出ていますし、長野県上伊那郡の箕輪遺跡でもたくさん発見されています。これは近畿地方だけではなくて、本来、大祓としてかなり広い地域に朝廷がさせているのだと思います。大祓の儀式の中ではおそらく、土馬やカマドのミニチュアも用いられていると思うのですが、主流をなしたのは人形だったようです。人形だけは日本全国に用いさせているらしいことがわかるのです。

儀式や呪儀の中に二つの形があることがこれで理解されると思います。藤原宮や平城宮といった都を中心とする儀式・呪儀と、田舎といいますか、その他の地域での儀式・呪儀が峻別されると私は考えています。

――朝廷は意図的に明確に呪儀の使い分けをやっていたわけですね。

そうです。都と出先機関と村というあり方が、まじなひの世界・呪儀を通じてはっさり把握されるのではないか、と私は考えているのです。

境界線をめぐるまじなひ世界

地域によって、まじなひが、朝廷の作為のもとに行なわれていると申しましたが、これは、朝廷を中心として他の地域・空間に一つの境界線がひかれているのだと思います。朝廷が出先とはこういうものだ、中央とはこういうものだ、というふうに峻別していろいろな儀式・呪儀をやらせているのです。

人間の中にも、俺とお前というふうに境界がある。越えがたい境界というものがいろいろある。この境界というものを中心とした儀式は古くから日本でさかんに行なわれています。そこで問題となりますのは、人間の中の、境界に対するまじなひを見ようとしますと、たとえば平城宮で出たものですが、人形の胸に木針を打ちつけた例があげられます。これは、呪《のろ》いの人形といわれて大騒ぎになりましたが、この場合、たんに祓い流すだけではなくて、うしみつ時に人形に木針をうちつけて呪っていると考えられているわけです。

平安時代の初めの桓武《かんむ》天皇なども、早良《さわら》親王を罪に陥れて謀殺してしまったのですが、後にその怨念がいつまでも桓武天皇を中心に残る。その怨念を中心とするまじなひなり、怨念を慰める種々の儀式が行なわれ、崇道《すどう》天皇倉といった倉まで各郡に設けられるのですが、いずれにせよ、まじなひ世界が強く出てくるわけです。平城宮の中でも、やはり官位をめぐり、お互いに誹謗しあうことや、男女の不仲やねたみにも、まじなひがあったのでしょう。そういったお互いが境界を引いて犯されたら呪う、呪われたら呪い返すということがさかんに行なわれています。人間と人間の間の境界とか、地域ごとの境ができればできるほど、まじなひや宗教は、特徴あるものが出てくるのです。そこで境界というものを中心に少しまじなひを見てみたいと思います。

古い時代にはっきりした形で出てくるものとして、道饗《みちあえ》祭というものがあります。中国から使者が来ますと、難波の海で祓いをさせ、次に京に近づくと京城《きょうじょう》の四隅の道で祓いをさせ、宮門《きゅうもん》まで来るとまた祓う。そういうように道饗祭なり唐客入京《とうきゃくにゅうきょう》路次《ろじ》神祭《しんさい》は、外国の使節なり外の者について来た恐い漢＝儺《おにやらい》神などを、なんとかなごめなければならない。日本にきて猛威をふるうと大変だという考えがあります。今で言えば、外国船がつくと検疫するのといっしょです。コレラ菌などに水際作戦で対応する態度と同じなのです。

外来神にたくさん食物をたべさせ、お帰りを願う、また、祓いをさかんに行なう。何回も境界ごとに繰り返すのです。このような道饗祭でおもしろいのは牛・馬・鹿・猪という四種の動物の皮を使うのですが、こうした四種の動物の皮を使う儀式が、『延喜式』の中に意外に多く書きとめられているのです。他のまつりでは使わないのです。道饗祭・疫神《えきじん》祭・障神《しょうじん》祭、蕃客入京祭などに使っていることを考えると、寄り来る恐ろしいものを祓いやるとか、災難をもたらすものを防ぐまつりの時に、四種の動物の皮をさかんに使っているのです。

――その皮をかぶったのですか？

図８　方相氏

問題はそこです。皮を用意するということしか書いてないから、その皮でもって何をするかわかりませんが、特殊な四種の動物の毛皮でもって、まつりを行なおうとしている一面があります。中世を考える上で重要なまじなひだと思います。

――『古事記』の歌謡に乞食人詠《ほかいひとのうた》がありますが、その中の鹿や、カニの誓いの所作と同じでしょうか？

おそらく共通するものですね。鹿やカニが忠誠をみせる言葉をのべ、その身をさし出すことによって主家や主人の生命の寿ぎを希ったのですね。そうした意味では一面似ています。

追儺《ついな》のまつりの時には、方相氏《ほうそうし》が熊の皮をかむって出てきます。儺の神というのは疫鬼で非常に恐い。外来系の災難をふりまくものですから、その威力を鎮めるために熊の皮をかむった方相氏が出てくるのです。鬼を祓う中国系の儀式に熊の皮が息づいているのです。いずれにせよ、幾重にも境をつくり、その境ごとに寄りくるものを祓ったり、御饗《みあえ》したりするわけで、境界線はそうした意味でまじなひの源泉という感があります。

物忌札・神事札・触穢札と地鎮めと

境界線をめぐって、道教のまつりとか四至のまつりがあるのですが、その場、その場で境界を設定していくのです。ここから踏み込むな、ここから踏み込むな、ここから踏み込むな、というように境界線を何度もこまかく分けてつくり出していくわけです。こういう境界線というものをめぐって、ここからたくさんのまじなひが出発するのです。

まず第一に、境界線から中へ入ったら困るという場合がありますね。その場合、どういうことをやるか、というと、境界線をあくまでも守って、自分のほうが籠もりに入る。奈良、平安時代にかけて「物忌《ものいみ》」という言葉がたくさん見えていますね。これはその日が自分にとって非常に悪い日だ、という日には役所にも出て行かないで、じっと家に籠もっている。平城京でも「物忌」と書いた木札が発掘されていますが、おそらく物忌の日に当たっている人の車や、すだれ、冠などにつけたものでしょう。こうした木札をつけて自分は物忌中だから寄り来てはいけない。自分も籠もっているのだということを示すものなのです。

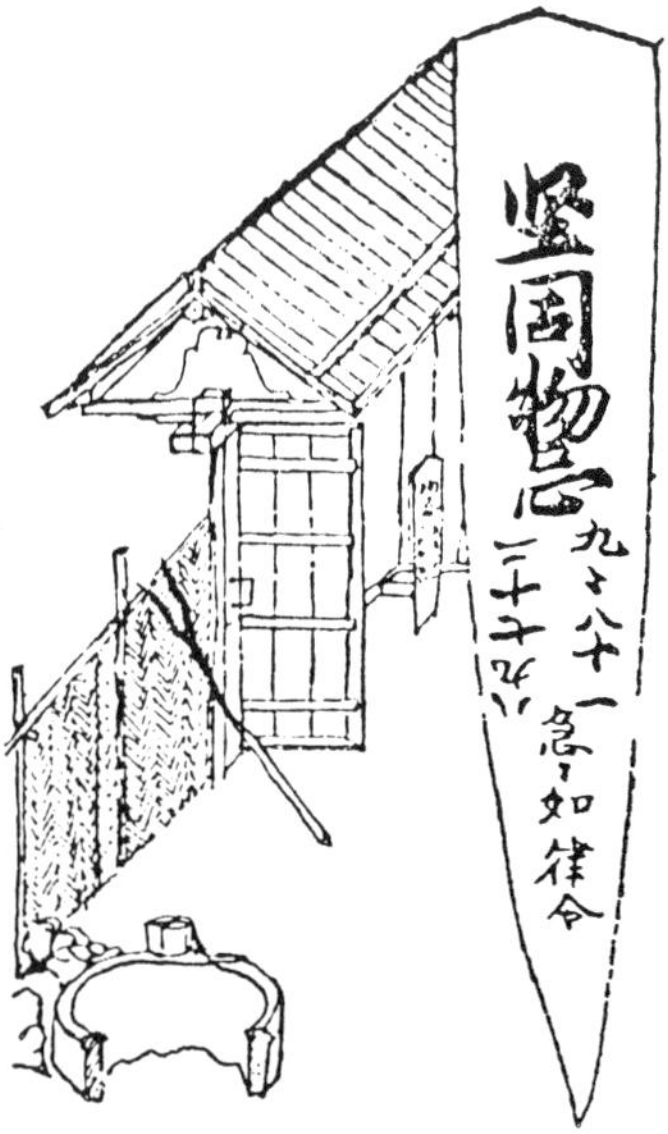

図９　物忌札

この「物忌」の時には、自分の家の入口の門や四至に物忌札という札をたてるのです。中世には、「物忌札」といえば葬儀のあった家の門口に、初七日、二七日、三七日……ごとにたてるものなのです。その札には、まじなひの文句、「急急如律令《きゅうきゅうにょりつりょう》」とか「九九八十一《くくはちじゅういち》」「二十七九八」という句が記してあります。これは境界線を引きまして、現在この家の中では物忌をしている、外からは入ってはいけないという表示です。外から来れば、こちらの方が犯されるわけですし、入った人は穢れるわけです。

こういうふうに一線を引いて、内を籠もりの世界にしてしまうという例がいま一つあります。神事札や触穢札《しょくえ》というものが同様なものです。何年何月何日から何日までの何日間神事を行なう、と記したものが神事札です。鳥居のところにたてています。神事中の社域の清浄をよびかけているので、鳥居の外と内を区別しているのです。その札の内側は神聖なところとして穢してはならない。犬が死んでも困るし、月のものの女性もそこに出入りしてもならない。内側を守る札なのです。こういうものがあるのですね。触穢札というのも似たもので『園太暦《えんたいりゃく》』の中には貞和《じょうわ》四年(一三四八)十月五日、宮中内廷《ないてい》の東頭ノ本柴の下に生頭を見付けたので触穢札を立てたことが配されていますが、札には「今日より七ケ日穢也、貞和四年十月五日」と書かれていたそうです。中が穢れているので入ってはいけない。穢れが他所にひろがらないようにと札の立つ所を境にして内外を分けているのです。

今一つのあり方を示していますのは、内に籠もるというものではなくて、逆に外に移してしまわねばならないとする型です。わが身にとりついたら困る、寄り来るものは、追い払わねばならないという積極果敢なものですね。

こういう型の典型としては羽子板があります。先ほど人形にわが身の穢れをつけて流すという話をしましたが、この場合、境界線が明確ではありません。しかし、羽子板は境界線から悪霊を移してしまうものです。羽子のことを胡鬼子《ぎこ》、羽子板の方を胡鬼板《こぎいた》といいます。これは「こき」という樹の実が羽子《はご》に似ているからそう呼ぶのだといわれていますが、私はむしろ、これは、胡鬼《こき》の子供であると思います。胡鬼とは、先ほどの人面墨書土器のところで、「酔胡王」と「酔胡従」のお話をしましたが、その胡鬼の子だと考えています。外つ国からやってきた恐ろしい鬼の子であると、だから、絶対自分が落してはならない。自分については困る、相手に返さねばならないのですね。

図 10　羽子と羽子板

――じゃあ、羽子板に負けたら、顔に墨を塗られるのも何か意味があるのですね。

それは胡鬼がとり憑いたぞ、という印だし、逆に、胡鬼がとり憑いたのを封じ込める印でもあるわけです。聖痕《せいこん》でもあるわけです。だから、本来は女の子の間での真剣勝負だったわけです。室町時代は、左義長《さぎちょう》などの行なわれる正月の十五日前後にもっぱら行なわれています。これは明らかに、二人の間の境界から、一方へ悪霊を移そう、わが身につけまいというまじないなのですね。

さらに、一つの土地を例に考えますと、もともといた土着の神を外側をぐるっと囲んで鎮めてしまおうという、まじなひもあります。地鎮めの祭というものがそうです。

木下密運《みつうん》さんが早くそれを調べて書かれております。「地鎮めのまつり」という論文です。大阪府河内長野市の烏帽子形《えぼしがた》八幡神社本殿の真下に羽釜が埋めてあり、その中に小皿がたくさん入っている。同様な例が、同じ市の金剛寺の寺房からも発見されています。広さが三尺で、深さが二尺五寸ばかりの穴を掘りまして、そのまわりに御幣を十二ばかりたて並べまして、五穀を調合してつくった粥《かゆ》などを供え、行法《ぎょうほう》が行なわれ、のちこの穴に埋めるといった形の儀式を行なっています。こうしてその地の土地神を鎮めるのですが、そうした地鎮めを木下さんが、遺物の上から解き明かしたわけです。

同様なまつりと思うのですが、お皿を二枚合せて、片方の皿の内底の中心に、梵字のアを入れた輪宝《りんぼう》が書かれており、他の方には法華経の一部を書いた例が京都の東寺《とうじ》の近くで見つかっています。それは、修験道関係の本を読みますと、地鎮めのまつり四方詰《しほうづめ》という呪儀に使っているわけですね。輪宝と法華経の力でもって境というか内側を守る

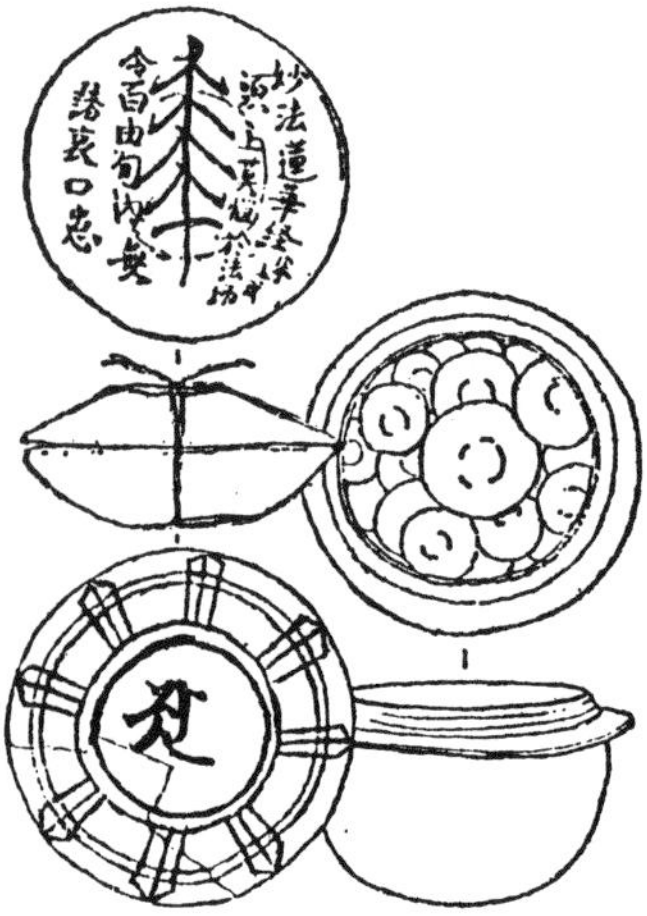
図 11　地鎮め具

というものです。「信貴山縁起絵巻《しぎさんえんぎえまき》」では剣の護法童子《ごほうどうじ》の前を大きな輪宝が走っている場面があります。これは天皇が病気になって性空《しょうくう》聖人に病気をなおしに来てくれと頼むわけですが、性空聖人は行かないのです。剣の護法童子を派遣するのですが、その童子の先を輪宝が走っている。そして天皇の病いを無事なおしてくる、性空聖人は一歩も動かない、という情景です。が、こうしたことで験《けん》あらたかな聖人といわれたのですね。

先ほどの小皿の一枚にはこうした輪宝が書かれてあり、一枚には法華経が書かれてある。これは本来、境界の四すみと中央の計五ヶ所にそれぞれ埋められているものなのです。その内の一つが東寺のそばで発掘されたのです。

滋賀、岐阜の県境にある伊吹山《いぶきやま》の麓、岐阜側に伊夫岐《いぶき》神社があります。その本殿の下から経筒の形をした壺が出まして、その中に東、西、南、北、中央と書かれた五種類の皿が入っていました。底にはやはり輪宝が書かれています。蓋には何も書かれてありませんでしたが、これは地鎮めのまつりが終わった後に、一つの容器に一括して納め埋めた、という例でしょう。関東でも埼玉県の青鳥城跡をはじめ、茨城県下でも同様、輪宝を書いた土器が埋められてありました。

こうした地鎮めのまつりは、その地の地主神をなごめ鎮めるものとして、その境界をはっきりつくって、荒ぶらないように行なっている一種のまじなひなのです。

一方、本当にこちら側の力が強ければ境界をつくっても、いた者を追い出せばいいわけです。そこで立ち退かせるまじなひというものが考え出されています。これは酒呑童子《しゅてんどうじ》の話の中に出てくるのです。

　我は是、酒をふかく愛するもの也。されば眷属等には酒天童子と異名によびつけられ侍也《はべるなり》。古《いにしえ》はよな、平《ひら》野山《のやま》を重代《ちょうだい》の私領として罷過《まかりす》ごしを、伝教大師《でんぎょうだいし》といひし不思議房《ぼう》が此山《このやま》を点じ取《とり》て、峯には根本中堂《こんぽんちゅうどう》を立《たて》、ふもとには七社《ななしゃ》の霊神《れいじん》を崇《あが》めたてまつらんとせられしを、年来の住所なれば且《かつう》は名残《なごり》も惜しく覚え、且は栖《すみか》かもなかりし事の口惜《くちおし》さに、楠木《くすのき》に変じて度々障碍《しょうがい》をなし、妨げ侍りしかば、大師房、此木《このき》を切《きり》、地を平《たいら》げて、あけなばと侍し程に、某夜の中に、又先のよりも大なる楠木に変じて侍りしを、伝教房、不思

議かなと思ひて、結界封《けっかいふう》じ給《たまい》し上《うえ》、
阿耨多羅三藐三菩提《あのくたらさんみゃくさんぼだい》の仏達《ほとけたち》、我立地杣《わがたつちそま》に冥加《みょうが》あらせ給へ

と申されしかば、心はたけくおもへども、力不及《およばず》、あらはれ出《いで》て、さらば居所をあたへ給へと愁申《うれいもう》せしによて、近江国かか山、大師房が領なりしを得たりしかば、さらばとて彼山《かのやま》にすみかえてありし程に、桓武天皇、又勅使《ちょくし》を立て宣旨《せんじ》をよまれしかば、王土にありながら勅命さすがに背きがたかりしうゑ、天使来《きたり》て追《おい》出《だ》せしかば、無力《ちからなく》して又此山《このやま》を迷出《まよいいで》て、

伝教大師の呪文「阿耨多羅三藐三菩提の仏達、我立地杣に冥加あらせ給へ」の効がそこには雄弁に示されています。延暦寺にも石子詰《いしこづ》めに近いかたちで、地主神、魑魅魍魎《ちみもうりょう》を封じ込めたという所がたくさんあります。回峯行《かいぶぎょう》といって、峯を歩き行《ぎょう》をする中で、手を合せてまつる場所が所々にありますが、地主神や魑魅魍魎を封じ込めたと伝えられています。

　こういうふうに境界線を中心にしてたくさんのまつりが出てくるわけですね。また一方、人形に針を打ちつけるというような、どろどろした人間の情念世界が成立してくると、先ほども悪鬼といいましたが、漢神や行疫神と重なりあって鬼という観念が急速に成立してくるのですね。寄り来るものを恐れる想いがつのる中で生まれてくるわけです。百鬼夜行《ひゃっきやこう》という言葉がありますが、鬼には強い安倍晴明《あべのせいめい》のような偉い人は別にして、一般の人々には悪い威力をまきちらす恐ろしいものとして鬼が考えられるのですね。百鬼が百のものけをおこすわけです。それで百怪祭《ひゃっかいさい》というまつりもひろがってくるわけです。鬼を中心にするまじなひがものすごく行なわれるのです。

　だから、おそらく都と村と出先という、奈良時代の朝廷が行なった、みな祓い流すという儀式にくらべて、中世には、境界線の内外のあり方や心根をめぐって非常に複雑な儀礼が誕生するわけです。明確に鬼という観念が成立するのです。

悪霊・疫神・疫鬼をめぐるまじなひ世界

　そこで、これを押えるための儀式がいろいろありますので、その二、三をあげてゆきましょう。

たとえば広島県の福山市の草戸千軒町《くさどせんげんちょう》遺跡。芦田川《あしだ》の河底になってしまった室町時代の集落なのですが、元来は名刹明王院《みょうおういん》の門前町だった遺跡です。井戸がたくさん発掘されています。その井戸の中から突き立てた竹が出てくるのです。その竹は不思議なことにみんな、節が抜いてあります。この種の井戸が草戸千軒町遺跡だけでも五基ほど見つかっていますし、最近では大宰府の中世の井戸や兵庫県姫路市の加茂《かも》構居跡の井戸でも出ています。手もとに中世、近世の井戸の中に竹を立てるまじなひの例が次第に集まり始めています。江戸時代の例としては、東大寺の転害《てがい》門《もん》の町屋が発掘調査されましたが、この町屋に伴う井戸からやはり節を抜いた竹が立ったまま発見されています。

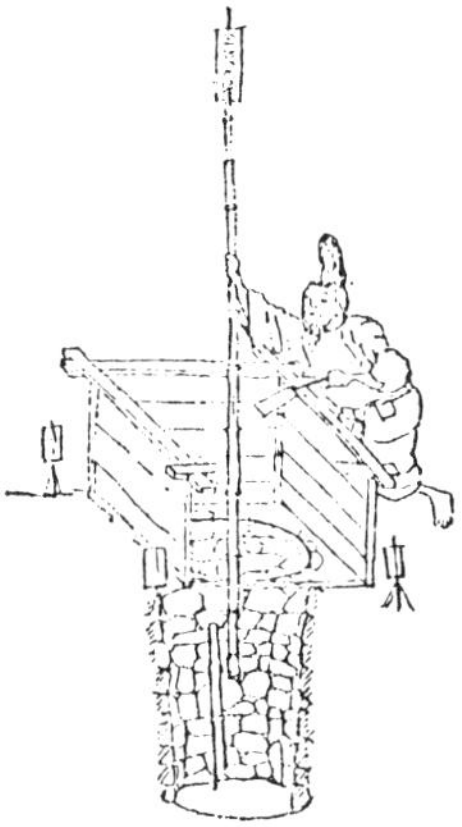

図12　井戸と竹

竹を立てるということは、どういうことかという点が問題ですが、今日でも、井戸を埋める時、中にガスが発生すると困るので、ガス抜きに竹筒やビニールホースを立てるところや、井戸の神様の目を抜くのだ、息抜きだとか、いろいろのいい方がされています。しかし、これをまじなひの世界でみますと、応永《おうえい》年間の京都の吉田家の日記『吉田家日次記《ひなみき》』の中に、井戸を埋めるのに節を抜いた竹を立て、銭を一文入れて埋めたという記録があります。井戸はのぞき込むだけでも暗く深いだけに非常に恐いものです。しかし逆にいえば、非常に大事な泉が湧くところでもあります。非常に大事にされると同時に非常に恐がられているわけです。それだけに古い井戸は何が起こるかわからない。したがって、丁重に埋めなければなりません。きちんとした手続きを踏んで井戸は埋められていくのです。それを一つまちがうと大変な禍《わざわい》が起こると考えられていたのです。

吉田兼見《かねみ》という人がいます。彼はまじなひを行ない、まじなひの札を出して行く側の人ですが、その人の日記に、禍のある人が尋ねてくると、そのとき彼が聞く項目があります。たとえば、戊亥《いぬい》の隅をおかしていないか、最近古い井戸を埋めてはいないかとかいうふうに。つまり、埋めた日が悪かったり、手続きが間違っていたらダメなのです。その手続きというのは『簠簋内伝《ほきないでん》』にみえるのですが、珍《ちん》財《ざい》国の王守宅神《もりやのかみ》とその妃鎮家女の間に五人の家屋の主たる子供がおりまして、その内の二人の神の名前、金貴と大徳という神の名を配した札をつくり、この札を長い竹の先につけて井中に立てる。長い竹のもとに節を抜いた短い竹筒を立てて、この短い方の竹筒はおきざりにして、長い竹の方は徐々にまじなひを唱えながら引きあげ土を埋めてゆく、最後にはこの竹を抜き上げて、このまわりで反閇《へんばい》をふむ、しこを踏むのです。やがて、このひき上げた長い竹の方は川に流すわけです。「金貴大徳」という札がついた方の竹ですね。一方、節を抜いた竹は井戸の中にのこるわけです。

この呪儀は現在の神宮館などが出していますまじなひの本にも出てきます。室町時代から連綿と続いているわけです。あらゆる災難が井戸からおこりますから慎重にまじなひをやって、不幸の起こらないよう心がけているわけです。

同様に、非常に強い力をもったものをめぐって興味あるまじなひの世界が築かれています。たとえば火事はすべて灰燼《かいじん》に帰するというたいへん恐いものですが、たとえば『吾妻鏡《あづまかがみ》』の文治《ぶんじ》三年（一一八七）四月十四日の条には、因幡前司廣元《いなばぜんじひろもと》の厩《うまや》に落雷があって燃え、三匹の馬が斃《たお》れた。柱や屋根が燃えた中で棟上《むなうえ》に安置していた一巻の般若心経《はんにゃしんぎょう》だけは少しは焦げたものの字形あざやかに残されていた。因幡前司は随喜《ずいき》して多くの人々にその験《げん》をしらせたと記されています。般若心経が一つのまじなひとなるのです。落雷で焼けおちる中で残ったという奇異な力に特殊な力が認められるわけです。同様な例に「謝仙火《しゃせんか》」という言葉があります。これは江戸時代のまじなひの札ですが、この「謝仙火」という三つの字を書いて柱に貼る。これは、中国の雷書《らいしょ》という本があって大中祥符年間（一〇〇八〜一〇一六）に雷が真宮《しんぐう》に落ち全焼した中で、たまたま一つの柱が焼け残っていた。その柱に「謝仙火」という字が残されていたというわけです。そこで、謝仙火という字が、火事に対するまじなひの句になっていくのですね。

落雷の時に焼け残った樹、「震焼木《しんしょうぼく》」というのですが、この樹を門戸にかけると、この家には火事がないということが、天野信景《あまのさだかげ》翁〔江戸時代の国学者〕の『塩尻《しおじり》』の中に書かれていますがこれも同様な例でしょう。もう一つ、天中筋《てんちゅうきん》という日があります。八月一日です。草戸千軒町遺跡で明天中《めいてんちゅう》と書き、下に三方荒神《さんぽうこうじん》を描いた木の札が出ました。これは中世にひろく火事を中心とするまじなひが行なわれていたという証になります重要な資料です。『世諺問答《せいげんもんどう》』〔室町時代の有職故実書〕という書物には、中国の王妃に想いをよせる人があり、妃と情を交わそうとした時、急に死んでしまう。その怨念が火となって、姫の住まう天中楼という館を焼き落とそうとするのですが、妃が「八月一日天中筋《てんちゅうきん》、赤口白舌時《しゃっこうはくぜつとき》に随いて滅《めつ》す」と呪句をとなえられたところが、火が消えたというわけです。こうした由来で、北野神社の社家などでは「八月一日天中節、赤口白舌随節滅」と書いた札を発行するのです。この札を貼った家は一年間火事なく災厄なし、というわけですね。これが、草戸千軒町遺跡で出た明天中のまじなひと同じだと思われるわけです。

　このように中世の世界は、各種のまじなひが縦横にはりめぐらされた世界なのですね。病い、火事、戦争、忍術、修験道などのまじなひとあらゆる分野にまじなひが働いて、中世をまじなひ一色に塗り込めているわけです。

――その中世のまじなひの世界は、奈良時代、平安時代のまじなひと、どう違うのですか？

　違うのは、奈良・平安時代のまじなひや呪儀は、国家がつくり出し、形をととのえて行なおうとしたものであり、朝廷が政治を通して自らつくり出し、ひろめた呪儀なのです。そうした中で祓えは永く残りますが、人面墨書土器とか、カマドのミニチュア、土馬などという種類のものは、平安時代の中ごろ以降、国家の体制が次第に弱まってくると、すうっと消えてゆくわけです。

　中世はこれと違って、国家が基礎をつくったまじなひの世界を構築する論理というのか、そうした想念が次第に日常のしかも多くの人々の世界にとけ込んでいったのですね。貴族の中にも庶民の中にも。貴族や富豪にまじなひをさずける一群の人たちが誕生して来ますが、そういうまじなひを生みだす人たちを中心として、庶民へ庶民へとまじなひがひろがってゆくのです。いろいろな階層にわたって分岐し拡散していくわけです。

　いま、少し異常な力をめぐるまじなひをみますと、「五《ご》大力《だいりき》」という一つの世界があります。五大力菩薩という非常に力の強い五人の菩薩があって、その菩薩の力であらゆる災難を払おうというものです。『立正安国論《りっしょうあんこくろん》』〔日蓮筆〕なんかは、当時この「五大力」を非常に重視していまして、この「五大力」の力で災いを払おうとするがだめだ、やはり立正安国の礎《いしずえ》は神は姿勢を正し、というふうに説いて『立正安国論』が生まれてくるわけですが、そういうように五大力の信仰が一般庶民にまで非常に広く行きわたるわけです。

その「五大力」の札がやはり草戸千軒町遺跡で出ているわけです。江戸時代の遊女の中では「五大力」の呪句は、自分の想いをしたためた恋文を途中で誰にも開かせず恋する人に無事にとどけさせる。そのためには「五大力」と書くと良いということになるのです。天岩戸《あまのいわと》の前の手力男命《たぢからおのみこと》を逆にしたような性格をもっているわけです。

同様なものに七母女天《しちぼにょてん》というのがあります。七鬼神《しちきしん》と呼ばれていますが、これも大きな力でもって災厄を防ごうとするものです。

これらの威力あるもののなかで非常におもしろいのは牛頭《ごず》天王だと思います。これは素戔嗚尊でもあり、先ほどいいました漢神でもあり、明王でもあります。これらが中世に至って全部習合して牛頭天王になるのです。諸悪の根源でもあるし、また諸悪をつかさどる神でもあるわけです。上手にもてなせば、諸悪は牛頭天王の手で鎮圧されると、考えられています。ところが、牛頭天王は、最初は疫《えき》鬼《き》の大将としての存在であったようです。災悪《さいあく》をまきちらす方で存在したのですが、その上に考えられていたのは元来、天刑星《てんけいせい》という神です。

この神は「そのかみ、天刑星という星まします牛頭天王はじめ、もろもろの疫鬼をとりて、酢につけて食す」ということが、『地獄草紙』に書いてあります。力強い天刑星、恐ろしい五つの手でそれぞれ鬼をつかまえて、両足でも踏まえて、酢につけて次々と口に入れていくという情景の絵があるわけです。つまり牛頭天王を封じるような強い者＝天刑星もいるわけですね。この天刑星をめぐるまじなひも、あらゆる辞書を引いても出てこないのです。この天刑星のまじなひ札がおもしろいことに、やはり草戸千軒町遺跡や和歌山市の中之庄《なかのしょう》遺跡でも出てきた。中世の庶民の住まいの井戸の中から出てきたのです。

――こういう発見は、考古学ではじめてわかってくる中世史の一面ですね。

そうですね。天刑星というのは何かと調べてみると、国会図書館にある「まじなひ秘伝」という本の中にたくさん出てくるのです。おそらく天刑星の呪札《じゅふだ》は柱にかけたり打ちつけたりしまして、寄りくる悪霊を祓うものでしょう。牛頭天王に代表されるような悪霊を祓うのですね。和歌山市の中之庄遺跡の場合は、札の上方に口を三つ横書き、下に戸という形を書いて、その下に鬼という字を二字書く。さらに、その下に阿天刑星とつづけ、さらにその下に「急々如律令」というまじなひの言葉を書きまして、その下に厳重にその呪句の効を護るために九字《くじ》の印を書いています。上に重要な呪形、その下に本題の阿天刑星、その下に「急いで速く去れ」という意味の「急々如律令」という呪句をつけ、それを確実にするために九字を切っているのです。

こういうことがありまして、まじなひの歴史を一つ見ても、天刑星の場合は、鬼の王たとえば牛頭天王までも食べるものだったのです。それが時の流れとともに天刑星が忘れられ、恐ろしい流行病や災厄の主である牛頭天王が強く意識されるようになるのです。そうして最後に牛頭天王だけが残るという筋道を通るのですね。このようにまじなひを追いかけてゆくことでその変遷がわかるわけです。まじなひの世界の変化を通じて、歴史の中における人の心の動きがとらえられるということで、私はまじなひの研究は非常に重要なことだと思っているわけです。

――素戔嗚尊から牛頭天王まで、寸断されることなく、綿々と続いていて、その内側で様相が変わってゆくという点が、何か示唆的ですね。

ときにはその上に神をつくり出したり、ときには祓い流したりしていますね。

こういうふうにまじなひの世界は、中世になりますと、朝廷が中心にやった奈良時代などのまじなひと違いますが、庶民の生活の中に入り込んでいって、日常の生活の平安といいますか、寄り来る暗さをなんとか祓いやろうとしている。やはり中世の争乱といいますか、末法《まっぽう》といいますか、そのような暗い混沌《こんとん》とした世界の中から、まじなひ世界が非常に色こく誕生してきたと想います。しかし、江戸時代には、世は平安になったようにみえますが、平安になればなるほど、人間は平安をつき崩すものが恐ろしくなるのです。金持ちが金を出さない、金に執着をもつのと同じです。功なり名をとげた者と同じように江戸時代に対して、平穏の時代には平穏の時代としての、前代をかみしめて生まれてきた、きめこまかいまじなひが生まれてくるのです。

そういうわけで、日本のまじなひの歴史というのは、政治史にも、宗教史にもかかわり、あらゆる分野にかかわっています。そうした視点をふまえて、まじなひ世界の研究をすすめれば、大きな位置と視座を獲得することができるのではないかと、日頃私は考えているのです。

I　まじなひ入門

古代の祭礼と儀礼

繁栄のなかの怖れ

「咲く花の匂うがごとく今さかりなり」とうたわれた奈良時代のあでやかさは、限りない繁栄と、強力な律令国家完成を象徴するものであった。東大寺や国分寺・国分尼寺の建立、正倉院御物《ぎょぶつ》などからうかがわれる聖武《しょうむ》天皇・光明《こうみょう》皇后などのすぐれた帝王の事蹟、発掘によって徐々にその全貌が明らかになりつつある平城宮《へいじょうきゅう》に代表される雄大な帝都、国家の機構の整備を示す国衙《こくが》・郡衙《ぐんが》の完備と百官《ひゃっかん》の制を示す多くの文物—奈良時代のすばらしさはすべてこうした文物の整った面の強調に見られた。平安時代の優美さもまた、同様な点からの指摘がなされてきている。

しかし、奈長・平安時代は、現実には必ずしもこうした整斉・優美な時代とばかりはいえないようである。一分の誤差もなく建てならべられた柱とその巨材、美しく積み上げられた塼積《せんづみ》・瓦積《かわらづみ》の基壇、計画的に営まれた道と街なみを示す都城といった考古学の調査の成果が、「国家」の実態を如実に示す一方、その「国家」の枠組みのなかで生活を営んだ名も知れぬ人々の悲しみ、苦しみ、怖れを如実に示した遺物もまた続々と発見されている。貧窮問答歌のつめたく研ぎすまされた感覚、繁栄の裏にうごめく人間の弱さは、調査によって見出された文物の中にくっきりと投影されている。

〝繁栄〟が説かれる今日の日本とあまりにも似通った時代の、人々の考え方、生の営みはいったいどのようなものであったのだろうか。

懺悔の土器

地獄の思想　珍しく「懺悔《ざんげ》」と墨書きされた一点の土器（図１）がある。何億、いや何十億とあるであろう過去に発見された土器のなかで、ただ一例の土器である。この土器は、一九三〇年（昭和五）、秋田県仙北郡にある有名な払田《ほったの》柵《さく》で発見されたものである。土師器《はじき》と呼ばれる素焼きの皿の裏底に、墨痕あざやかにこの二文字がしたためられている。

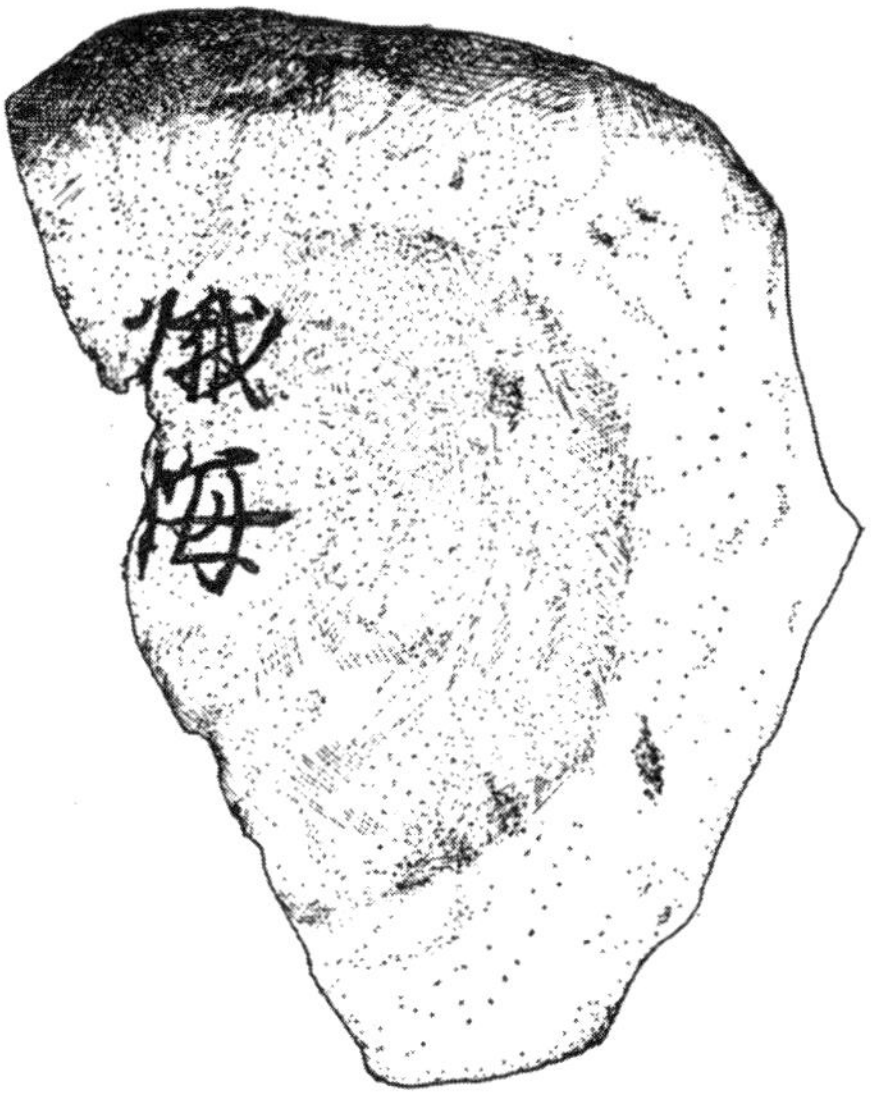

図１　懺悔の土器（模写）　払田柵出土

この土器の出土した払田柵は、〝柵〟の名が示しているように、八世紀後半、蝦夷《えみし》の地とされていた東北地方の経営のために、朝廷が設置した城柵のひとつである。この払田柵は、中央部に東西に長い弓なりの小丘をおき、その裾に内柵をめぐらして内郭を、また外方の四周にも木口二〇〜三〇㌢、高さ三㍍にも及ぶ角材を間なく密に、延々三㌔にわたっていけこんで外郭とした堂々たる城柵である。柵内には多くの官舎や城櫓、柵櫓、郭櫓などがあったらしく、「厨」「官」「館」「缶舎」など、官舎で用いられる土器であることを表わす墨書をもつ土器が多く発見されている。

払田柵の「懺悔の土器」、それは、柵の内で営まれた官人の宗教生活の一端を浮かび上がらせる貴重な資料である。この柵で行なわれた「懺悔」と呼ばれる儀式の存在を、この墨書きは私たちに教えているのである。この払田柵は「件糒請取、閏四月廿六日、寺寿生仙氏監」と墨書きした木札が発見されており、閏四月は、八五五年（斉衡《さいこう》二）、八七四年（貞観《じょうがん》十六）などに見られるので、このころに、なおこの城柵の存続したことが知られる。ここで発見された多くの土器も、九世紀後半のものが多いようであり、懺悔の土器も同時代のものと考えられる。

ところで、「懺悔」という言葉は、今日ではキリスト教会や教徒の間でよく聞く言葉であるが、古くは重要な仏教用語で、今日とあまり違わない意味で使われている。さて、この払田柵の「懺悔の土器」と深い関連をもつものとして『類聚三代格《るいじゅうさんだいきゃく》』に収められている八四六年(承和《じょうわ》十三)の「諸国に仏名《ぶつみょう》懺悔を行なわせるべきこと」という太政官符《だじょうかんぷ》があげられる。この格では、人の犯した罪、過ち、咎《とが》を懺悔し、一万三千の仏名《ぶつみょう》、二十五の尊名《そんみょう》を称え、あるいはこれを聴けば煩障《ぼんしょう》が除かれるとして八三四年(承知元)から朝廷でもこの法を修してきたが、今後は五畿七道諸国に行なわせ、四方力を合わせ万民心をともにして、毎年十二月十五日より三日間、庁《たち》を清掃荘厳《しょうごん》して礼懺《らいざん》させようとするものであって、この期間の殺生を禁じている。

『延喜式《えんぎしき》』にもこの仏名会《ぶつみょうえ》に用いるものとして「一万三千仏像二舗《ほ》、十六仏名経一部」を記しており、諸国に十六仏名経一部と、その経の説く一万三千仏を図像とした一、二舗の図舗が配られていったのである。

懺悔の土器は、懺悔の月とも呼ばれていた仏名懺悔の月、十二月の十五日から三日間に用いられた土器である。この仏名懺悔会の根拠となった経巻は十六仏名経であり、この経中には、懺悔文の徹底ぶりと相まって、あらゆる地獄の悲惨さ、残忍さがあますところなく書き記されている点で従来の経典とはまったく趣きを異にしたものである。つまり罪や過ち、咎を単に懺悔するだけではなく、地獄の恐怖を見せつけることによって各人の懺悔の念を深め、一万三千の仏名を称えることにより強く救いを求めさせようとするはげしいものである。

十二月十五日からという年のすべてを省みるときに行なわれるこうした懺悔法会は、神道の祓えにも似た転身、復活を願う儀礼であるが、こうした地獄を見せつけられた懺悔の儀礼が、朝廷の指示どおり、東北の払田柵にまで行なわれていたことをこの一片の懺悔の土器は雄弁に語りかけている。

思惟の変化　ところで、こうした十六仏名経に示される地獄の思想を伴った懺悔仏名会が行なわれる以前にも、やはり各種の悔過《けか》懺悔が行なわれている。たとえば天武《てんむ》天皇の六八六年(朱鳥《しゅちょう》元)、天皇の病臥《びょうが》にあたって百官人を川《かわ》原寺《らでら》に遣わし、燃燈《ねんとう》供養し悔過したことが『日本書紀《にほんしょき》』に記されている。この燃燈供養は燈火を燃やし衆生《しゅじょう》の罪過を懺悔し、天皇の恢復《かいふく》を祈るものであった。悔過は数多く文献に見られるが、七六七年(神護景雲元《じんごけいうん》)には、畿内七道諸国に命じ十七日間、五穀の豊饒《ほうじょう》と兆民《ちょうみん》の災禍を払うために吉祥天悔過《きつしょうてんけか》を国分寺で行なうよう勅している。

しかし、こうした悔過は、いずれも現世の招福、除災を祈る性格がつよく、地獄への恐怖はそこには見られない。吉祥悔過などは新年の言寿《ことほ》ぎにも似た性格があり、仏名会の懺悔は年末の祓えにもあたるものであり、ともに似た性格をもつ儀礼ではあるが、そこには光明と暗冥の相違が雰囲気として見られたのである。そうした意味では奈良時代末、平安時代初期とそれ以後の時代の間に、懺悔という儀礼を通じて見るかぎり大きな変化が示されるのである。払田柵の懺悔の土器はそうした変化を暗示する遺物といえるであろう。

ここに興味ある史実がある。『類聚三代格』に「陸奥鎮《ちん》守府《じゅふ》にて最勝王経《さいしょうおうきょう》を講じ、吉祥悔過を修せしめるべきこと」という太政官符がそれである。八七六年(貞観十八)の官符である。「朝廷は諸国に命じ吉祥悔過を国庁で講修させているが、陸奥鎮守府ではまだ認められていない。この鎮守府は辺疆《へんきょう》の城であり、蝦夷の俘《ふ》を養い殺生も多く、また正月、五月には俘饗《ふのみあえ》として狩漁を行なわねばならず、ために鎮将《ちんしょう》は僚下《りょうか》をひきい鎮守府庁で吉祥悔過を私的に行なってきた。しかし析物もなく悔過のたびに闕乏《けつぼう》する様である。各国に準じて公的に実修し、殺生の報いから脱れたい」と申し出て、朝廷も正月七箇日、国府に准じて精行僧をよび、正税を経費としてあてることをみとめたものである。豊饒を祈り災難を払い景福を求める吉祥悔過は、平安朝には殺生の報いを脱し、滅罪の業としての吉祥悔過に変化し、性格もしだいに仏名懺悔に近づき、懺悔は地獄に堕ちる怖れも加わり一層の真摯さを増すのである。

馬首を切り埋む

獣牙は語る　摂津(大阪府)の三嶋下郡の郡衙のあった茨木市郡《こおり》の地で、最近、興味ある遺構が発見されている。それは長さ一・九メートル、幅〇・九メートルほどの浅い穴である(図2)。一見したところ、一般の遺跡で見られる墓墳と呼ばれる遺構とちがわないが、この穴のなかにあった一片の獣牙《じゅうが》がこの遺構の性格をはしなくも明らかにしたのである。この獣牙は、馬の歯(図2)である。その穴の大きさから見て馬歯だけを葬ったものとは考えられず、調査した奥井哲秀氏は、馬の首が葬られたのではないか、と考えられている。

その後、河内の国府かと考えられている藤井寺市国府《こう》遺跡や由義宮《ゆぎみや》にほど近い八尾《やお》市中田遺跡でも同様な楕円形の小穴に馬骨、馬歯が収められた遺構が発見されている。国府遺跡の二穴はともに平安時代の前半かと考えられており、

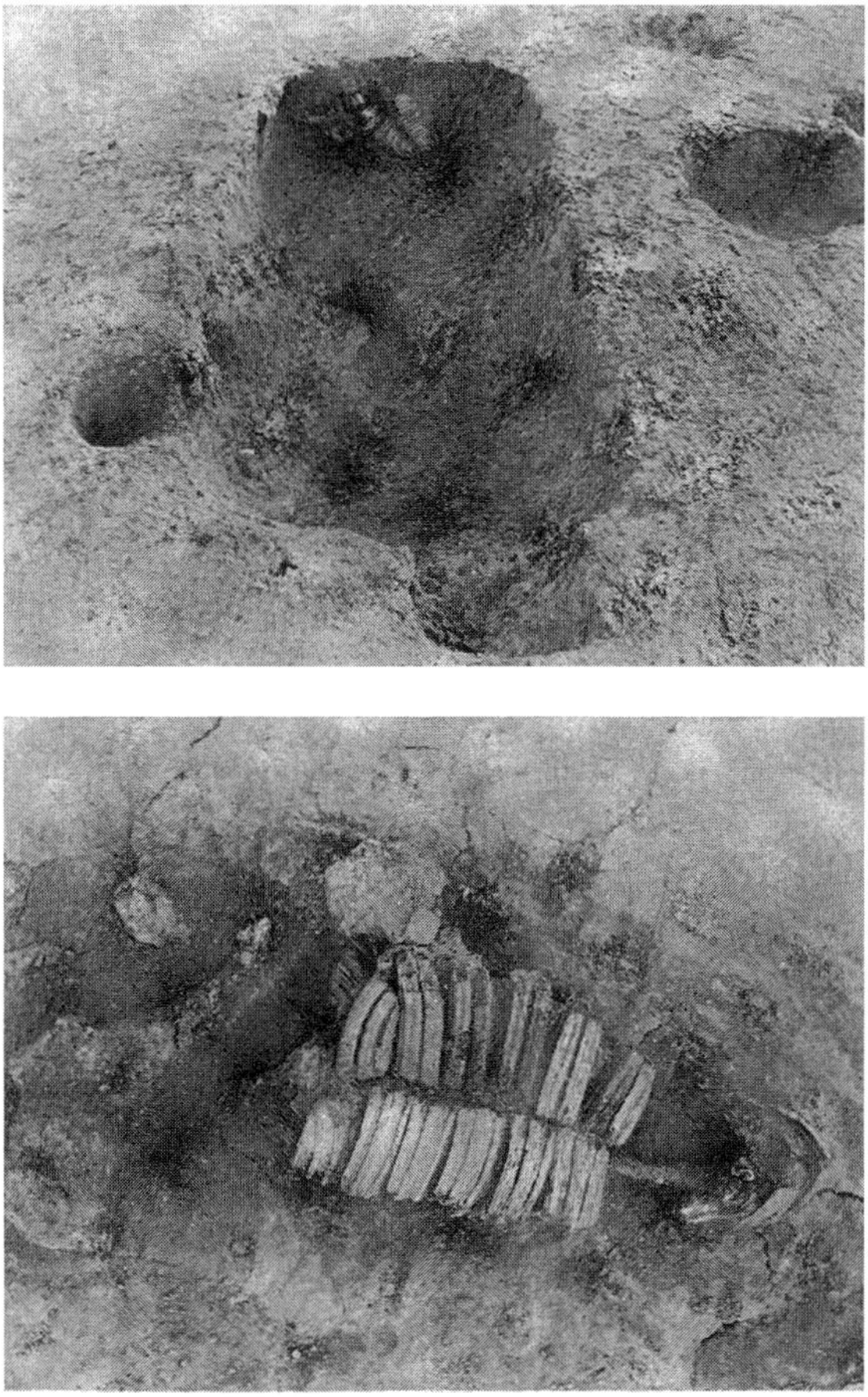

図2　馬首が収められた遺構(茨木市郡遺跡)

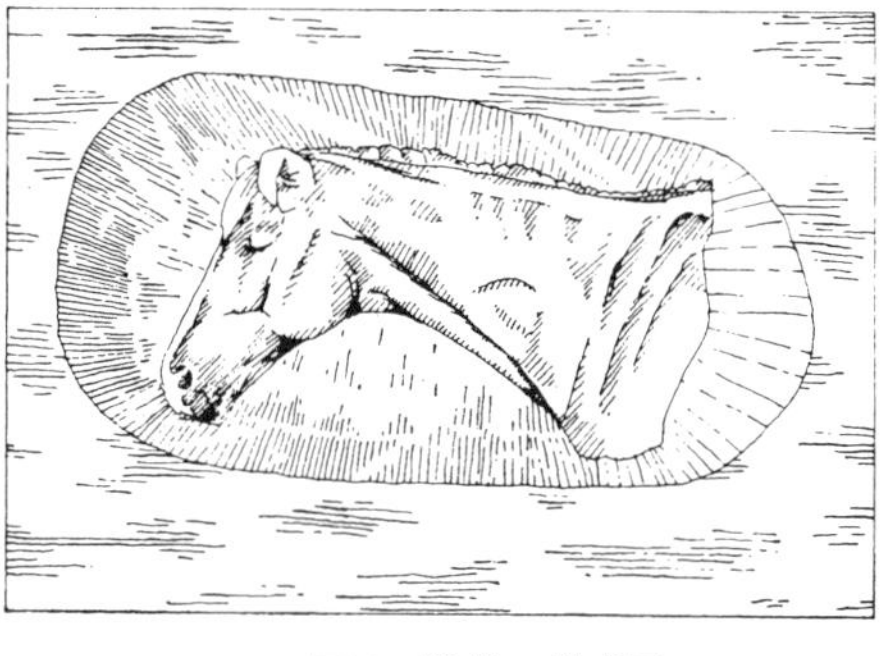

図3　遺構の模式図

また、郡・中田遺跡の二穴は六〜八世紀に属するものと想定されている。大阪府下でも、東大阪市の日下《くさか》貝塚で一軀の馬骨が完全に発掘されているし、また、南河内の古市《ふるいち》大溝《おおみぞ》などでは、埋りかけた溝に一軀の馬が投げこまれていた。こうした場合は、穴は長大で、しかも穴の端によせて馬歯があったり、そのまま投げこまれており、遺体は腐朽してもよくその状況をうかがうことができる。

ところで、長さ一・九メートル、幅一メートルという楕円形の小穴の中に葬られた馬歯は、調査者のいうように、頭骨が腐ったのであって本来は馬の首だけを切り落して葬ったものであることは疑いないであろう。死した馬の首を切り落とし、馬首だけを葬るというのは理に合わないだけに、おそらく生馬を殺し、馬首のみを葬ったものと考えられる。なぜ、このように生馬を殺し、その首を葬るのであろうか。

『日本書紀』の皇極天皇元年の条に「六月、この月大いに旱《ひで》りす、七月、群臣相い謂《かた》りていわく、村々の祝部《はふりべ》の教える所に随い、或は牛馬を殺し諸社の神を祭り、或はしきりに市を移し、或は河伯《かわのかみ》に禱《いの》る。しかるに効なし」と記した事例がこの場合、浮かび上ってくる。旱天つづきの場合の雨乞いに、こうした作法があったのである。もちろん、祈雨にあたっては大乗経典を転読《てんどく》し、仏の所説のごとく悔過し敬して祈雨したり、大雲経《だいうんきょう》を読み焼香し祈雨する仏呪《ぶつじゅ》的な祈雨や、南淵の河上にひざまずいて四方を拝し、天を仰ぎ祈雨する神呪《しんじゅ》などがあるが、そうした作法と並び、こうした特殊な祈雨の作法がみられたのである。

こうした殺馬、殺牛の作法は、一種の神事であって、祭られるのは仏ではなく、漢神《かんじん》とよばれる特殊な漢土の神であった。『類聚三代格』の七九一年（延暦《えんりゃく》十）の太政官符には「牛を殺し漢神を祭るに用いることを禁制する」として諸国の百姓がこうした祭を行なうことをきびしく禁じ、違犯者があれば故殺馬牛罪を科せよとしている。故殺馬牛罪の場合は徒一年、つまり懲役一年というからなかなかの重罪である。同じような詔は七四一年（天平十三）、八〇一年（延暦二十）にも出されており、禁制が貫徹していない様子が手にとるようにわかるが、それほどまでに殺馬、殺牛の方法によって漢神を祭る慣行が浸透していたのである。

漢神の祟り　こうした殺馬牛による祭神である漢神とはどのような神であろうか。その名の示すように漢土の神であり、彼地から彼地の人たちによって伝えられた神であることはいうまでもないだろう。こうした漢神の性格を明確に示しているのは『日本霊異記《にほんりょういき》』の一語である。摂津国(大阪府)東生《ひがしなり》郡撫凹《なでくぼ》村の富豪が聖武天皇代に漢神の祟りをうけ、それを祓うため七年を限り年一頭ずつあわせて七頭を屠《ほふ》ったが、まつり終わると重病になり、放生善《ほうじょうぜん》を修めて死んだ。その男が閻羅《えんら》王の前につれ出されると、牛頭《ごず》人身の七人が現われ、男を我々同様に切り膾《なます》にして食わせよと述べたてるが、放生善をうけた千万余人がこの人の咎にあらず、祟れる鬼神を祭らんがために牛を殺したにすぎず、としてかばう光景が伝えられている。

この説話からすれば、漢神は祟り神であり、鬼神でもある。閻羅王の使いである鬼が、牛の宍《しし》の饗《あ》えを強要する話はやはり『日本霊異記』に見える。また、天王寺僧道公が紀伊国(和歌山県)三奈倍《みなべ》郷の海浜の大樹下で見た行疫神《ぎょうやくじん》や道祖神《どうそじん》はともに乗馬の姿をとるものであり、こうした神々が鬼神《きじん》と呼ばれたことも周知のことであろう。漢神は行疫神であり、遣唐使や蕃客《ばんきゃく》にも附着して来る外つ国の神であり、その祟りがつねに考えられていたのである。

平安時代に属するかと思われる国府遺跡の馬歯を伴った小穴などは、こうした祟り神である漢神をまつる特殊な神事に関連するものであろう。その殺牛、殺馬の情景はさきの東生郡撫凹村の富豪の説話に、「この人、主となりて我が四足を截《き》り、廟《びょう》に祀り利を乞い、賕《き》りて膾にして肴《さかな》に食いき」とあって、この祭式の実際がよく伝えられている。鬼神、漢神に犠牲として牛馬をそなえ、それを殺して贄《にえ》とし、我も共食するのがこの儀礼の形であり、よって災厄をのがれ祟りから除かれようとしたのであった。共食すべきは馬宍《うまのしし》であり、胴部や腹部が供されたのであろう。廟に祀られたのち、頭部だけは特別に扱われ、丁重に埋められたのではないかと思われる。

殺牛祭神の慣行は中国の史書にも数多いが、日本の場合、殺牛よりも殺馬の傾向が一般的だったのか、牛の頭部を葬る穴はまだ指摘されていない。また、数多くの土馬《どば》が奈良時代末期から平安時代に用いられており、やはりこうした面からも、その一部が性格づけられる可能性が強い。実際に国府遺跡では、直径一メートルほどの少し楕円気味の小穴のなかに土馬を数体収めた資料がある。完形に近いまでに復原できるものも見られるが、多くは各部の破片にすぎない。行疫神の活躍する時期に、祟りをのがれるために漢神をまつり、あるいは祓えする、そうした場合の殺馬にあたるものとして土馬の損壊があったり、祓柱《はらえつもの》として土馬がつくられたことは十分に予測される。

殺馬祭漢神の儀礼や馬を祓柱とする祓を必要とする時期は、大旱や疾病の流行、あるいは御霊の跳梁する時期である。社会全体が大きな危機感に陥り、朝廷も策の施しようのないとき、こうした漢神を担い殺牛馬を勧める祝《はふり》などの存在が多くの人々と結びつくことを恐れるのは理の当然であり、しだいに禁制への動きが現われるのである。

数多くの遺構が今後発掘されるであろうが、それは多くの人々の苦悩を示すものであるとともに、一方では朝廷の恐れるものであったことは明記しておかねばならないであろう。奈良・平安時代の華やかさの裏にかくれた一つの宗教がそこには見られるのである。

ひとがたの祓流し

奇妙な人像遺物　銀のひらひらとした一枚のひとがた、まことに珍しい資料である。玄界灘の孤島、沖ノ島で発見されたものである。この島は宗像大社三宮のひとつ、沖津《おきつ》宮の神域であり、古来聖地として禁足されてきた聖地である。この沖津宮からはこうした銀のひとがたのほかに、若干の石のひとがたも発見され注目されている。

こうした銀製のひとがたといった高級な、特別なものは、この一例だけである。一般には木製のひとがたが用いられていたようである。古代の都城であった藤原宮や平城宮をはじめ、地方官衙である多賀城や伊場《いば》遺跡、普通の村かと考えられている三重県柚井貝塚遺跡でも木製のひとがたが数多く発見されており、奈良時代から平安時代にわたって盛行したことが知られる（図4）。長さ二〇～三〇センチ、幅二・三センチという薄いへぎ板を人の形に作り出したこうしたひとがたは、どのように用いられたのであろうか。

『延喜式』には、六月、十二月の晦日の大祓に使うものとして五色薄絁《うすぎぬ》、緋帛《ひのきれ》、絹、金装横刀、金銀塗人像をあげ、また御贖《みあが》として鉄人像、金装横刀を記している。こうした金銀人像は、やはり『延喜式』に「金銀人像長一尺広一寸析、鉄四両、金薄銀薄各三枚。……木人像長八寸広八分、其面飾以金銀」

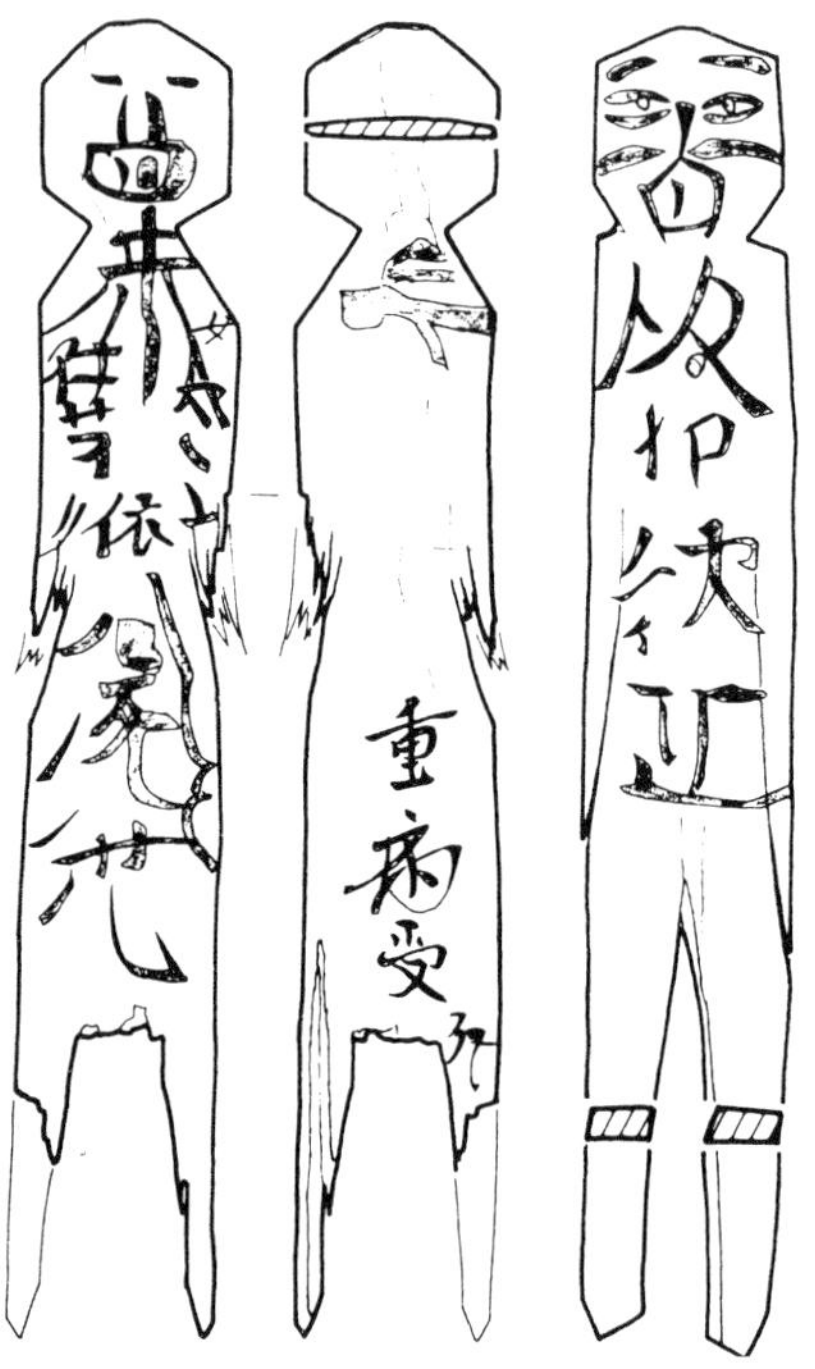
図4　ひとがた各種(平城京跡出土)

と見えており、その法量から見て、さきにのべた各地の実際の銀製人像や木製人像が、文献によく一致することが知られるのであり、こうした人像が祓えに用いられたことを教えてくれる。

除穢延命を願う　大祓は、中臣《なかとみ》・忌部《いむべ》などの在来氏族の管掌する分野と、東《やまと》・西文部《かわちのあやべ》など外来氏族の管掌する分野が絡み合って存在する儀礼である。中臣氏などの果たす分野は、御麻《おんあさ》、御坩《おんつぼ》に主上の息を吹きつけ、封じて祝詞をとなえ、川上から大海原へ穢れや罪過を流してやろうとするものであり、東・西文部などは鉄人像を捧げて禍災を除くことを請い、金刀を捧げて帝祚《ていそ》の長久を請う呪をとなえるものであって、ともに除穢延命を願う儀式であった。

こうした人像の使用は、『禁秘御抄《きんぴみしょう》』に、「内侍《ないし》を御使《みつかい》とし七瀬御祓《ななせのおんはらえ》に参らす。陰陽師《おんみょうじ》人形を進む。女房色々の衣を著せまいらす(中略)次に主上御気を懸け、身を撫で返して折櫃《おりひつ》に入れ、台盤所《だいばんどころ》の西御簾《みす》の下におく。侍臣各〻とこれを取り河原に向かう」と具体的にのべられているように、御気を懸け、身を撫でて人像に穢れを移し、河に流しやらせるひとがたとして意義をもったのである。古くは東・西文部が管掌し、のちには陰陽師が実修するように、ひとがたに穢気や罪障を負わせ祓い流すことは外来の思惟であった。

人像を用いるのはなにも天皇や中宮ばかりではなかった。伊勢神宮でも神宮造営にあっては、山口祭、採正殿心柱祭、鎮祭宮地、造船代祭など一連の祭に用いられたし、斎宮の場合も初斎院の河頭祓から大神宮に入るにあたる臨於川頭禊《かわがみにのぞんでのみそぎ》にいたるまでの間、再三に鉄人像が多用されているのである。それだけではなく用いられるひとがたの数も膨大な量であって、十一月新嘗祭の一日から八日までの御贖として天皇の場合、日別に木偶人四八枚計三八四枚を使用しているし、また六月、十二月の神今食祭《じんこんじきさい》にも同様の数量が用いられている。

まさにひとがたの時代であり、罪障災穢《ざいしょうさいわい》の祓い流しの時代でもあった。奈良、平安時代に各地に盛行する木製人像の存在は、この時代を特色づけるものであった。

「難波津に咲くやこの花」と歌われた難波津もまた、こうした祓の聖地であった。住吉大社の成立もまたこの地の聖性に基盤をおいている。天皇の即位の翌年、この地で行なわれる八十島祭《やそじまのまつり》も、また華々しくひとがたを用いる祭であった。「京を出た祭の列は難波津にいたると浜に壇を設け祭物を奠する(中略)次に神祇官御琴をひき、次に女官が天皇の御衣の筥を披《ひら》きこれをふる(中略)次に宮主、膝突について御麻を捧じ禊を修し、禊おわりて祭物を以て海に投じ帰京する」と『江家次第《ごうけしだい》』に描かれている。

この八十島祭の祭物が、じつに金銀人像各八〇枚、金塗鈴八〇口、鏡八二面、玉一〇〇枚、大刀一口……であることを『延喜式』は伝えている。東宮もこのとき、金銀人像四〇枚……を用いているのである。修禊《しゅうけい》の聖地で禊し天皇の息を吹きこみ撫で移した人像を西海に投じ波間に沈むのを見るとき、天皇は清まり斉《ゆ》まわって、次に筥中の御衣をゆり動かして八十島の霊を身に新たにとりつけ、一層優れた天皇として新生されるのであった。

川や溝、井戸などの水脈《みずみち》にこうしたひとがたは祓い流されたが、海に投ずることも八十島祭同様、数多く見られたようである。『源氏物語』須磨《すま》の巻には陰陽師に祓えさせ、舟にことごとしいひとがたをのせて流す情景の描写があるが、祓えの一層の徹底を示すものであったといえよう。上は天皇から村の人々にいたるまで、こうしたひとがたを祓い流す背景には、罪障穢災をさけようとする強い感情と不安がこの時代に横溢していたことを現わしていたのである。

翁面の壺絵

水のみちとひげ面の翁　ひとがたとならんで興味あるものに、翁面の壺絵がある。小形の丸底の土師器の壺や、やや大きな把手付きの壺などに、いくつかの翁面があざやかに墨描きされているのである。昨今、河内の八尾市東本町で発見された小形壺は、かわいい壺であるが、その三面にかぎ鼻、どんぐり目のひげ面の翁面が描かれている。この壺は旧大和川の河川敷と考えられる砂礫の層の中に沈んでいたものである。

　また、ごく最近、やはり藤井寺市の挟山《はさみやま》遺跡で発掘された深さ七㍍というまれに見る深い素掘りの井戸の底から、数十個の完形の土器が発見されたが、その内の一点、把手付の椀の胴部に二面の翁面が描かれていた。この井戸は大阪層群をさらに掘り下げ青灰色《せいかいしょく》粘土層に達している。この層内に含まれている有機物が風化した場合、そこに湧く水は古くから薬水《くすりみず》とよばれるように、胃腸、下痢どめに効をもつといわれている。この井戸内に見られた同器種の多くの壺の存在や、また近隣の地名と考えられる「彼方《おちかた》」「林」「土(師)《はぜ》」などの墨書土器の存在からきわめて特異な性格―薬水井《おちい》といった性格が想定されるように思われる。一点の翁面の壺絵は、こうした井戸に投入されていたものである。

　翁面の壺絵は、外来氏族の集中した河内、わけても石川、大和川合流点近くに多く、また和泉や摂津にも点々と発見されている。これらの翁面の壺絵は、いずれもその壺なり椀なりの形から見て奈良時代から平安時代に属するものばかりであり、当時の都城のあった平城宮跡でも数点が知られている。ただ遠《とお》つ朝廷ともされる大宰府ではまだ発見されていないようであるが、蝦夷と直面した東北の地、わけても多賀城や伊治《これはり》城の周辺地には非常に多くの壺絵が存在している(図7参照)。

　東北地方の資料は加藤孝氏の努力によってその実体がしだいに明らかになってきているが、一面、二面、ときには四面に、おっかない翁面や出っ歯の顔を描いた例があり、またその大部分が多賀城内を流れる砂押《すなおし》川、勿来《なこそ》川合流点、あるいは伊治城内の一迫川《いちはさまがわ》、二迫川《にはざまがわ》の合流点の河川敷内での発見であることがしだいに明瞭になってきている。

祟りを水にながす　このような翁面は畿内や東北の要衝などに集中して見られるが、なお各地に同様な壺絵が発見されている。こうした翁面の壺絵はその出土地をたぐっていくと、大多数は河川敷か池沼、井戸や溝といった水の道に見出されることが加藤氏によって指摘されている。おそらく、翁面の壺は水の道＝水脈に流されているのであろう。では、流される翁面とは何を表現しているのであろうか。
三、四年も前、藤沢一夫氏が、こうした翁面は疫病神《やくびょうがみ》だよといわれたことがある。確かに江戸時代の呪詛《じゅそ》を集めた『呪詛重宝記《じゅそちょうほうき》』には「長病人餓鬼《がき》まつりの事」として、符のなかに鬼という字を餓鬼の数ほど描き、別に人形をつくりこの符といっしょにおく。この符より前に病人の年の数だけ餅を求め供養して不動の陀羅尼《だらに》を百遍唱える。さてこの符と餅とをひとつに合わせ、かわらけに水を一杯いれて一つは川へ流すなりといった記述があり、各人の干支《えと》によって二～八人の餓鬼を符に描きつけること、このように餓鬼祭をすれば長病人の本復は間違いなし、としているのである。
この記述を通して見れば、翁面の壺絵の翁は、餓鬼と考

図5　墨書土器片（柏原市船橋遺跡）

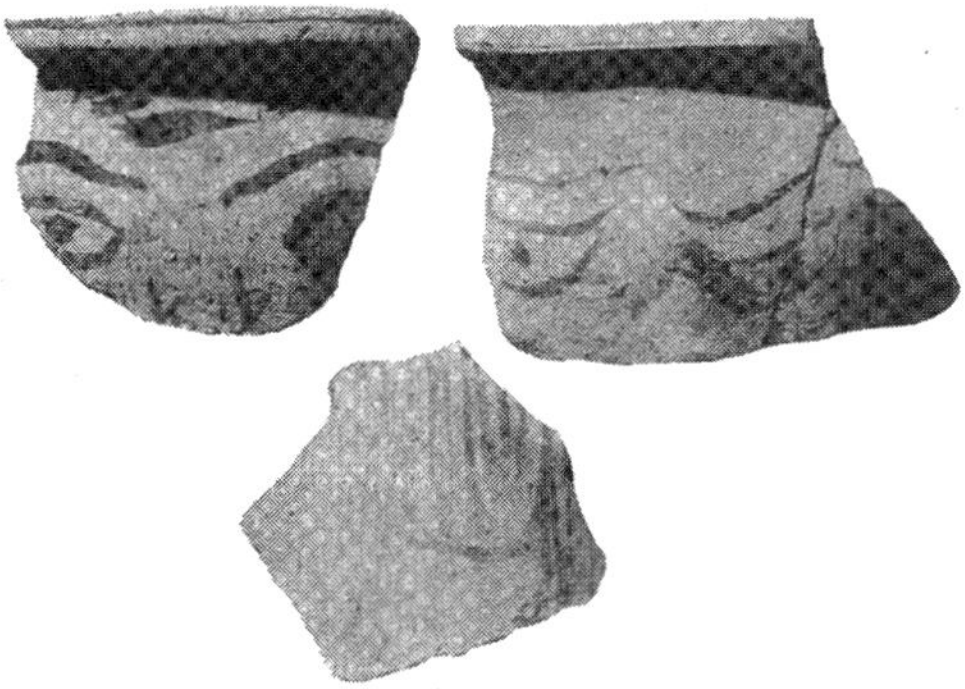
図6　人面墨書土器片（多賀城市市川橋川底出土）

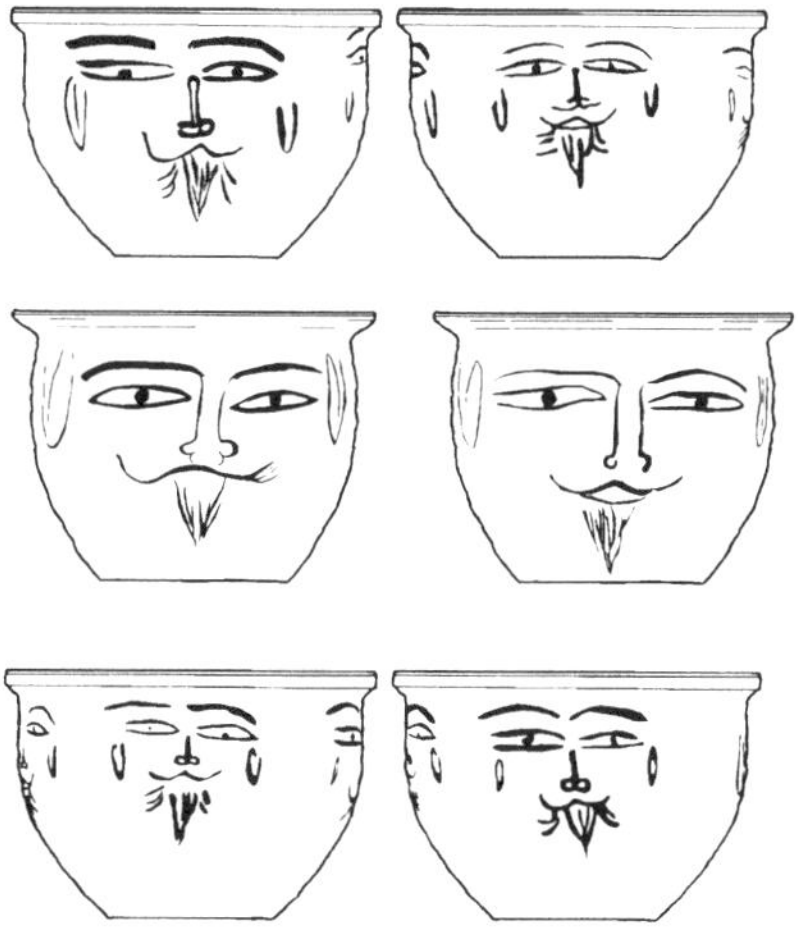
図7　人面墨書土器（多賀城市出土）

えられ、壺に描かれた餓鬼数は、この壺と関連した人との関係で考えられることとなるであろう。餓鬼については、『餓鬼草紙』に描かれた餓鬼のように多くの場合、頭髪を長く乱し肢体枯痩《したいこそう》し、激しい飢渇《きかつ》のため胃咽喉より火焔を噴き、山のような腹をもつとされている。翁面の壺絵の翁とこの餓鬼が共通しない面のあることも否めないが、壺絵はこうした長病の人に用いられたことは十分に信じられるようである。疫病神は多くの場合、道祖神とも混淆しており、翁として表現される場合が多く、疫病神を壺にかき、これを流したのであろう。餓鬼は、ときには鬼神=閻羅王の使者や疫病神ともイメージが重なるものであり、祓われるべきものであり、祟りは早くに流しやらねばならなかったのである。

『延喜式』には、大祓の際、中臣の女が天皇に小石の入った小さな壺を捧げ、天皇はこの壺に弱まった気息《きそく》をふきこみ、この小石にとりつけたうえ、密封し川に流されることを記している。疫病神を描いた翁面の壺絵の背景にも同様な儀礼が考えられるだろう。長くわずらう人の霊をこの壺に封じ、疫病神に背負わせ、水の道に流しやったのである。道呪《どうじゅ》ともいうべき儀礼である。

八尾市の東本町発見の壺には口のまわりに墨書きの波が描かれ、この種の壺なり椀なりが口を封じやすい器形であることを思えば、容易にその内に病をとりつける物実《ものざね》が収められ、紙などにより封じられていたろうことが推測される。

ところで、静岡県の伊場遺跡では、皿形土器の内面に人像を書き、海部屎子女《あまべのくそこめ》と墨書きした面白い資料があった。屎子女は当時、巨勢朝臣屎子《こせのあそみくそこ》とか押坂史毛屎《おしさかのふひとけくそ》といった人名もあるように一女性の名であろうと思われる。おそらく長の患いにふす女性の本復を祈り、疫病神に賄賂《まいない》を送り、わが身の病をになわせてこの地の溝に流したものであろう。実際の病い人の名までも明らかにしうるのは、まことに貴重といわねばならない。

いずれにせよ、奈良・平安時代には、こうした道呪が大いに行なわれ、人心の不安に対応したのであった。

陽根の猥雑さと笑い

陽を呼び陰を払う

ひと昔も前になるが、平城宮跡の一

面にあった深い井戸が発掘され、その中から男性のシンボルを表現した一つの木製品が見出された。この発見は、当時大きな話題となり、いろいろな見解がよせられたものである。この井戸の所在地が、平城宮の宮内省の大膳職《だいぜんしき》にあたるらしいとされたこともあって、この職場に働く女官たちの間でひそやかに用いられていた張《は》り形《がた》（勃起した男性器の性具）ではないかといった意見まで出て、あらためて奈良時代末、平安時代初めの世相の暗さを多くの人々に感じさせたものであった。

こうした男性のシンボルは、その後も東北地方の多賀城跡（図8）でも、また静岡の伊場遺跡や大阪の池上遺跡・百舌鳥《もず》陵南《りょうなん》遺跡でも発見されるにいたって、その使用が全国的に行なわれていたことがしだいに明らかになってきた。

こうした遺物は果たしてさきに説かれたような性格のものなのであろうか。平城宮跡の調査者たちは、この男性のシンボルが井戸から発見された事実を重視し、埼玉県の秩父地方では、正月十四日にこうした男性のシンボルを作り井戸にのぞかせると湧水がよくなるといった民俗例のあることを紹介し、井戸の祭祀にかかわるものであろうとした。確かに井戸をめぐる呪術は、顕著なものがある。神呪、仏呪、道呪、験呪などの各方面に数多くの井戸をめぐる呪が説かれ、また、その遺跡での実際も最近ではしだいに見出されるようになってきている。

しかし、なぜ、陽根が湧水を呼ぶのかはここでは十分に説かれていない。そこで、私も一つの考えをここに提示してみようと思う。

いうまでもなく、陽根はそれが男性のシンボルであるだ

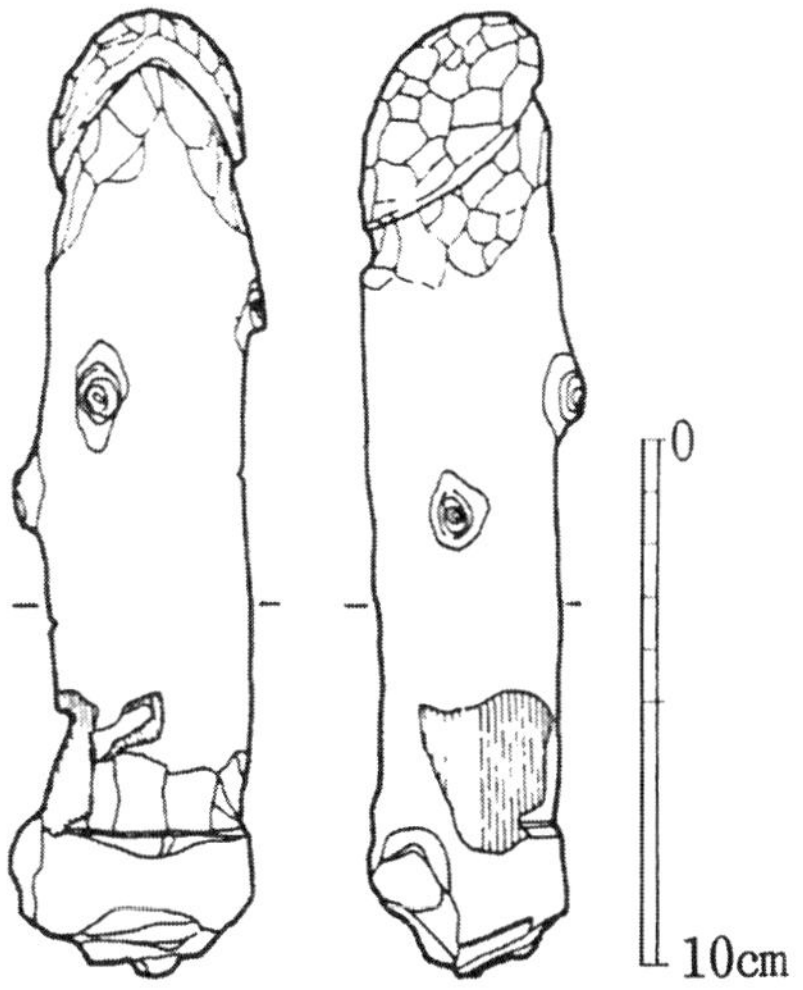

図8　陽根
（『多賀城市史 4』考古資料　1991 年、多賀城市）

けに陽を呼ぶものであり、陰なり疫気といった類を除きはらう要素の強いものであることはいうまでもないところである。『古語拾遺《こごしゅうい》』にも、神代のこととして田人《たひと》が田をつくるとき牛の肉を食ったところから御歳神《みとしのかみ》の怒りをかい、蝗《いなご》が放たれ苗が枯れるといった祟りを生じた。そこでいろいろな呪術が行なわれるが、最後には牛の肉を田の溝口に、その場に男茎の形を作って加え、クスダマやクルミの葉、塩などを畦《あぜ》において祀ったと記している。この男茎の形とあるものは、いま検討している男性のシンボルの形代《かたしろ》であるが、この書物ではとくに「御歳神の怒りを厭《まじ》なう故なり」と註をつけており、蝗害や枯苗を御歳神の怒りと見る古代の人々のなかにあって、こうしたマジナイが最後の手段としてあったのである。

よく似た話が『本朝世紀《ほんちょうせいき》』にも見られる。九三八年(天慶《てんぎょう》元)九月、京のあちこちの小路に、木像の男女像一対が祀られるようになった。この男女像はともに腰の下に陰陽、女性、男性のシンボルを刻み彩色した像で、その前の机には供物を盛った坏などが置かれ、子供たちが猥雑な空気のなかで慇懃《いんぎん》に礼拝し、あるいは幣帛《へいはく》を捧げ香花《こうか》を供したと記している。この一対の裸身の猥雑な男女像は岐＝フナドの神とも御霊とも呼ばれていたと、とくに註がつけられている。

岐神《ふなどのかみ》・御霊といえば、祟り神である。先の御歳神の祟りを厭《まじな》った男茎の形は、またこうした岐神、御霊といった祟り神のシンボルでもあったようである。祟り神は、別に道祖神ともよばれるものであり、京洛のちまたの小路にまでしのびよる祟り神をこうした猥雑さで祓いやろうとする心意が十分によみとれるのである。ときには天狗の象徴かともされる猿田彦《さるたひこ》の顔や姿、天宇受女命《あめのうづめのみこと》の裸形の舞は、猥雑さの中で、暗闇におちいった高天原《たかまがはら》に光明をよびかえす役割を果たす。ともすれば祟り神や悪霊が身に近づき人の霊を誘い出そうとするときに行なう鎮魂の祭儀が、こうした神にはじまるとされるのも、そうした猥雑さと、笑いの中に祓いやる心意があるからであろう。

水の脈の枯渇しかけた井戸に力を与えるものとする調査者たちの見解は、非常におもしろい。第一、水の脈の枯渇自体が祟りであるとする見方もあろうし、また、これが大膳職に属するかとされるだけに、その職の作る膳に祟りの及ぶことを防ぐ場合もあったろう。しかし、こうした陽根の形成が井戸だけにかかるとするのはなお問題があろう。平城宮跡以外のこの種の資料は、必ずしも井戸からの検出でないことはこのことを証している。むしろ、人々や家々、村々をおそう祟り神を祭るものとして、こうした男性のシンボルが用いられたものと考えられる。平城宮や多賀城といった個人の集合である組織体の場合には、各人にかかわる祟り神に限定できるであろうことは容易に推測できるであろう。

女官の張り形かとされ陰微な眼で見られたこの遺物は、寄り来る祟り神を祓う切実な願望のもとに、秘めやかに宮内で、あるいは城内で祀られ、やがては、祟り神の祓い先として井戸なり溝などに投じられたものと考えられる。ただ、こうした呪は、一見古来からの神道に求められそうでありながら、資料が示すように、奈良時代末期から平安時代初期に盛行する道呪の一つであろうことはいうまでもないであろう。

〝文化〟のかげり　出土した五種類の遺物群を中心に、奈良・平安時代の人々の儀礼と習俗を垣間見てきた。そこに見られるのは、この世における苦、病、祟り、穢れなどから、いかにして逃れるかに、当時の思惟の主眼があり、そのために国家から個人にいたるまで、各種の呪詛が大いに繁昌していることをうかがってきたのである。この世になき父母なり、君臣の恩のために仏教を崇敬する一方に、こうした呪詛が強く根をはっていく。

もちろん、ここに記したいくつかの例は、仏教といった色彩をもつもの、神道の装いをつけたもの、陰陽道なり道教といった世界を背景にしたものなど、じつにさまざまな背景があるものの、受容した人々の心には、いずれであろうと苦、病、疫、祟り、穢れなどを祓いやろうとする実際の方法であった。

歴史を通観してみても、この時代ほど人間の業苦《ぎょうく》といおうか、苦、病、疫、穢れといったものに関心をよせた時期は少ないだろう。人間の暗さをかくも多くの分野に分け、それに対応する呪詛を生み出している時代は、やはり繁栄のなかでのかげりを暗示している。文化なり宗教に見られるかぎり、それは社会なり政治が主体となっていた文化が、しだいに個人なり宗教が主体となる文化に変わりつつあることを暗示している。個人の苦しみや業のなかで、個人がみがかれ、個が確立していくのであって、多くの思想が誕生していくのである。呪詛といった、上記のような諸例はしだいに社会のかげにおしやられていき、山岳仏教なり、隠栖《いんせい》の思惟、ひたすらな観想《かんそう》を通じて美しい業苦への救済思想が成立していくその前史として、奈良時代末、平安時代初頭のこうしたおどろおどろとした呪詛の世界がまずは存在したのである。

国家の疲弊がしだいに表面化するなかで、混濁《こんだく》、汚濁《おだく》の宗教基盤がかたち作られ、その中で人間を凝視し、人間を観るすぐれた宗教者が誕生し、また、そうした思念を具体化した多くの呪詛なり儀礼をもちまわる実践者が数多く「聖《ひじり》」となって世に輩出していくのである。

地獄の見える懺悔をすすめる者、馬の首を切り漢神を祭ることをすすめる者、ひとがたに穢れを移し流しやることを説く者、あるいは翁の面を壺にしたため長の患いを払おうとするを説く者、ちまたにあって祟り神を追いやる陽根の力を教える者、それなりに一つのレパートリーを持った人間が誕生しているのである。もちろん、そうした人たちは、村々の祝《はふり》なり巫女《みこ》といった封鎖性の強い村の中の験者《けんじゃ》である場合もあろうが、多くの場合は、封鎖といった規制の枠からはみ出る都市なり、市といった場にあって生計を立て、そうした場に住まいし、あるいは往来する根無し草の人々の間に、その教えなり実修が広げられていったのである。

定着性の強い各地の村々よりも、都市なり商いの地といった流動性の強いところに奈良時代末、平安時代初期の宗教は顕著な動きを見せたのである。故郷をはなれた官人や道々に商いする人々にとっては、封鎖された安定の生活はなく、流動と不安の生活であり、そこがまた都市なり市の魅力でもあった。各地に流れ出てこうした教えなり救済を説く聖《ひじり》が、見知らぬ土地、見知らぬ家に門《かど》づけて、ときには乞食《こつじき》しながら説きつづける、その足跡のなかから辺地の村々にまで救済の宗教は伝えられ、華やかな宗教文化が根をおろしていくのである。

漢礼　道教的世界の受容

はじめに―漢礼の語―

中国で成立した道教が、その整備された教義、組織、施設をもってわが国に導入されることはついぞ今日までなかった。ただ、中国の衆庶の間で行なわれていた種々の信仰、あるいは体系化された道教体系の一齣、そうした内容は機会あるたびにわが国に伝えられ、わが国の宗教・信仰に大きな影響を与えた。

いま、こうした道教的世界を、古く用いられた「漢礼」の語を用い概括しようと思う。

1　道教的世界の登場

弥生時代の宗教観

縄文時代から弥生時代への変化は変革という以上に激しい変化である。中国で成立していた国家観、政治観、宗教観、生業観、そうした理念や思惟が一挙にわが国に流れこみ、その受容の過程が旧慣、旧観をすべて否定する型ですすむのである。水稲農耕の成立、環濠集落の成立、青銅器・鉄器の成立、弥生時代を特色づけるあらゆる現象が突如としてわが国に起こるのである。こうした風潮は人々を支えてきた宗教―祭式世界にも顕著に現われている。一、二の例をとるならば、大阪府池上遺跡発見の男茎形《おはせがた》、滋賀県大中《だいなか》の湖南《こみなみ》遺跡発見の人像《ひとがた》が挙げられるであろう。縄文時代には用益のむずかしかった低湿泥地や平地が、弥生時代には水田の適地として開拓され、広範な沃野が水利を整えて開田されると、その農の主体はしだいに男性に移る。こうした水田の成立とともに旱害《かんがい》、蝗害《むしがい》と種々、農害の世界が誕生し対応する呪術・祭式が登場してくるのである。男茎形は農害を除去する、根絶する「陽」の気として、中国で呪術の中核をなしていたため、わが国にも農耕体系の導入とともにもたらされているのである。

一方、弥生時代の成立とともに家祖なり氏祖といった祖神の思惟が導入されたとみえ、方形周溝墓といった特色ある墳墓が成立する。方形周溝墓は、中央は戸主《へぬし》、戸主の脇に妻、墳丘縁辺や溝中に家族を葬る墓制であり、戸主の卓越を読みとることができる。しかも、後続する第二、三世代の戸主が造墓するときは、前代の周溝の一側を借り、規模を縮めて営むという傾向があり、戸主の系譜、家祖にはじまる累代の戸主墓としての性格がうかがえるのである。こうした過程のなかで家祖・祖神といった神格が誕生してくるのであるが、大中の湖南遺跡の人像などはこうした家祖・祖神として作られた可能性が大きい。人像の具体的な祭式はいまこれを定める資料を欠くが、わが国に中国の呪術の一画を形成していたこうした人像・祖神・宗廟といった思惟が受容され、一種の神主―人主として祭祀されたものと考えられるのである。男茎形、人像はともに中国の民間なりに流布していた道教的世界を、わが国なりに受容した表われとすることができるのである。

御竜氏と竜の登場

弥生時代の成立とともにこうした種々の思惟、まつりが成立するが、その後半には竜をめぐる興味深い世界が登場する。大阪府の池上遺跡、船橋遺跡、岡山県津島遺跡では、壺や器台といった土器の表に竜が描かれている。竜が現実の世界に存在せず仮象の世界に息づくものであるだけに、突如としての竜の登場は、新しい思惟の登場をも意味するものである。

中国では御竜氏の官があり竜を養い巫が求雨《きゆうう》の呪物として用いた形跡があり、また星宿雷光《せいしゆくらいこう》と結びついて雨師《うし》の世界に姿を見せる。中国・韓国を通じて水神・海神の面影を強くとどめるだけに、わが国の描竜もまたそうした性格を持つものであったろうことは容易に推察されるところである。竜を描く壺や器台を見出した遺跡が海道とつながる港津ともいうべき要衝の地であること、また井戸や溝といった遺構―水みちにかかわる地からの発見であることも雨師などとのつながりをもつ水神、海神のイメージを物語るものである。

道教的世界の導入

弥生時代、中国・韓国から伝えられた道教的世界は、こうした各集落や港津で脈々と流れていくが、一方、政治的な権力を掌中に収めた人々の世界―倭《わ》国王・顕官《けんかん》を中心に中国・韓国で成立していた道家的世界が導入されていく。

新作明竟、幽律三剛、銅出除州、師出洛陽、彫文刻鏤、皆作文章、配徳君子、清而且明、左竜右虎、伝世有名、師子辟邪、取者大吉、保子宜孫

この四言句は三角縁神獣鏡《さんかくえんしんじゅうきょう》に見られる銘である。魏《ぎ》の王室より倭国王卑弥呼《ひみこ》に賜与された銅鏡に該当する三角縁神獣鏡、そこに見える銘文に左竜右虎、師子辟邪、保子宜孫など道家の用いる銘句が盛られているのである。この銘文のもつ意義がわが国において理解されていたか否かは論議のあるところであろうが、多くの中国人の出入り、定着があり使節の往来も激しいだけに倭国の中枢や諸国王には十分理解されていた可能性が強い。「配徳君子」「清而且明・伝世有名」の句などは政治性のわけても強い句であり、注目を惹くところであろう。

護身・破敵の剣に

こうした中国道家の呪句や鏡背の諸神諸図が正しく理解されていたことを雄弁に語るものがある。天皇の即位に伴い授受される大刀契《だいとけい》がそれである。『塵袋《ちりぶくろ》』にはこの大刀契のなか二振の霊剣があり、一を破敵《はてき》剣(別名、三公戦闘剣・将軍剣)、一を護身《ごしん》剣とよび、ともに百済《くだら》国献上の剣であると説き、両剣の詳細を述べる。護身剣は、全長八七センチ、左に日形・南斗六星・朱雀・青竜を、右には月形・北斗七星・玄武・白虎を図し、峰に「歳在庚申正月、百済所造、三七練刀、南斗北斗、左青竜右白虎、前朱雀後玄武、避深不祥、官福会就、年齢延長、万歳無極」の銘をもつと記している。破敵剣は七六・五センチ、左に三皇五帝・南斗六星・青竜・西王母兵刃符を、右に北極五星・北斗七星・白虎・老子破敵符を図していると述べられており、二振が疾

病邪気を除く護身の意、より来る敵・災を破る破敵の意をもつ宝剣、加えて百済所造奉献の宝剣として重く見られていたのである。

　本剣をめぐって東野治之《とうのはるゆき》氏は『文学』第四八巻第四号（一九八〇年四月）に「護身剣銘文考」を載せ、本剣を四、五世紀の製作と考え、呪句を通じて辟邪招福の意を示すものと説いている。護身、破敵の目的に剣を用い、その効を得るために四神を図し、日月北斗南斗、三皇五帝北極五星を彫り、銘中にも「辟深不祥、首福会就、年齢延長、万歳無極」といった呪句を刻む、その内容はまさに道家の呪図であり、呪句である。百済の造剣奉献は、こうした道教的思惟の熟知を示すものであり、その献納と重宝としての所伝はわが国の道教的思惟の理解、積極的受容とその用益の内容を示すものとして重要であろう。

　四、五世紀、中・韓・日間に広く道教的世界が拓かれ浸透していく様がこのように明確にたどれるのである。わが国の道教的世界の受容が政治者を中心として展開し、その権勢の護持と政治者の万歳無極、年齢延長を希う形で展開する、そうした初源の姿を示すものが鏡であり、護身・破敵剣であったということができるのである。

2　漢礼呪儀の成立に

今来漢人の渡来に

　五世紀から六世紀前葉、今来漢人《いまきのあやひと》と呼ばれる人々が群をなしてわが国に到る。朝廷の指示で各地に編貫《へんかん》されていくが、その間、それぞれ後漢献帝《けんてい》の後裔、東漢献帝之孫というようにその祖を強く意識しつつ定住していく。そうしたなかで、特色ある慣行を遺した漢人たちの世界がある。たとえば、滋賀県大津市の北郊、旧志賀郡に居住した穴太《あのう》村主《すぐり》、大友村主、錦織《にしごり》村主、志賀《しが》漢人、三津首《みつのおびと》など漢人系氏族は、穹窿頂《きゅうりゅうちょう》持送り方形平面という特色ある横穴式石室を築き、周辺地域と顕著な相違を示しているが、この石室内から竈形《かまどがた》が発見される。土製の竈・釜・甑・鍋をセットとしたミニチュアを墳墓中に副えるといった慣行が成立しているのである。同様な慣行は兵庫県芦屋市に住した芦屋漢人、奈良県忍海《おしみ》に住した忍海漢人などにも見られ、彼らが故国の慣行をそのままに携え来たった有様が読みとれるのである。
『儀礼』には宗廟《そうびょう》祭祀ののち竈神を祀るとあり、烹餁の恩を謝するためと註されている。死した戸主を葬るにあたり、殯葬《びんそう》の場に用いる烹餁具を死者の世界にまでもたせたと考えることができよう。家の神として息づく生者の世界の竈、死者の世界の家の神として息づく竈形の二者があり、殯・葬の場で竈形が働く様が読みとれるのである。

一方、『捜神記《そうしんき》』には臘月晨《ろうげつしん》、子方が食を炊ぐ時、竈神の姿を見たので黄羊をもって祀ったところ繁昌を得たという記事があり、竈神が吉凶をもたらすものと考えられていたことを暗示している。生者の吉凶同様、死者の世界にも吉凶が想定され、生者へも強く力を及ぼすものと考えられていたことが知られるのである。漢人系氏族の間では、こうした道家の説く竈神の信仰が根強く生きつづけ、独特な雰囲気をこの地域に作り出していたのである。こうした祭祀は漢人の間にのみ見られる儀礼だけに、周囲の人々からは漢礼と呼びならわされ、在来の人々の邦礼と強く区別され、時には排斥され、時には迎合されていくのである。

福徳と漢礼の呪儀

漢礼の語は、『百錬抄《ひゃくれんしょう》』の「仁平《にんぺい》三年（一一五三）九月、近日所々に社壇を立て家々漢礼を行う。停止の由宣下す」との一文に見える。この漢礼というまつりは福徳を得んとするまつりである。同書には「応徳《おうとく》二年（一〇八五）七月朔日より東西二京の諸条の辻ごとに宝倉《ほくら》＝祠を造立し、その鳥居の額に福徳神、あるいは長福神などと銘し、洛中の上下群集し盃酌《はいしゃく》算《かぞ》えきれず。破却すべき由、検非違使《けびいし》に仰せらるる」といった記事もある。こうした福徳を得る、群集が道々辻々に集まり盃酌する、その有様が漢礼と呼ばれ邦礼と区別されているのである。

『日本書紀』には、

皇極《こうぎょく》天皇三年（六四四）七月、東国不盡河《ふじがわ》のほとりの人、大生部多《おおうべおお》が七色に色変りする蚕《かいこ》の如き虫を祭るよう村里の人々に勧め、これは常世神《とこよのかみ》なり、この神を祭れば富を致し寿を興すと説いた。さらに巫覡《かむなき》も加わり貧しき人は富を致し、老人は若きに還ると告げ、財宝・酒菜・六畜を路のほとりに陳べ、新しき富入り来たると呼ばしめたという。都鄙の人、常世虫をとり清座に置き歌舞し、福を求め珍財を喜捨した。

と記しているが、この皇極紀の求福のまつりこそ「漢礼」の初源にあたるものである。常世虫と通ずる「富鳥」の墨書をもつ土器が和歌山県岡田遺跡で発見されており、奈良県大安寺《だいあんじ》では「福徳」と墨書する一枚の皿が、また石川県の箕打《みうち》窯では「福・来・見」(福、来たる、見よやはや―福、来現)と刻銘した坏が、平城宮内裏《だいり》では、二匹の虫を描きそれぞれの下に福徳と記す桶底板《おけそこいた》の発見が伝えられている。福徳を求めて群集し道々辻々に財宝・酒菜《しゅさい》・六畜《りくちく》を陳《なら》べ歌舞し盃酌しつつ都へ進む群集のエネルギー、あるいは平城京の内裏にまで蔓延した福徳の想い、それらはともに突如として起こり、たちまちに数万、数十万の人々の集まりを生みだすだけに朝廷は再三再四、これを淫祀《いんし》と呼び漢礼と称して禁断し平静に還るよう策しているのである。皇極朝に初見をもつ「福徳神」のまつりは、その漢礼の語にもあるように、漢―中国に出自するまつりであったということができるのである。中国で道家の説く求福―福徳の呪儀がわが国にもたらされてのまつりなのである。

殺牛祀漢神の呪儀

いま一つ、漢に出自するまつりがある。漢神をめぐるまつりがそれである。『日本霊異記』には「摂津国東生《ひがしなり》郡撫《なで》凹《くぼ》村の富者が、漢神の祟りをうけ、七年の間、各年一牛を屠り四足を截り廟に供して生を乞い、膾《なます》にしてこれを食した」という聖武《しょうむ》朝の記を掲げるが、『類聚三代格《るいじゅうさんだいきゃく》』にも、また殺牛して漢神を祭るを禁断する趣旨の太政官符をのせる。漢神の祟りを鎮めるための殺牛、漢神を御饗《みあえ》するための殺牛が広く各地に見られるのである。『日本書紀』には「皇極天皇元年六月、大いに旱りす、七月群臣相い語りていわく、村々の祝部《はふりべ》の教える所に随い、牛馬を殺して諸社の神を祭る」といった記事がある。漢人系の人々の村々、漢巫のもとでは大旱の原因が漢神の祟りに求められ、その祈禱としての殺牛が行なわれたことを語っているのである。想えば『古語拾遺《こごしゅうい》』には蝗害を鎮め苗葉のたち枯れを恢《かい》すために、溝口に牛宍《うしのしし》を供え男茎形を置くことを記す。害の源はこの場合、御歳神の怒り―祟りであるが、本来の姿は漢神であり、男茎形がその神の形代であり、牛宍は供進の御饗物《みあえもの》であろう。漢神、漢饗は漢人―今来漢人などの手でわが国にもたらされた神格であり、故地での道家的なまつりの導入であったといえよう。現実には溝中や穴中から牛頭を発掘した岡山県百間川遺跡例などからこうした漢神のまつりの一端を知ることができよう。

福徳の呪儀、殺牛の呪儀は、ともに漢礼、漢祀として皇極朝にその初見の史料をもつが、韓竈《からかまど》ともよばれる竈形をも含めて考えるならば、より古く六世紀に受容され、以後、漢礼、漢神、漢祀と呼ばれつつ脈々と続く一群の呪儀が成立していたことを知りうるのである。弥生時代より幾度か日中・日韓の交流のなかで、こうした道家の呪儀・方《ほう》技《ぎ》がわが国に新しい波として受容され、わが国の祭式・思惟に変革を与えつつ、その骨肉の一部となり、人々の抜苦《ばっく》与楽《よらく》の基盤として息づいていくこととなるのである。

3　都の道教的世界と

東・西漢人と

中国・韓国で展開していた道教世界が一つの体系をもって、意図的に受容されるのは、文武《むんむ》朝以降のことであり、朝廷・貴紳の間に政治的に受容されていく。次にその実態を平城京を中心に語ることとしよう。

朝廷の四時祭《しじさい》のなかで顕著な存在は大祓《おおはらえ》である。六月・十二月晦日、親王以下百官が朱雀門に全集して本儀が行なわれる。酷暑酷寒の日、人も世界もすべてが気息《きそく》ともに弱まり極めている時、その原因が穢・罪にあると考え、これを流し祓い、一方で新たな気息を与えよう、身に鎮めようとするのが大祓の本義であった。中元・元日を迎えるうえで欠かせぬ呪儀として複雑な構造をもっている。

この大祓の重要な局面に東《やまと》・西文氏《かわちあやうじ》が登場する。ともに漢に出自する氏であるが、両氏がそれぞれ金装横刀、金銀塗人像を捧げ天皇の帝祚《ていそ》の長久と禍災の除辟《じびゃく》を咒するとされている。その咒は、「謹請皇天上帝三極大君日月星辰八方諸神司命司籍左東王父右西王母五方五帝四時四気、捧以銀人請除禍災捧以金刀請延帝祚」「東至扶桑西至虞淵南至炎光北至弱水千城百国精治万歳万歳万歳」という四言の整備されたものである。金装横刀は長さ二尺三寸(六九センチ)、広さ一寸五分とされるが、先に記した大刀契の中の護身剣・破敵剣にも通ずる性格をもつ呪刀であり、帝祚の長久を期するものとして捧げられ呪奏されるのである。

この時、同時に両文氏が捧げるものに金銀塗人像の世界がある。長さ一尺・幅一寸、鉄地に金銀を塗した人像一枚、長さ八寸、幅八分、木地に金銀を飾った人像一枚が、両文氏から捧げられ、天皇の禍災を除くべく働くのである。中国に出自する漢氏がこうした金刀・銀人を捧げ呪を奏し帝祚の長久・禍災の除辟をはかることは、きわめて重要な所見であるが、道家の思惟が呪奏のなかに鮮やかに生きていることが容易に読みとれるのである。呪刀、人像の導入がこうした人々の手ではたされたものであることは十分に想定しうるところであろう。

ところで、こうした金銀塗人像と相似た偶人＝人形の世界が六・十二月の大祓や毎月晦日、新嘗祭八日間、六・十二月神今食《かむいまけ》前の八日間の間に膨大な量でもって息づいているのである。たとえば天皇の場合、毎月晦日御贖析《みあがしろ》として鉄偶人三六枚、木偶人二四枚、御輿形四具、挿幣帛木二四枚を各晦日に、また新嘗・神今食の各八日間の御贖物として一日、木偶人四八枚、御輿形八具、挿幣帛木四八枚を用いると『延喜式』は述べている。

こうした人像、偶人はともに一撫一吻することによって天皇の身にある罪・穢を、邪気、汚息をこれに移し、のちわが身の贖物―形代として河川水みちに流しやるものとしてその場を得ているのである。

人形の一撫一吻に

ところで平城京では、こうした人像、偶人と呼ばれる人形の発見が続いている。最近では、平城京南面の東門―壬生《みぶ》門（美福門）とその南を東西に走る二条大路が発掘され、その北側の側溝から実に二〇七点にものぼる人形が発見されている。朱雀門で大祓を執り行なうようになる以前は、『法曹類林《ほうそうるいりん》』に掲げるように大伴、壬生二門間の大路で執り行なわれたため、こうした壬生門南面側溝での発見となったのであろうと説かれている。これら二〇七点の人形は形状・法量ともに多様であり、なかには同一人の手になるかと考えられるものを含むが、大半は大祓に加わった百官男女の各人がそれぞれみずからの人形を作り、銘々一撫一吻し各自の罪穢をこの人形に負わせて、溝中に流しやった、そうした光景を伝えるものであるといえよう。東漢・西文氏の領導する人像・偶人―人形の世界が天皇や皇族、貴紳にとどまらず百官男女にまで祭式として定着していることが読みとれるのである。

人形は京の内外の水の道の随所でしばしば発見されているが、また各地の官衙《かんが》かと考えられる遺跡からも発見され、大祓が全国の諸官衙で実修されるに伴い用いられた経緯がうかがわれ、道家の思惟が斉一的に浸透していく、その間

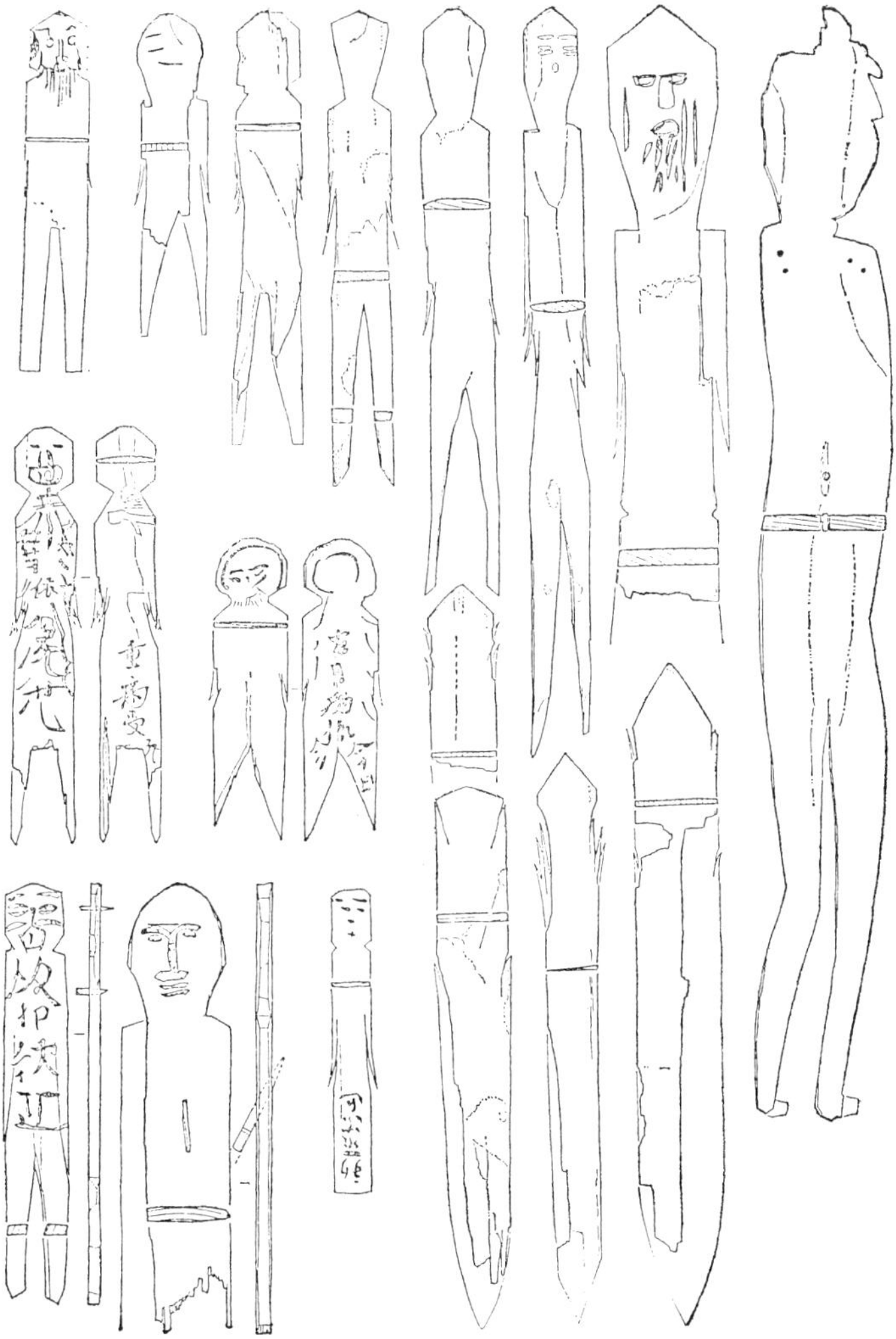

図１　藤原京・平城京発見の人形代

に果たす政治の役割をよく示している。

竈形代の再登場に

祓と関連する文物としては、竈形代《かまどかたしろ》がある。六世紀後半、漢人系氏族の墳墓で息づいていた竈形は七世紀に入ると絶えるが、八世紀には相似た形で登場してくる。

『本朝月令《ほんちょうがつりょう》』や『年中行事秘抄』六月大祓の条には、一見、大祓といかに関係するか理解にむずかしい一面をもつが、竈神―竈鬼・祝融《しゅくゆう》大神の記事、それも『抱朴子《ほうぼくし》』や『世風記』など中国の書を博引して並記している。その内容は中国では常月晦日、家の神である竈神が上天し家人の罪状を報じ、大罪の場合は紀―三百日を奪い、小罪の場合は、筭――一日を奪うという考えがあり、上天の送神日、帰来の接神日には竈神を特別にまつり、世俗はこのまつりを祓除と呼んでいるとするのである。竈形は竈神の形代であり、竈神の上天にあたり善報のみを期し悪事の報告、罪状の報告を差し控えさせようとする、またそう祈願したことを示すものとして大祓、祓除にあたって用いられたのであろう。

後世の庚申とも似たまつりが大祓に習合しているのである。家神としての竈神が烹飪にかかわるだけでなく罪穢の除祓、寿齢の伸縮にかかわるとされ、十分に祀れば除災延寿につながると考えられているのであり、竈形の再登場の背景にはこうした竈神への視座の違い、新しい視点の誕生がみてとれるのである。

鬼神面に托する災疫

ところで大祓なり晦日の竈形代と関連する文物のなかで、いま一つ重要な遺物がある。考古学でいう人面墨書土器がそれである。平城京羅城門の南、稗田《ひえだ》の地で河川の一流路が発掘され、おびただしい人面墨書土器が発見された。多くは高さ四寸ほどの小壺の表に二～四面の人面―多くは翁面を描く。平城宮内、京内の大路側溝など水みちに流しやられており、完形をとどめる場合も多い。『延喜式』には大祓にあたり主上に坩《つぼ》(壺)を捧ぐの一文があり、土器中小石などを入れる、鈴のごとしという註が付せられている。こうした壺のことは『建武年中行事』六月一日の条に「四のかはらけを御ゆびして、うへにはりたる紙にあなをあけて御いきをいるる也。御たのこひちいさき四足にすへてまいらす。……あかなへの小つぼなど、たいばん所にとどむ」という記事があり、四坩《つぼ》を用い口に紙を貼り指で穴して気息を吹き込む、こうした小坩を御贖物の坩と呼び、台盤所を通じて流しやること、坩中には物実《ものざね》として小石などを入れ、気息の憑くよう配慮していることを教えているのである。

こうした小坩の表に描かれた人面は、単なる人面ではなく特異な容貌をもつ。もっとも近い人面描写は正倉院蔵の布作面《ふさくめん》の表情である。この布作面は、酔胡従、胡飲酒の舞に用いるものと考えられている。酔胡王・従は伎楽《ぎがく》面にも

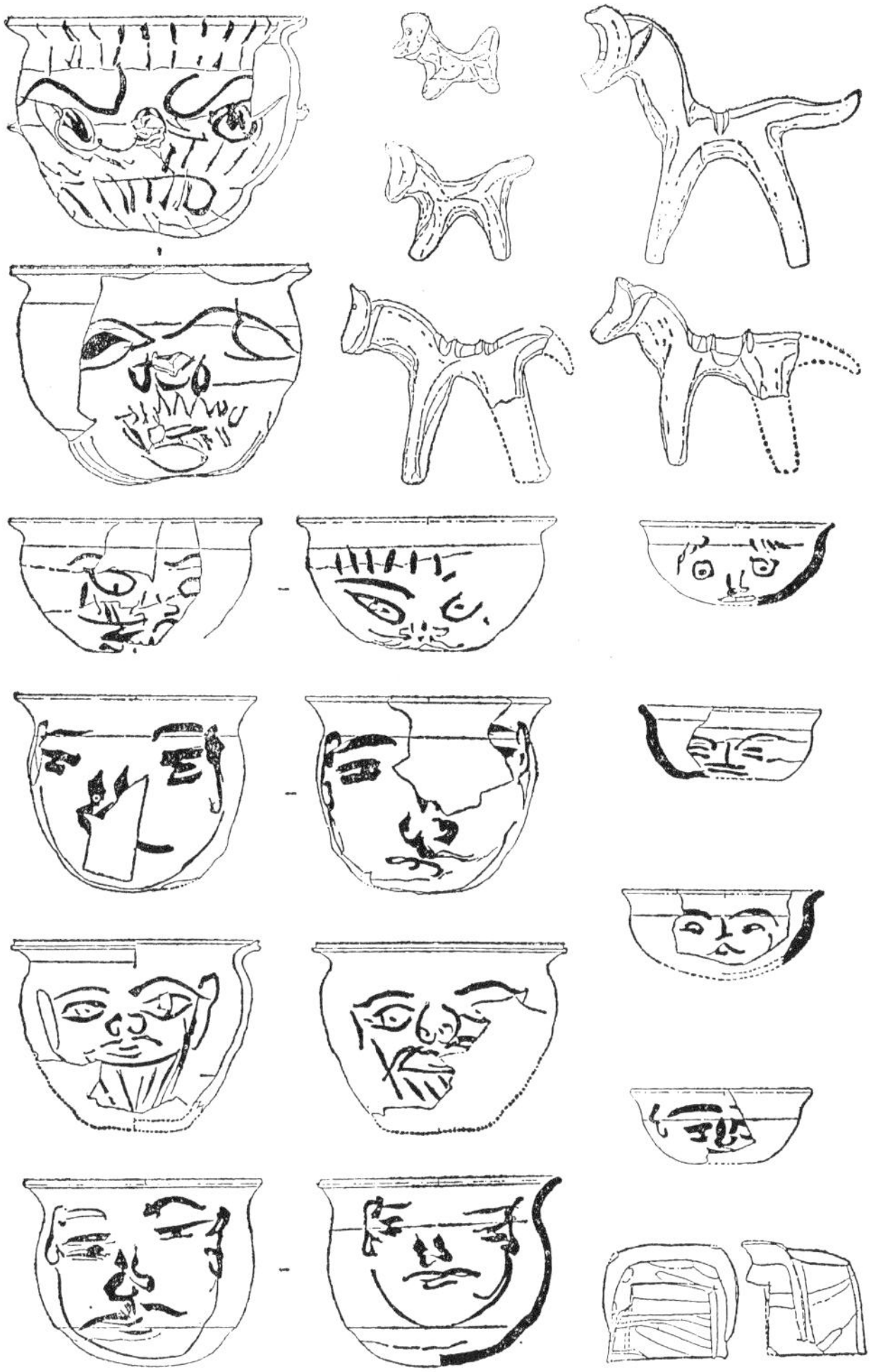

図2　平城京発見の馬形代と竃形代と人面墨書土器と

あり、西域―胡国の王、従僕が乾杯献酒の飲宴の果て、千鳥足の酔態を演ずる。こうした恐るべきもの、畏怖すべきものに勧酒し、その威を失わせ此方で笑いやる心根に根ざす伎楽であり、人面はその胡従の表情に規を一にするのであり、人面墨描土器の人面は胡王・胡従・胡神の表情と考えられるのである。

異域の神、異域の鬼を描くとした場合、通じる一例が江戸時代の呪本『呪詛重宝記《じゅそちょうほうき》』に見える。同書には「長病人餓鬼まつりの事」と題して人形とエトにより定められた数の鬼の字を餓鬼形の符に書きこみ、餅もそえて土器に容れて流す、こうした餓鬼祭を実修すれば、長病人本復は間違いなしとするのである。餓鬼が異域の神、人面墨書土器の顔面に通じ、六月・十二月の罪穢充満する気息奄奄の貴紳の姿が長病人に通ずるのである。罪穢をもたらし人々に病疫災厄をもたらす鬼神―外域神・漢神、蕃神に罪穢や病気を背負わせ、水みちの彼方に流しやろうとする、まことに大祓なり晦日の祓にふさわしい文物であったといえるのである。

大祓をめぐる文物についてはなお語るべきことが多い。

しかし、そこには罪穢を祓い流し清浄への回帰をはかるために、幾重にも重ねられた御贖物、祓柱《はらえつもの》の世界が展開しているが、これらの世界に漢人によりもたらされたり、両国の交流のなかで受容された道家の方技なり思惟が色濃く存在しているのである。朝廷が大祓を重要な祭式として規定する、その根源が道教的世界の一画の採用にあったことは改めて述べるまでもないところであろう。

4　平城宮のまじなひ

まじなひの文字に

平城宮をめぐる時代は、またまじなひ、のろいの強く漂う時代であった。律令国家として都城を営み官僚の制が確立する。人々が集まり、人々が官位で区別される、そうしたなかで従前には見られなかった人間関係の種々相が生まれてくる。

平城宮大膳職《だいぜんしき》の井戸中から一枚の皿が発見された。皿の真底中央には鸚鵡杯《おうむのつき》の文字があり、女官の管掌する鸚鵡の餌皿《えさざら》であるが、その一部に君・我・念の三字を組み合わせた呪字があり、従前、男女の相思相愛のまじなひかと想像されてきた。昭和四十三年、藤沢一夫氏は『帝塚山考古学』第一号に、この三字組み合わせ呪字が逆に離別にかかわるまじなひであることを説いた。根拠は『呪詛重宝記』の記載である。この三字組み合わせ呪字の四方に「我レ思ウ・君ノ心ハ離レツル・君モ思ワシ・我モ思ワシ」と記しており、その意を明示し、あわせて「右の符のすり水には一の川の二に成て流るる水にてかくべし、墨へ茗荷、又、山鳥の羽をやきて添る也……」といった具体的なまじなひの手法も記されている。

『呪詛重宝記』は江戸時代の刊本であるが、その後、呪符集などの検討を経てこの三字組み合わせ呪字が広く古くから流通している事実が明確となってきた。天平の盛時から脈々と息づいてきた呪字―離別の呪字といえるのである。こうした呪字の造字自体は中国に適例を見ないが、勅令の二字合成、鬼字の変字・転字など文字をめぐる各種の転換を見るだけに、おそらくこの種の呪字の母胎―基盤は中国に求められるであろう。離別・和合をめぐるまじなひは、単に三字合成といった単純なものでなく、康暦《こうりゃく》元年(一三七九)書写の元興寺極楽坊蔵の『夫婦離別祭文』『夫婦和合祭文』に見るように、東方離別青帝将軍・西方離別白帝将軍といった祖形を道教の五方五帝に承ける神々を勧請、壇を設け儀軌《ぎき》にしたがって執祭しているのであり、その体系を中国の道教、道家世界に得ていることが容易にうかがわれるのである。

呪札と厭魅の世界

君・我・念の三字合成の呪字を記した皿には、また道・為・金の三字合成の呪字も見られる。こうした合成とは別に、また呪札もこの時代すでに成立している。静岡県伊場《いば》遺跡発見の百怪《ひゃっかい》呪符、宮城県多賀城外方発見の百怪平安符がそれである。伊場の呪札は初行に「百怪呪符百々怪宣受不解……令疫三神……」とあり、第二行に「宣天罡真符……」左に竜図を記し人山竜などの呪句を置いて急々如律令と記す。裏面には戌字三字を囲み、蚘子などの呪句を描き急々如律令の語を配する。竜・蚘子などの疫神―百怪をもたらすものを天罡星―北斗星に宣じて抑え平安をはかろうとする呪札である。天罡星、急々如律令の句は中国道家の呪符に再三再四登場するところ、わが国に呪札が成立する時点、中国の呪札をめぐる呪図、呪符、呪形、呪句といった一つの体系が呪儀とともに導入されているのである。

　多賀城外域境発見の呪札は、一面に鬼の字を含む呪符を頭に書き、続いて「百恠平安符未申咒符」と記し、裏面は戌字が二字二段、三字二段で置かれ、「奉如実急々如律令」の句を据えている。呪符の目的が百恠を抑え平安を求める目的をもつもの、多賀城の四隅を点じて呪札を樹て、悪霊を払う機能をもつもの、しかも通じて戌字を伴うなど興味ぶかい一面をもっている。中国に発した呪符・呪札の世界が鮮やかに息づいていることがうかがわれるのである。

　このほか、平城宮や長岡京で発見されている物忌札も、また出入口に樹てたり車輿に付したり寄りくるものを祓いやり、内なる忌を外へ出すことなく護り抜くといった機能をもつものである。物忌が朝廷貴紳の間でいかに厳重に守られたかを知るものにとっては、石川県漆町遺跡発見の「依里物忌固物忌天罡急々如律令」の句を書く呪札などは、里第にまで及ぶ物忌の厳修が道教的思惟のなかでいかに強い想いで行なわれているかを語るものであろう。大祓とも一脈相通ずる鬼神の遮断、穢障の除祓がこうした呪符の世界でも重要な一画を形成していることに気づくのである。

　一方、こうした日常の生活へ還すべく用いられる「まじなひ」とは別に、憎悪する人、羨望の人をおとしめんとする、「のろい」の世界もまた強く息づいているのである。平城宮内大膳職の大井中から、眼と胸に釘うたれた人形代が見出されたことは広く知られているところである。胸には「坂部秋建《さかあいべのあきたて》」の名があり、彼─坂部秋建がその生を断たれ死することを願われているのである。『律』中の「名例律」裏書には厭魅事《えんみのこと》と題して「或は人形を作り心を刺し眼に釘うち手を繋ぎ足を縛る。前人をして疾苦せしめ死せしめんと欲すればなり」といった一条が記しとどめられている。まさに坂部秋建の人形代と符合する条文である。

　ところで、この条文は日本独自の条文ではなく、そのもとづくところとなった唐律中に同文の一条が見られるのである。一見、日本的な厭魅に見えるものの、その実、中国・唐の厭魅体系の導入にほかならないのである。同様なことは称徳《しょうとく》天皇を呪詛して佐保川《さほがわ》よりドクロを拾いきたり天皇霊たる御髪をこれに付して天皇に見たてこれに死を与えるべき呪作したとされる県犬養姉女《あがたのいぬかいあねめ》の事件も、単なる思い付きといった厭魅ではなく、藤沢一夫氏によれば、仏教的厭魅の髑髏法に通ずるかとされるように、彼地からわが国にもたらされた「のろい」・厭魅の体系に従うものということができるであろう。多くの面で唐の道教的思惟を導入・受容して、その体系を整えていくのであるが為政者にとって危険を感ずる分野、厭魅などの面は常に禁断されるところであり、また大衆を蜂起させる各種の厭魅や蠱《こ》毒《どく》、福徳の流れも権力の構造に亀裂をもたらすだけにこれまた禁断されるところであった。しかし為政者には為政者間での争いがあり、それだけに禁制の底流のなかで終始、この種の厭魅など「のろいの体系」はうごめいていたのである。

5　饗宴と道教的世界

道教的世界の遊び

遊び、宴飲の世界にも道教的な思惟は脈々と息づいている。平城京左京三条二坊で発掘された園池・庭園などはまさにそうした遊びと宴飲、道教的思惟の絡み合う場である。このすばらしい庭園を私は西宮・佐保亭に居したとされる長屋王《ながやおう》の邸宅園地ではないかと考えている。佐字なり亭字、西宮の文字を墨書した土器を出すこの庭園は、塀で三方を囲み、西に配した東面の殿舎から、遥か三笠山、春日山をのぞむ借景の庭園である。巨大なその池は、全面に敷石し所々に縁石をたてて流水を導き曲水の宴を演ずるべく用意されているのである。菖蒲や水草を植える木枠も据えられた本格的な庭園であるが、実はこの園地は平面を青竜になぞらえた竜池として設計造営されているのである。竜を水神と見たてる中国の思惟を導入、竜池で水遊びし、曲水宴を開き、竜池に月を写して宴遊し、また舟を浮かべて城東の山なみを観ずるのである。まさにこの庭園の示すところは仙境異域にもふさわしい。竜池で演じられる遊びが道教的世界にあることは論をまつまでもないところであろう。こうした道教的世界の遊びが成立してくるのは、よりさかのぼった飛鳥《あすか》、白鳳《はくほう》時代のことである。

園地と道教的世界

大和の飛鳥の地には庭園・園池に関連する多くの遺構が見出される。酒船石《さかふねいし》、須弥山《しゅみせん》、翁姥合歓像(石人像)、二面《にめん》石《いし》などの怪異・奇異とされる石造物は、その大部分が飛鳥の地に引きめぐらされた水路の園池に配されたものといえるであろう。近時、漏刻《ろうこく》として騒然たる話題を呼んだ飛鳥水落《みずおち》遺跡の遺構も、こうした庭園園池の一角に位置づけられるものであり、単に漏刻というだけでなく、時には「水屋」として多量の水をしたたらせ送る庭園の一観としても息づいた日があったのではないかと考えられるのである。道教的な発想のもとで、飛鳥の広範な園池が設計され、景物が整えられていったのである。

斉明《さいめい》天皇はその二年に、両槻樹の辺りに観《かたどの》を起てる。両槻宮《なみつきのみや》とも天宮《あまつみや》とも号したと『日本書紀』は伝えている。飛鳥の地全体が東漢氏などの参画もあって「道教的世界」観でもって景観が作られていく時期であり、飛鳥全域に見られる園池・庭園的景観・遊宴空間の形成の背景にこうした思惟が横溢していたのである。その強いエネルギーを見ると、両槻宮とも天宮とも称されたその建物こそ、中国道教を語るうえに欠くことのできない道観(寺)を模して誕生した一時の華ともいうべき建物であった可能性はいかに否定されても、なお魅力をもつ所説といわざるをえないのである。道教的世界の受容とその日本的再構築は、進化論的になされていくのではなく、突如の導入・展開が見られる場合もまた存在したに違いないのである。

道教的世界と国家

道教的世界の受容が律令国家の形成と軌を一にして歩むこともまた事実である。

昭和五十六年、岩手県水沢市・胆沢《いさわ》城跡で発掘された具注暦《ぐちゅうれき》などはその間の経緯を語るものである。暦日ごとにつぶさに注されたその内容は、沐浴、掃除、療病、煤掃、精進、移徙、嫁娶など人生諸般の吉凶にかかわるものである。坂上田村麿将軍の胆沢城建設は延暦《えんりゃく》二十一年(八〇二)であるが、その翌年の延暦二十二年の大衍暦《たいえんれき》である。都城・城柵の創始と相まって具注暦が持ちこまれ、諸事が暦を参看して進められていくのである。道教的世界が広く浸透していく背景にはこうした律令国家の象徴たる具注暦の配布があり、遵守を通じて道教的な禁厭や呪作が広がっていくのである。律令国家の「道教的世界」受容の規範がそこには雄弁に語られているのである。道教的世界―漢礼の世界が日本人の思惟の根底に大きく横たわっていることは、ここに明瞭になったといえるであろう。

漢礼の語りが正しく認識されるときこそ、考古学はいっそう、人間を語る学となり、わが国に貢献する学となるであろう。そうした予感の漂う分野であり、視座であるということができる。

参考文献

藤沢一夫「古代の呪詛とその遺物」(帝塚山大学考古学研究室『帝塚山考古学』第一号、一九六八年)
水野正好「まじなひの考古学事始」(『どるめん』第一八号、一九七八年)〔本書所収〕
水野正好「招福・除災—その考古学」(『国立歴史民俗博物館研究報告』第七集、一九八五年)
金子裕之「平城京と祭場」(『国立歴史民俗博物館研究報告』第七集、一九八五年)
木下密運「呪術資料に見る密教の庶民化」(『密教美術大観』第四巻、朝日新聞社、一九八四年)

古代の笑ひに

「笑ひ・咲ひ」。それは人の間にのみ見られるもの、人を人たらしめるものであるともいえよう。今日では「笑い・咲い」というべきであろうが、想えば、私たちの過ごす穏やかな日々、ありふれたさりげない顔。その左右両側に、悲しみの日の心根、暗然たる想いに激した泣きの顔、また喜びの日の心根、光明へのはやる想いにほとばしる笑いの顔が両極として相対している。さりげない穏やかな顔の日々にくらべて、泣きの顔、笑いの顔の日は少なく、その顔を見る場もまた少ない。

しかし、喜怒哀楽とか悲喜こもごもの言葉が厳然とあるように、「喜び楽しみ」「怒り哀しみ」は、人の生活の中で「穏やかな」生きざまを横に押しやり、人生のポイントとして息づき、そのこもごもの揺れの間に、「平穏な日々」をつつみかくしてしまうのである。すくすくと伸びる竹に日常を見たてるならば、泣きの顔、笑いの顔は楔《くさび》のように、時には聖痕のようにしるされた節であろうか。「日常」の永遠の存続のためには、非常—非日常・非俗—としての「泣き・笑ひ」は、一つの節目として欠かせないものなのである。泣きと笑いは、そうした意味では、「日常・平常」を永遠に輪廻《りんね》させる存在でもあるといえよう。

考えれば、穏やかな顔と向かいあって存在する笑いと泣きの顔は、「平和と戦ひ」、「祭りの日と平常の日々」にも重なり合うであろう。穏やかさは、日常の日々に人々の浸っている平常的なもの、永遠なものである。そのさらに一層の進んだ姿の永遠の維持をはかろうとする時、永遠をたしかめんとする時、泣き笑いの激しい波がたち、戦いへ、祭りへと人を駆りたてる。人々は長い穏やかさの中で多くの個性をいかし多方面の行動を生み出す。その個性と行動の多岐にわたる枝々が互いに脈絡を失い連繫できなくなったとき、その融合止揚として「非常」が顔を見せるのであり、個性も行動も「非常」の中で融即へ、合一へと動いていくのである。その動きの終局、果てには、穏やかな「日常」が再び整然とした姿をもって顕現してくるのである。

「笑ひ」は一人一人の人の心根のしるしであるが、のべつ間なく笑うならば、人から陽気馬鹿、笑い狂いとされるように、常に「笑ひ」には日常生活からの厳しい視線が投げかけられている。「笑ひ」の恒常化は「物狂ひ」として日常生活を乱すものとされ、恐れられているのである。「笑ひ」の時と場は、そうした意味では、無意識の笑いでたとえあったにせよ、常に人の住まう世界とのかかわりあいをもつのである。まして一人一人の人の心根を越えた社会的な心根の笑いは、天秤に笑いをかけるかの厳しさをもって計画的に作り出されるのであって、単なる一人一人の心根の集合として誕生してくるものではないのである。

こうした「笑ひ」のあり方を「古き代の笑ひ」に垣間見ることにしよう。

1　縄文仮面の笑ひ

「笑ひ」、人の表情に現われるそれは、心根の動きとともにたちまちに消えうせる。まして遥かな時間の隔りをもつ縄文人の「笑ひ」はこの世にのこされてはいない。しかし、その「笑ひ」は、彼らがのこした「仮面」の世界から今日たどることができるのである。

昭和三年のことである。岩手県水沢市に住まわれていた鈴木貞吉氏が一例の興味深い土製の仮面を学界に提示された。『考古学雑誌』第一八巻第九号の「石器時代の仮面」と題する紹介がそれである。盛岡市鶯宿《おうしゅく》発見のこの仮面は、現在天理参考館の所蔵になるが、最近伊東信雄氏によって詳細が『天地』第一巻七号に紹介されている。

両眼と口をくり抜き、両側に紐かけの穴をあけた実用の面であり、大きさは縦一七・五センチ、横一五センチ。現実にはなかなか見られないほど見事に左へまげた鼻がこの面を特色づけている。鼻まがり仮面の登場である。

写真１　土面（一戸町蒔前台出土）

その後、岩手県一戸《いちのへ》町蒔前《まくまえ》台でもすばらしい鼻まがり仮面の発見が報じられた。この土製の仮面も目・口を穿《ほ》り紐穴を両側にあけた実用の仮面であるが、顔そのものを強くひずませ、左へつり上がった眉・目・口、太くしかも大きく左へまがる鼻、額に丹彩を施した仮面である。ひずみの面、鼻まがりの面というだけでなく、如実に表情が表現されているすばらしい面である（写真1参照）。

こうした縄文仮面の世界については、すでに『日本原始美術大系』3・『日本の原始美術』5（講談社刊）などにおいてもふれたところであるが、縄文時代後期の十余例の仮面の中で、三、四例も見られる鼻まがりの仮面、それも必ず左にまげるというきまりのあることを知ると、この表情が縄文人にとって、また仮面にとって極めて重視された表情であったということは理解されるだろう。

太い鼻まがりの仮面、ひずみ面とも呼ぶにふさわしい異様な表情に、ヒステリーの表情を見ようとする意見、さらに広げて神懸りするシャマンの苦しげな表情をそこに読みとろうとする見方もある。それぞれ興味ある見解であるが、ここでは私は私なりの想いを語りたい。この仮面の異様さは、左右不均整な表情の象徴たる鼻まがりというところにある。

こうした「鼻」の言葉に想いおこされる一つの分野に、伎楽《ぎがく》面・舞楽《ぶがく》面の世界がある。

伎楽面の酔胡王《すいこおう》や酔胡従《すいこじゅう》は、『舞楽面』（西川杏太郎・至文堂刊）ほかにも紹介されているように、胡人《こじん》にふさわしく大きな鼻をさげている。手向山《たむけやま》神社の舞楽の胡徳楽の面はずばぬけて太い鼻を根元で紐くくりして、左に右にゆらめかせるし(写真2参照)、法隆寺所蔵の胡徳楽面には、左にまがる鼻をつくり出しているものまである(写真3参照)。いずれも胡国の王と従者、胡人が勧められるがままに酔い、酔態の所作として左右に長く太い鼻をゆする面白さ、滑稽さを演じ、笑いを誘い出そうとするものなのである。

　ゆがんだ表情、鼻まがりの顔は後世にあっても喜劇的な、笑いを常にともなう田楽《でんがく》、猿楽《さるがく》、また三番叟《さんばそう》と関連し、日本という風土にあって笑いを誘う仮面として脈づいている

写真2　胡徳楽(手向山神社)

だけに、同じ表情を通して、縄文人の笑いの一端がここに浮かび上がってくるのである。

　ところで、鼻まがり・ひずみ面と同じように人の意表をつくいま一つの仮面が東京国立博物館に所蔵されている。長野県波田町中下原発見の土製の仮面がそれである(写真4参照)。まん丸の顔かたちの上寄りに、少しバランスをこわし左につり上がり気味の細い眉と丸い目を、目の内脇にそれは見事な作りの団子鼻をいれる。鼻の下は長く、右

写真3　胡徳楽(法隆寺)

写真４　土面（長野県中下原出土）

にひねったおちょぼ口が特色ある顔を形づくっている。紐かがりの孔はみられないが目から通し耳に紐をまわしたのであろうか、十分に実用に耐えうる仮面である。鼻や口の面白さは、延年《えんねん》の猿楽に使用されたものかと後藤淑氏の説かれた日光輪王寺《りんのうじ》のウソフキ面などに近いものがあり、海をへだてた韓国の統営五広大仮面劇のムンドギ両班《やんばん》などにも一脈通ずる表情である。ともに散楽、猿楽として人々に笑いをおこさせる重要な表情なのである。

もちろん、縄文人の世界と室町人、あるいは韓国といった世界の間には余りにも時間の上でも、空間の上でも隔りが大きい。重ね合せて縄文人の仮面を説くことは問題がなくもない。しかし、そのことを危惧するよりも、日本という風土に息づき、また、人の生きざまの表情に共通性のあることを想えば、そうした異貌の中に「笑ひ」を求めようとする私の想念にも大方の賛意を得ることはできるであろう。

「鼻まがり・団子鼻」。いずれにしても異様の表情である。異貌の故にこそ仮面として誕生したともいえよう。では、縄文時代後期の仮面の中の他の表情はどうであろうか。かつて江坂輝弥氏は「涙を流した土製の仮面」の存在を説かれた。もちろん、刺青《いれずみ》をも考えねばという説きかたではあるが。涙を流すことと刺青、表情と聖粧はまるで異なる世界だけに、いずれが正しいのかは明瞭にしておかねばならない。涙する表情、悲しみの表情が存在するか否かが問われるのである。

たとえば、福島県新地町三貫地《さんがんち》遺跡発見の一例は、すぐれた眉稜と雄渾な鼻、まんまるの目、整正な顔つきが強く印象づけられる。重要なのは右眼から頬をつたう四すじの刻線である。この表現が流れる涙とされるのである。こうした「すじ面」の世界には、遠くはなれた愛知県渥美町川地貝塚の仮面のほか、宮城県石巻市沼津貝塚の仮面、先に記した岩手県一戸町蒔前台の仮面などがあげられよう。詳細にみると、三貫地貝塚や川地貝塚の仮面はともに整正な表情の頬に四条、二条のすじを刻むもの。沼津貝塚や蒔前台の仮面はともに「ひずみ面」であり、とくに蒔前台例は「鼻まがり面」の典型とされるが共に頬に一条のすじを施しているのである。ここに「すじ面」が整正な顔、ひずみ鼻まがり顔、言いかえれば、真面目な表情と笑いの表情の両世界にまたがって息づいていることが明瞭になったのである。もし、頬つたうすじが涙ならば、何が故に「笑ひ」の表情に重なるのかが説明されねばならないであろう。すじは涙ではなく聖なる化粧というべきなのであろう。縄文人の造型である土偶の中にも信越地方の中期土偶を中心にこうした聖粧の例がたどれるだけに、聖なる日の化粧として「すじ」は生きたに違いないのである。

涙する悲しみの表情は、縄文仮面の世界には見られないのである。そこに得られたものは真面目顔ともいうべき一群の表情なのである。真面目顔という言葉を使う時、ただちに想起されるのは、早くから注目されていた岩手県大迫町内川目《うちかわめ》遺跡、宮城県河南町宝ケ峯《たからがみね》遺跡、ごく最近発掘されて大きな話題となった岩手県北上市八天《はってん》遺跡発見の仮面にとじつけられていたろうと考えられる目・鼻・口・耳など各部別作りの一群の面である。木製仮面にとりつけを考える見解もあるが、とじつけ孔や面に接する部分の凹凸からみて、おそらく皮革面か布作面にこれらの目・鼻・口・耳を結びつけたものと私は考えている。

個々の丹精こめた整斎な形がまとまって一つの表情を作るとすれば、それはまさに「真面目な表情」そのものとなってくるであろう。皮革や布が薄ければ、なお口や鼻を動かし膨らませて笑いをつくることもできるであろうが、基本的には「真面目」の表情なのである。

縄文時代後期、日本にはじめて誕生した土製仮面の世界は、二つの表情を見事に表現している。一つは「ひずみ・鼻まがり」、一つは「整正」の表情である。表現するものは「笑ひ」であり「真面目」であり、滑稽とすまし、猥雑と厳粛、異常と正常といった対ともいうべき構造をもっているのである。おそらく対となる形でこうした仮面は用いられたのであろう。

村に死した者を彼岸の世に送る日には「整正」面を、村に誕生した者を此岸の世に迎える日には「ひずみ・鼻まがり」面を用いる。そういった場や時に、状況を見て二つの面を使い分けることもあったろうが、本質的には、この二種の面を共用し、静粛の裡での進行に突然猥雑が現われ、一瞬に場が一転し笑いにつつまれる、といったドラマチックな筋書を作り出すこともできれば、威厳をもち威張りちらす真面目面の前に現われ、嘲けり、からかい、その絡みの中で笑いが生きざまも見せる、といった場を設けることもできよう。

それだけではない。死の悲しみにうちひしがれた者の前にたち、笑いでもって復活させようといった死と生の輪廻を構築することもまた、二つの面で十分に演ずることができるのである。かくれた太陽、暗黒の中で驚き嘆き悲しむ人々、太陽を呼びもどそうとする真剣な祈り祈り……その極限に猥雑、滑稽の所作があり、高らかな哄笑が一瞬に天地をもとどろかす。この笑いにいざなわれて太陽が、光明世界が、誕生してくる。天岩戸の神事、神話の祖形ですらこの二つの表情の仮面の使用によって語らせうるのである。

縄文人の村は、ふつう一定のきまりのある構造をもって造られている。中央に聖なる円形の空間を置き、めぐりに死者を葬る墓穴や食物を貯える穴、ともに大地に眠るものの空間を設ける。この穴々のゾーンは、平常は埋められているから全体が聖なる空間とあわせて広大な円形広場となるのである。外側には生者の住まう家々が円をなして連なり、さらに外側に貝塚など残芥《ごみ》を捨てる空間がとりまくのである。円形の広場は仮面の息づく場であり、人々が円形広場をとりまき仮面の動きを凝視する様子が、手にとるように読みとれるのである。八天遺跡や内川目遺跡の仮面が墓や貯蔵のための穴へ埋められていくのは、そうした激しい仮面の動きの果てた後の語りなのである。

説かねばならないことはなお多い。しかし縄文人の「笑ひ」はここに姿を見せたとはいえるであろう。夜、村人の真摯な、敬虔なまなざしの集まる中で、円形広場を中心に仮面をつけたものの手で、神話が演じられる。時には村のはじまりが、時には他の村との戦いが、また時には豊かな収穫と豊饒を約束した神々との契約が、待つ春のすばらしさが、演目にあげられていたに違いない。そのいずれの演目も「真面目」面と「ひずみ・鼻まがり」面の組み合わせで演じられたに違いないのである。

ただいえることは「ひずみ・鼻まがり・団子鼻」といった面の登場は、その演じられるだし物のうち、最もクライマックスにあり、場の雰囲気、流れを一変させる恐ろしいまでの力をもつものとして生きたはずである。その力の源泉こそ「笑ひ」なのである。勝負どき、きまりの一瞬を見事に作り出すのが「笑ひ」であるといってもよいだろう。

「笑ひ」が「真面目」の長い長いかけ合いを一瞬に決着づけ、時には深い悲しみの長い想いを「笑ひ」で喜びに一転させるのである。縄文人は「笑ひ」を晴れやかさ、楽しみ、喜び、光明世界誕生の重要な足掛りとしているのであり、暗黒から光明へ、悲しみから喜びへ、抗争から和平へという相対する二つの世界の境を心晴れる側へ越える、その瞬間のエネルギーとして理解しているのである。

ここに重要な視点がある。仮面の作りは「ひずみ」「鼻まがり・団子鼻」であり、決してそれ自体が笑いの表情をとっているのではない。笑いは、凝視する縄文人の間にわきおこるのであり、その笑いが演能の中で、必ず定まった時点におこることが計算されているのである。そこには面をつけ演ずる者—神と、凝視する者の一致、融即合一が強制されているのである。

縄文人の笑いは、神とともに、自らも、家族も、現世も彼岸もすべてがよみがえるべく働きかけるものであった。笑いの一瞬は全宇宙に働くものと考えられていたに違いないし、一人の人間の意志で「笑ひ」の芸能を演ずることは許されず、一村の人々があげて集う中で、一年の定められた祭式の日に「笑ひ」を共有していたのである。

2　埴輪人物の笑ひ

縄文人の「笑ひ」を仮面の世界に見た。鼻まがり・団子鼻・ひずみ顔、その意表をつく表情に笑いが生まれるのである。この笑いのもととなる鼻まがり・団子鼻・ひずみ顔は、日常の生活の中では侮蔑され、うとんぜられる表情でもある。滑稽な仕草、軽薄な顔だちとして平常は疎外されるものが、その異常さの故に祭りの日に息づく。平常の淡々たる生活の流れに節目をつける異常さがあってのち、再び平常に回帰するように、平静の生活へ回帰させるものとして異様なもの、軽薄なもののかもし出す笑いがあった。

同じような事実が埴輪の世界にも見られるのである。たとえば、盾を持ち防ぎ守る埴輪男子像の世界には、極めて端正な表情の一群と、目尻をさげ大きく口を開けて笑う表情の一群が見られる。厳粛・謹厳・実直・忠誠、そうした感じの漂う世界とこれを完全に裏返しにした感じの漂う笑いの世界が顕然と存在しているのである。この二つの表情の意味をうかがうために、まず埴輪世界の盾を垣間見ることにしよう。

埴輪のたてられている古墳は、死したすぐれた王者と次代を継ぐ者の王権の継承の場である。前方後円墳という形態は、まさにそうした儀礼を体現する形態なのである。死した王者は後円部の中央に葬られ、この場が王権の継承の場となる。王となるべき者がこの継承の秘儀を終えると、その赴くところは前方部の先端の高みである。継承を終え新しく王座についた事実、統治の宣言をここで自らの国土に宣布し、自らの国土の国見を果たすのである。王権の継承、践祚・即位という重要な儀礼の場である後円部中央、前方部先端、この両所に存在を顕示しているのが問題の埴輪盾なのである。

埴輪の中で最も大きく作られ、最も丁重に飾られるのは埴輪盾である。すばらしい威儀の具として、神聖な王権継承、践祚・即位の場を荘厳し囲繞しているのである。内なる聖性を絶対に護持し守り抜こうという重大な決意として美しい盾が並べ連ねられ、寄り来るもの、悪霊を入れじと見合っているのである。絶対の聖性は盾の力により護られるのであり、盾列み——たたなみ——は、そうした守護を果たさねばならない聖なるものと寄り来る外なるものの接点であり境界なのであった。内なるものを結び強める一方、寄りくるものの最も嫌う呪図を一杯に描き、さらに邪悪を払いやる真赤な色彩が施された盾の表、その見事な表がすべて寄り来るものの側、外側に向けて並べられていくのである。

聖なるものの境界にあって、下から来るものには下を、上より来るものには上をと、守り抜く絶対の信頼が盾に寄せられているのである。その故にこそ埴輪盾は最大最美の埴輪としてつくられるのである。

境界にあるものとしての盾の性格が明瞭となると、盾をもつ埴輪男子像の性格も浮かび上がってくる。盾は戦いにあっては矢を防ぎ、身を守る武具であるが、平常の日は境や門に連ね並べて内に入れじと護る呪具でもあった。盾持ちの埴輪男子像のイメージは戦いと平時の門の守護に重なり合うのである。戦時には陣頭にたち平常は堅固に境や門を守る門人は、その忠誠をまっすぐに見やり揺るがぬ姿——誠実・厳粛な表情を通して、表現しているのである。そうした中で、不思議にけたけたと笑う表情のあることはどう理解すればよいのであろうか。

境にあって「笑ひ」が大きな役割を担うことは縄文仮面の語りの中でのべたが、たとえば、朝廷の諸門の守護で著名な久米《くめ》氏の間ではクモを切る所作を中心としたクメ舞が伝承され、「うちてしやまん」の句をもつクメ歌が伴っている。このクメ歌には「今、来目部が歌ひてのち大いにわらふは、これその縁なり」と記され(『日本書紀』神武冬十月癸巳朔条)、「笑ひ」の呪作があったことを教えている。

勝利の喜びの表現と片付けてはいけない。むしろ、笑いの呪作によって戦う相手が退き敗れる、そうした背景をもつものなのである。たけだけしい猿田彦《さるたひこ》を迎えるものに笑いの秘儀を伝える天宇受売《あめのうずめ》—猿女が選ばれるのも、同じ理由である。戦さの場に、境に、門にあって寄りくるものと戦い、最後には笑いの呪力によって相手に打ち勝つのである。盾持ち埴輪男子像は門部《かどべ》であり門守人《かどもりびと》であった。厳粛な眸《ひとみ》の門部と共に、笑いの呪作を演ずるものの存在があったのである。

主《あるじ》に仕え主を守り抜くために門を、境を守る門部、それは埴輪男子像で見るかぎり極めて身分の低いものである。人の扱いを受けていないのではないかと想われるほど、簡略な表現、盾に顔だけをくっつけたかのような、手も足もない表現をとっている。美しく飾られた盾をめぐり、忠誠な顔、笑いの顔、この二つの表情が埴輪として強調され、デフォルメされているのである。日常の門部の職掌のシンボルとして、盾と忠誠、盾と笑いが埴輪の示す祭りの中で演じられるのである。おそらく彼ら門部は、平常、門にあって謹厳に守護につとめるだけでなく、日々戦いの様を形どおり演じたり、笑いの様を演じていたのではないかとすら想われる。

ここで注目したい一つの事実がある。極端に賎しい身分と考えられていただけではなく、「笑ひ」の埴輪男子像のすべてが極めて異様な容貌を具えている事実がそれである。奇妙な髪形、特異な帽、例の少ない飾髪、特別大きく作られた顔。笑顔だけでなくすべてが異様なのである。異様、異貌の言葉は、『史書』に見える門部として朝廷に仕えた隼人《はやと》の姿を彷彿とさせる。異邦の人、化外のもののもつ神秘な呪笑でもって、寄り来るものを却けようとしているのである。

笑いと異貌は縄文仮面の性格の中にすでに胚胎していたが、ここでは一層の展開があって、異貌は笑いを誘うものではなく笑いそのものと変化しており、笑いを見るもの、笑いをうけるものとして、別に王の目が存在する。笑いを演じさせ、笑いの効果を得るのは政治の象徴である王者の重要な一面だったのである。笑いを所有するものとして王があり、笑いを掌中に収め、王権へと一方的に傾斜させる、こうしたところに政治という影が揺れ動くのである。

ところで、人物埴輪の世界にはいま一つ、笑いの息づく場がある。田人《たひと》―農人―の世界である。埴輪像の中には腰に鎌をさすもの、肩に鍬をかつぐものがある。田人の姿の形象化である。よく見れば尖り帽と上げ美豆良《みずら》、衣をつくらず簡略な半身像というイメージが浮かび上がる。こうした姿の特色をとらえて埴輪像の中で田人を求めると、鍬をかつぐ農夫、歌い踊る農夫や農婦、男性のシンボルをすっくとたてて露わに脚を広げる農夫と、迎えいれんとばかりに秘所を顕わに腰をひねる農婦、水壺を頭にする農婦や若子を背にする農婦、鎌を腰帯にさす農夫など、見事な群像としての田人の存在が導かれてくるのである。これほどまでに変化に富んだ姿態を形象化した分野は埴輪世界では他に求められない。埴輪の造型を見守るものの特別な関心が読みとれるのである。

バラエティに富む田人の埴輪像は、どうも思いつきでいろいろな姿態を作り上げていった結果ではなさそうである。むしろ、強い意識と関心のもとに、互いに姿態を関連させ、組み合わせながら群を作り上げていった観がうかがえるのである。具体的な配置のされ方などを検討していくと、田人の群像は、一年の田仕事の流れ、農事暦を表現し、演じているかのようである。春先、田にたち鍬をとり荒起しする様、田に稲種をまきいろいろな性的な仕草で稲種のいちはやい発芽を促す様、この性的な仕草にあわせて歌い踊り力づけしようとする様、やがて田の面から芽たちはじめた早稲を背に負う若子に見たてて登場する水の女の様、若子をはやし稲の成育を希う様、やがては豊かに稔った稲を腰にさす鎌で刈りとろうとする様、あざやかな田をめぐる芸能―田舞・田遊び―が浮かび上がってくるのである。

田舞と田遊びの違いをいま仮に尊貴な人の前にしつらえられた舞台の芸能、村々の田のほとりの広場の、そのかたわらに作られた田での芸能と区別し、また王の目を楽しませ五穀の豊饒を体現する王の力の充足のための舞、村人たちの切々たる希いである五穀の豊饒への働きかけの遊びと区別し重ね合わせれば、埴輪世界の田人の演ずる場が死せる王の王権を継承して新しい王が誕生してくる古墳にあり、その芸能を見守るものが新しくたつ王であることを想えば、田舞とよばれるべきものであろうことがはっきりしてくるのである。こうした田舞の中にあって格別目をひくのが「笑ひ」である。

群馬県赤堀村出土の鍬を肩にかつぎ両手で胸をたたく、たのしく明るい埴輪の農夫像に、のびやかな笑いが浮かんでいるのである(写真5参照)。

田舞のはじめに登場してくる鍬かつぐ農夫、なぜそこに笑いがあるのだろうか。田舞が演じられていく過程で笑いが息づくのは、凍てつきはりつめた冷たい田を起こし、新しい生命のシンボル・稲種をまく。暗く死とも重なる大地に眠る稲種、やがて目覚めて新芽を顕現し光明世界がおとずれる。田舞の中のクライマックスシーンである。蒔かれた稲種の死。よみがえり、その瞬間によみがえりの力とし

写真5　笑う埴輪農夫像
(赤堀村出土)

て笑いが位置づけられる。死の世界から生の世界へ境界を越えようとする時、周囲の笑いが必要なのである。

　縄文仮面にも、埴輪盾の世界にも見られた境界とかかわり、境界を越える力として強く意識されていたのが笑いなのである。鍬をになう両手で胸をたたき囃すその姿も、また境界を越えることへの力づけ、促しの姿であろう。

　「笑ひ・囃し」のけたたましさの中で稲種は芽吹き、力を得ていくのである。この時、重要な秘儀が一方で進行している。腰をくねらせ脚をひらき秘所を露わにした一組の男・女像がその秘儀の中核である。息をつめた田人の集まりの中で、聖なる性を演じているのである。後世ならばさしずめ翁《おきな》と媼《おんば》のまぐあい―性の交わりの表現であろうか。田遊びや御田祭にしばしば見る光景なのである。男女の聖なる合体の中から稲種が芽生える。その聖なる性の交わりの瞬間に、笑いが重ねられているのである。男の根を露わにする男は鍬であり、女の根を顕わにする女は田の象徴でもあろう。耕やすもの、蒔く者と哺《ほぐく》み抱く者の合一なのである。鍬をもつ農夫の「笑ひ」は、交わり、合一の中で若子の誕生する、その一瞬をきめるものなのである。

　境にあって開明陽光の世界へと流れを決定づける笑いの本質は、ここにも見事にいかされているのである。若子の誕生は、子供を負う水の女の像容に語られている。この若子―若き稲―の無事の成育を願う心根の中にも、稲と同様によりつく悪霊を払いやろうとする笑い、囃し、猥雑などがとりまいていたことは十分に推測できるであろう。

　埴輪は、王権継承の祭式が実際にとり行なわれたことを誇示、明証するために作り出されたものであり、「凍れる儀式の姿」なのである。そこでの笑いは、門守人と田人の間のみに限られている。王権の継承、新王の即位を祝《ことほ》ぎ喜ぶ、そうした笑いの表情は埴輪にはならないのである。祭式に参加した中で最も身分の低い門守人と田人だけが、彼らの日常の職掌と連なる笑いを、御門祭・門守舞、田祭・田舞として演じているのである。王者が享《う》けるのは門守舞であり田舞であろうが、その舞の中で特に重視されたのが「笑ひ」なのであった。新しい王の誕生を前に、門守人は寄り来る悪霊の却けを、田人は生への力づけを「笑ひ」をなかだちとしつつ心から演じているのである。

　元来、笑いは、日常、職掌としての御門でもまた御田でも演じられるものの、埴輪に見られる笑いは、その忠誠・隷属を通じて門守人や田人が新王に服従することの表現として造形されているのである。舞や笑い、芸能を所有するものとして王権が成立してくる過程はここに明らかとなるであろう。

3　酔胡王・酔胡従の笑ひ

奈良時代、非常な繁栄を見た伎楽と舞楽。そのたびたびの演の中に、酔胡王・酔胡従といった伎楽、胡飲酒《こんじゅ》・胡徳楽といった舞楽がみえるし、唐楽にも別に酔胡子曲、酔胡騰隊といった舞もある。もちろん、東洋諸国から伝来した楽だけに、その内容が胡国や中国にあることは当然であろうが、胡人を中心に据えた舞楽はまことに数多いのである。それだけではない。酔胡王、酔胡従、胡飲酒、胡徳楽、酔胡子、酔胡騰隊とその名を連ねて見ると、胡人とのかかわりあいは、まさに酔態、飲酒にすべてが重なりあうのである。

舞楽の胡飲酒、いま、奈良県手向山神社に胡飲酒面がのこされているが、広く鋭い額、太いつり上げた眉、かっと見開いた目、見事な鷲鼻、「へ」の字に結ぶ口もと、まさに恐ろしいまでの異貌に作る。怪奇と獰猛《どうもう》、威怖と怒気すら漂う表情である。胡国を、胡人をどのように考え理解していたのか、言葉にするまでもなく、鮮やかにこの面相が語っているのである。

中国のなお彼方、遥かに遠くにある胡国(トルコ)は、日本にとっては訪ねることのできぬ異貌の人々、異形の神々の住まう国なのであった。獰猛、恐怖の表情はそうした想いの形象化にほかならない。平安時代ですら、中国の使者とともに中国の神が日本に入りこむと考え、難波の館で御《み》饗《にえ》し、使者が山城国に至れば国境で、京に至れば京の四隅で、道饗祭《みちあえのまつり》が蕃神《ばんしん》に手向《たむ》けられているのである。境にあって道に蕃神を迎え、豊かな酒食をもって御饗し、その宴をうけることによって平安の宮に寄りくる蕃神をなごめ帰そうと真摯に祭りしているのである。

往来の激しい中国の使節、蕃神ですらかように畏怖の目で見られ、宮廷に近づくにつれ、いくつもいくつも境を設けては食饌薦酒して、境ごとにその蕃性を和性になごませ、倭神《やまとのかみ》と同化させ、時には内には入れじと構え、追い帰すといった思惟も働いているのである。使節の往来のある中国のさらに彼方、遥かに遠い国胡国、鼻たかく異様な風貌に畏怖すらいだかせる胡人、それだけに胡人を中国の使者以上にも怖れ、その国の神は巧みな酒宴祭饌でもてなさないかぎり、悪霊の王として働くと考えられていたのであろう。寄りくるものの王として、力強き悪霊として怖れられる一面がそこに誕生してくるのである。

ところで、正倉院には酔胡従だろうと推測されている多数の布作面《ふさくめん》がのこされている。長方形の布に酔胡従の顔を描き、上に紐を通して顔に被る形をとっている。異形の鼻、太い眉、顔をかくすまでの頬ひげと顎ひげ、まさに異貌というか、怖れをよぶ表情そのものなのである。この表情がたしかに酔胡従ならば、この恐ろしい顔こそ胡王に従う胡人の顔なのである。

ここに想起される一つの表情がある。平城京をはじめ主として畿内の各地で発見されている人面墨書土器の表情がそれである。布作面に描かれた胡人の表情とぴたりと合致するのである。この人面墨書土器は、径一〇チセンほどの小壺であり、一面、時には二面、三面と胡人の顔が描かれる。これらの小壺は、長く病に臥す人々が賄賂《まいない》ともいうべき食饌を疫神に供して収め、病の息をふきこみ、口を紙などで封じ、川なり井戸など水の脈に流しやるものなのである。描かれた胡人の顔はこの壺では疫神とも重なりあうものなのである。遥かな国の怖れられるべき胡人のイメージと、疫神のイメージ、その二つの異なるイメージが畏怖を通じて見事に合体するのである。

胡人への想いは、胡飲酒の形相のすごさからも容易にたどれる。しかし、この恐怖の形相をなごめるものが常に考えられていたのである。饗宴がそれである。酒を勧め、食を進めることがそれである。一見、獰猛怪奇に見える胡飲酒面も、熟視すると酔眼を見開いた感じがあるとされるように、名の通り飲酒しているのである。胡人への怖れをなごめるもの、それは酒飯を供した御饗であるが、しかし、その御饗の酒食はまた胡人を楽しませるだけでなく、酔態はなはだしい時には、胡人へのさげすみ、からかい、嘲笑といった一面をも生み出すのである。伎楽面の酔胡王と酔胡従、それは胡国の王とその従者の表現であるが、「酔」

の文字が冠されているように胡王と胡従が御饗をうける、その模様が滑稽な伎楽として演じられるのである。

布作面に見える酔胡従は恐ろしい顔をした疫神にも近い表情であるが、伎楽面としてのこされている酔胡従は鋭く尖った高い鼻、ほほえみの目つき、笑みを浮かべたやわらかな口もと、すばらしいやさしい表現なのである。御饗された酒肴にうれしさと軽い酔いを発した姿でもある。やがては酔いも深まり種々の滑稽な所作をふりまき、胡王も胡従も見る人たちから失笑を買うに至るのであろうが、いずれにせよ、酔いの中から笑いが出、笑いの中から見る人々の笑いを導き出すのである。それだけでなく、その人々の笑いの中には露骨なまでのあざけりを秘めた心根までもが、見られるのである。恐ろしい胡人、その深い酔態を媒介として疫病からの安堵と嘲笑が生まれてくるのである。

舞楽の胡徳楽でその実際をみることにしよう。四人の胡童の前に主人役である勧杯《かんぱい》が現われ、そこへ酒瓶をかかえた瓶子取《へいじとり》が出てくる。勧杯のすすめるままに酔いのまわった胡童は立ち上がり、大きな鼻を左右に動かし輪舞するが、飲みたりない一童の鼻だけが動かない。瓶子取は盗み酒に泥酔し、やがて胡童の輪舞に加わり、足をとられながら退くといったまことに滑稽な内容をもつものなのである。

胡童がつける仮面は胡人の酔態を巧みに作り出している。きれ上がった柔和な細い目は笑みをたたえ、わずかにひらいた口もとからも歯がほころび笑いがもれる。胡人にふさわしく長い高い鼻が一層の笑いと面白さを強調している。太い鼻は別木作りで鼻の板を紐かがりして左に右にゆれ動くようにつくり、顔面朱をさす酔顔なのである（写真2参照）。主人の勧杯は殊勝な顔付き、もてなしのたしなみを漂わせてはいるが、よく見れば口もとに舌を出し胡童や瓶子取の酔態に合わせて笑いを生みだす興味ある作りの仮面で表現されている。ピエロにも似た瓶子取に至っては、目も丸く顔全体で笑う下司の顔つきが面として強調されているのである。胡徳楽は、胡人独特の鼻の特徴を生かし、その鼻に酔いを象徴し、その動きに大いに笑いを集めようという意図が働いているのである。しかも四人の胡童のうち一童だけ鼻が動かないという意外性もあって一層笑いが増幅されるのである。

胡飲酒にみる獰猛な胡人の表情、酔胡従のにこやかな胡人の表情、胡徳楽の鼻振りに見るあざ笑われる胡人の表情、三種の胡人の表情が鮮やかに伎楽・舞楽面の中にみられるのである。いずれも飲酒や酔態を通じての表現なのであるが、外つ国の恐ろしい神々、人々をもてなしの中でいかになごめ、なごめの中からいかに神々、人々の弱味を把み出し、その一点から怖れを除き、あざ笑うかがそこには暗示されているのである。いいかえれば、恐ろしい神々をいかにこちらの側につけるか、いかに従えるか、いかに屈服させるかが問われているのである。

伎楽、舞楽とはいえ、その内容は『延喜式』の伝える蕃客送堺神祭の「右蕃客入朝迎㆓畿内堺㆒、祭㆓却送神㆒。其客徒等北㆑至㆓京城㆒。給㆓祓麻㆒令㆑除乃入」とある祭りに意の重なりあうものであろうし、道饗祭、宮城四隅疫神祭、畿内堺十處疫神祭とも意図においてはあざやかにこたえあうものなのである。寄りくるものは単なる悪霊ではないのである。蕃客であり蕃客に附き従う邪神、胡王と胡従であり、遠つ国の恐るべき存在であったのである。しかもそのなごめに御饗をたくみに習合させ酒食を供するだけでなく、深酔の乱れに乗じて逆に嘲笑し、その酔態を前に内なる宮人たちの胡王に対する優位を笑いで確認しているのである。

伎楽、舞楽の仮面に彫られた笑いは、酒食に陶然とした胡人の素直なほほ笑みであるが、こうした楽舞をたのしむ宮人たちの笑いには、恐怖からの安堵、御饗の策の成功への喜びにとどまらず、外つ国、胡国の王までまきこんでの異国蔑視の心根までが読みとれるのである。胡人をめぐる多くの楽舞は、その本質を中国や胡に対する恐れからの優越の確認といった一面をもち、酔態と嘲笑という二者を通じて果たすところに置こうとしていたといえるのである。

4 古き代の笑ひ

「笑ひ」は人の顔に浮かぶもの、浮かべば間もなく消えうせるものである。そのかぎりでは笑いはすばらしい。『日本書紀』や『古事記』では「笑ひ」と書いたり、「咲ひ」と記したりしている。明るく花ひらくこと、それが咲きであり、咲かせる力、こもりから今にも開こうとするつぼみに咲く力を与えるのが「笑ひ」なのであった。「笑ひ」と「咲ひ」の往来はこうしたところに語りをもっているのである。楽しく、嬉しく、心躍る時、自然に湧き出る笑いはそうしたものであり、日々の生活の糧ともなるものだといえよう。

さらに、一方では「笑ひ」は社会の表現として息づく。縄文仮面のように自らの村の中で村人の見守る中で演じられる笑いは、見る村人のすべてにその笑いがゆきわたる。笑いは共有され、村全体の願いと合一となり融即しているのである。こうしたあり方は、古墳時代の村々の田遊びの「笑ひ」にも共通するであろう。田のほとりで、時には社のほとりで御田を設け、荒起しのわざ、種まく態、地に眠る稲種の目覚め、若子誕生のための笑い、その間の翁と媼の聖なる性、鳥追いや虫追い、やがての刈入れとつづく田遊びは、村人の豊饒を願うまなざしの中で共有されるのである。

しかし、国家も確立し政治の体系が整備されていく中で、こうした豊饒を呼びこむ田遊びは、首長層の遊び、祭儀の中にとりこまれ、舞台としての古墳の上で演じられるものとなるのである。田を、村を離れた田遊びは、もはや田遊びではない。田舞なのである。死した王から王権を継承する祭儀、践祚・即位、大嘗祭の一齣にとりこまれた田舞は、田人が職掌をあげて新しくたつ王に忠誠をつくすシンボルとして演じるものであり、また王としても田人の忠誠の確認として田舞をうけるのである。王位継承の場での田舞の笑いは空しい。豊かな稔りを願う田人たちの強い願いは直接田舞にはない。田人の忠誠を示すために、そつなく誤りなく田舞も王の前で演ずることに主眼が置かれている。田人も田舞もこの演じつつある瞬間は王に所有され、占有されているといえよう。

同じことは門守人の演ずる御門舞にもいえる。平常は門前にあって盾を連ね、時にはおたけびし、時には凝視し、時には笑い、寄り来るものを入れじと厳粛に立つ。内なる王を守り抜く意志の体現者だけに始めから政治に組みこまれ、王のつよい所有・占有のもとに置かれる。日常すでに政治にくみこまれているものの、践祚・即位の秘儀では、やはり門守人の職掌のシンボルとして門舞を演じているのである。一層の強い政治的占有といえよう。埴輪世界の笑いは田舞や門舞の所作なのである。笑いがもつよみがえり、辟邪の思惟が注目をひくのは事実であるが、「笑ひ」

は田舞・門舞を通してはじめて政治的社会に生き、一人の王のものたりえたのである。しかし奈良時代の前後に隆盛をみた伎楽・舞楽となると、笑いは貴族の中にふんだんにその場をもたらす。恐ろしい胡王までが笑いと酔態を通じて彼らを笑わせるのである。

その笑いは貴人の胡王への優越感を一層みたすものとして論理づけられているとさえいえる。共同体に息づく笑いは、政治社会への動きとともにいくつかの顔をもち歩きはじめる。王権は笑いをフルに利用し、自らを強化していく。王権への忠誠の表示、王や貴人の優越確認の証としての笑いまでが誕生してくるのである。

しかも、笑いを演ずるものの動きも一つの語りをもっている。縄文仮面の笑いは、「鼻まがり・団子鼻・ひずみ顔」といった、たしかにまとも人間からは疎外される風貌に特質をおいている。村人からは馬鹿にされ揶揄される異貌だけに、芸能における笑いをさかのぼれば異常のもの、おとしめられるものに源流がたどれることはここでも十分語れるところであろう。笑いに政治が加わり利用されていく時、笑いの担い手は田人のように極めて低い政治的階層の人々や異族かとも想える異貌の人々に求められていくが、一方では胡王や胡国の人々のように他の世界にある異邦のもの、しかもその王たるものの異彩を放つ容姿や酔態に笑いを得ようとするのもまた事実であろう。平常な正常社会から異常を見る目の中に、異常をいかに見るかの心根を通して笑いが現われてくるのである。笑いをささえる側の異常さを欠いては、正常と自らいい、平常と自ら説く世界は成り立たないし、ありえないのである。

今日、我々の最も求めねばならない笑いは何か、最も恐れねばならない笑いは何であるかを暗示して、「古き代の笑ひ」は歴史の光芒の中に姿を見せ、いま、我々の眼前にたつのである。

戯画

二つの絵　朝廷や豪族に養われ、特殊な技倆《ぎりょう》として評価されていた絵師の技は、支給された紙や布、美しく塗り上げられた白壁に発揮されている。飛鳥高松塚古墳の豪華な壁画、法隆寺《ほうりゅうじ》など諸大寺の白壁を飾った荘重《そうちょう》な仏画は、そうした絵師の手になるものであった。しかし、庶民の絵画は、ときには自分のたずさわる仕事の材である瓦や板切れに、刻みこみ、墨描きした「戯画《ぎが》」と呼ばれる作品として今日にのこされてきている。

新室のほがい　美作《みまさか》(岡山県)の奥地で発見された一点の平瓶《へいへい》(図1)の表に、興味ある絵が刻まれている。中央に二階建の家が、右にはしっかりと副木《そえぎ》にくくられた幡《はた》、左には馬にのる人物が描かれている。高松塚とほぼ同じ頃、白鳳《はくほう》時代の絵である。

図1　家・幡・馬の刻まれた平瓶(岡山県)

図2　船が刻まれた円筒埴輪（奈良県）

図3　塔を刻んだ瓦
（多賀城跡）

図4　仏面を刻む瓦
（四天王寺）

総《ふさ》をたらした幡は、大和唐古《からこ》遺跡の舟絵（図2）や、大和新山《しんやま》古墳の有名な家屋文《かおくもん》鏡に鋳出《いだ》されたものである。こうした幡は祭具であって、絵の場面が祭の日、祭の場であることを示している。その雰囲気は家にもよく表われている。棟の上、軒先に三手に分れた若木がとりつけられている。おそらくは若木のように柱や棟木がよみがえり、家の年ごとの復活がはかられているのであろう。朝廷でも大殿祭《おおとのほがい》といった宮殿の年ごとの復活を希う祭があるが、各地の首長にもそうした祭が刈り入れ後に行なわれていたのである。騎馬の人もこの新室を言寿《ことほ》ぐために尋ねる貴人＝神である。首長はもとより、その住まう家屋のよみがえり——新室寿《ほが》いの日の光景であり、この絵はそうした寿意をこめたもの、この平瓶はその日の酒器なのであった。

仏への帰依　こうした神祭りの絵のほか、新しくわが国に伝えられた仏教をめぐる絵画も、瓦に多くのこされている。多くは塔影（図3）、仏像（図4）、僧を瓦裏の見えないところに描いているだけに、ひそかな三宝《さんぼう》への帰依の心を

図5　人面墨書土器(八尾市)

図6　人面墨書土器(大阪市玉出)

図7　人面墨書土器(大阪市挟山)

この絵に託し、堂塔にかかげられることを願った工人の心を今日に伝えている。

禊ぎと祓えと　日本には、早くから年末や節季に祓えし禊ぎするという考え方が浸透していた。寄りくる悪霊や害気を祓いやり、身に生ずる穢れや汚れを水に禊ぎやり、新生を迎えようとしたのである。病人も同様、病の気を祓い禊ぐことにより回復を願ったのである。古くは、この二つはそれぞれ異なったものであったが、祓い流すという基本構造の共通性からいつしか同一視されるようになっていく。

流される疫病神　ところで、かぎ鼻、どんぐり眼、ひげづらの翁、そうした顔を墨書きした壺が、ままある。なれた早描きで、いかにも戯画というにふさわしい観がある。その壺絵の表情は大同小異、手本のあることはすぐわかる。壺絵にかかれた老翁の顔は、多くの書物にかかれている疫病神《やくびょうがみ》であり、ときには閻魔王《えんまおう》の使者、鬼神《きじん》とかさなりあうものであった。こうした壺は、奈良時代末から平安時代、川や池、溝や井戸の中に流されているのである。壺の中に賄賂《まいない》を入れ、その上、病人の息をふきこみ、紙なり布で口を覆いしばり、水みちの彼方に祓い流したものである。

病を去り陽春をもたらす重要な壺絵なのであった（図5～7）。

壺絵をささえる人びと　疫病神の壺は、平城宮をはじめ東北経営の拠点多賀城、漢人や百済人の多く居住した南河内に集中して発見されるが、日本古来の禊祓《みそぎはらえ》の思想に中国道教のもつ道呪《どうじゅ》をこうした形で習合したのは西文氏《かわちのあやうじ》や官人の思惟であったろう。

多賀城発見の人像（図8）、伊場《いば》遺跡の人像（図9）もまた同じであって、前者は僻遠の地の疫神《えきじん》を、独特の手法で描いたものであり、後者は海部屎子女《あまべのくそこめ》の病を流し去るものである。華やかな奈良・平安の代に病、怨嗟《えんさ》、苦吟《くぎん》、呪詛《じゅそ》といった暗い裏面の響きを伝えるのは、こうした道呪、仏呪《ぶつじゅ》にもとづく「戯画」なのであった。

厄神を払う祭　はるか南国、薩摩の国にも奈良時代、薩摩国府や国分寺が営まれた。この国府跡から貴重な墨描きの絵をもつ椀（図10）が発見された。椀の裏底に、幣帛《へいはく》を手にして坐る覡《おとこみこ》が右に、袖を厳かにふる巫女《みこ》の立姿が左に巧みにかかれている。神祭りの有様である。おそらく、そ

図8　人面墨書土器（多賀城跡）

図9　海部屎子女の墨描土器（伊場遺跡）

の前面に磐座《いわくら》なり斎木《ゆき》をたて、蓆《むしろ》を敷き、供献の皿や壺を置く祭場が省略されているものと思われる。もちろん神祭りとはいっても、村人や多くの近郷の人を集める春秋の祭とはちがい、巫覡《ふげき》というこの絵の主人公たちが、病人の恢復、厄神の防遏《ぼうあつ》にあたる個人的な祭であった。寺社のほとり、道の辺、家の内でこうした祭はしばしば見られる光景であった。

夜の巫覡と祭宴と　こうした祭の立役者、巫覡は、都や社寺から神や仏を背負い各地をさすらう人々であった。昼間、神祭りをとり行なった巫覡には、夜、あやしい宴が時には待っていた。富家では祭ののち、夜をまって祭宴を開き、巫女は時には語り、春をさそうものとしてその性が求められていた。この椀の表には、そうした巫女たちの宴の様が描かれている。胸乳かき出でた女と囃《はや》す若い女の絵は、そうした場を示している。

図10　戯画を描く椀
（図は底裏のトレース　薩摩国府跡）

最近、鼓《つづみ》うつ覡《みこ》を描いた小皿（図11）とともに、延末《のぶすえ》（図12）、延末女（図13）などの名をもつ人をかいた小皿が大和・石川精舎跡で発見された。神を迎え祓われるべき人たちの名であり、一家の災いを祓うものとして珍しく肖像が描かれている。呪師《ずし》、巫覡は磐座の前にこうした人の像を描いた皿を連ね、祈禱したのである。そこにも夜の性のまじわりは鼓うつ姿に彷彿と浮かび上るのである。多賀城の瓦には女性のセックスのシンボル（図14）、法隆寺金堂壁画の下には男女の性が描かれている。抑圧された工人たちの筆のすさびではあろうが、彼らの脳裏にはこうした祭の光景が

図11　不知姓巫女（石川精舎跡）

図12　延末（石川精舎跡）

図14　瓦裏に線刻された女性のシンボル（多賀城跡）

図13　延末女（石川精舎跡）

生々しくあったのだ。

鳥と花と　花鳥風月、詩情あふれる絵を描く壺などは少ない。それらは上物として、貴族や有勢の人に供されるものであった。

　こうした花鳥風月とは異なったいくつかの絵がある。数羽の雁《かり》の連なり飛ぶ様子とも、店頭に吊された数羽の雁とも見られる絵がその一である。鳥を食することは祭日・平日、庶民の間では行なわれたことである。『酒飯論《しゅはんろん》』にも烏帽子《えぼし》を被り水干《すいかん》を身にまとい右手に箸、左手に包丁をとり鴨の腹をまな板上で裂く情況がかかれている。祭だ、客寄《きゃくよ》りだというたびに数多くの鳥が食膳に供されていったのである。瓦にこうした数羽の鳥を刻みこんだ瓦工の眼には、店頭の鳥がイメージされていたのではあるまいか。この絵瓦を出した多賀城からは、いま一点、鳥を内面に墨描きした両把手つきの鉢が発見されている。内に盛ったものが鳥肉なのか卵なのかは定かでないし、もしかすると鳥のスープかもしれない。いずれにせよ、宴たけなわ、盛られた料理がしだいに供されていくと、水鳥と見られるこの墨絵が眼前に現われるのである。

　こうした鳥を料理する殺生《せっしょう》の人は、日常、経を読み、彼岸の極楽への往生を願う心も強く、時には鳥を刻んだ経壺に納経したりするのではあるまいか。かかげなかったが、伊藤氏の所蔵される魚文壺《ぎょもんこ》は、この壺に収められたものが魚であることを示すだけでなく、鮒《ふな》ずしなどをいれ各地に売りさばく人たちの姿まで浮かび上らせている。魚文壺が経壺であるとしても、また魚の料理を業《なりわい》とする人の趣旨とも考えられるであろう。

庶民の心象　このように庶民の絵を見てくると「ざれがき」「ぎが」、たとえどう呼ぼうと日常のちょっとした瞬間のなぐさみに描かれたものはほとんど見られないことに気づく。稚拙であろうとも、それは一つの目的をもって描かれたものであり、彼ら庶民の心象を映す鏡なのであった。

人面墨書土器

江原台《えばらだい》遺跡(千葉県佐倉市)、しかも住居跡からの人面墨書土器の発見は極めて重要な所見をもたらすものであった。その坏(皿)の外側から外底に二つの顔が雄渾に、しかも無雑作に描かれている。こうした人面墨書土器は従前、平城京や長岡京など帝都の中をめぐる溝や井戸、あるいは東北経営の拠点とされる多賀城跡や伊治《これはり》城跡付近の河川敷で極めて多量に発見されるものの、西の大宰府や諸国国府や郡家《ぐうけ》などの推定地での発見はほとんど見られず、そのあり方が注目されていたものである。現実に平城京羅城門の南、約一キロの地にある稗田《ひえたの》阿礼《あれ》の故郷、稗田遺跡で調査された大溝内では約一〇〇点のかまどミニチュア、約一八〇点の土馬《どば》、約三〇点の人形代《ひとかたしろ》や馬形代《うまかたしろ》、斎串《いぐし》にまじり実に七〇点ものこの種の人面を墨書した壺が発見され、奈良時代から平安時代におよぶ呪術的世界の深さときびしさに今さらながらの想いを抱かせたのであった。

中央の官人や東北経営に携わる官人の世界で息づいたこの種の人面墨書土器は、その他、漢人系氏族や百済系氏族の集中的な編貫《へんかん》をみた南河内地方を中心にかなりの発見例があり、こうした壺の成立、展開なり思惟に大祓《おおはらえ》の一部を担う西文《かわちのあや》氏《し》などの関与が十分に考えられるのである。

従来、この種の壺なり皿などの発見の地が溝なり井戸、あるいは河川床であることもあって水みちの彼方に送り流されたものであろうとされてきた。壺に描かれる場合も一顔の例は少なく江原台遺跡例のように二顔、時には三、四顔を描くという注目すべき約束事があり、表情にも二、三のテキストがあり、一度に多くの壺が墨書されたのであろうと考えられている。江戸時代の刊本であるが『呪詛《じゅそ》重宝記《ちょうほうき》』には「長病人餓鬼《がき》まつりの事」として「符の中に鬼という字を餓鬼の数ほどかき、別に人形を作りこの符と一緒に置く、この符より前に病人の年の数だけ餅を求め供養して不動の陀羅尼《だらに》を百遍唱える。さてこの符と餅とをひとつに合わせ、かわらけに水一坏を入れて一つは川に流すなり。各人の干支《えと》によって二〜八人の餓鬼を符に描きつけること」とし、こうした呪の実修により長病人の恢復がのぞまれるとしているのである。

ただ、平城京や長岡京の諸門を見るとその数も多く、また人形などと共に一度に流したかの観があり、単に長く患う病人のみの呪とは必ずしもいえないようである。ところが『延喜式』には、大祓の際に天皇に中臣《なかとみ》氏の女が小石を収め鈴の如しと表現される壺を捧げ、天皇はこの壺に節季の末の弱まった息を吹きこみ、その息をこの小石にとりつけ、壺の口を紙で封じ川に流しやる次第が記されている。文中には壺に人面が描かれているか否かは述べられていないが、同時にこの大祓では天皇の身を撫でその弱まりを移す人形代の多量の使用が記されており、しばしば人形代や人面墨書土器が併用されていたろうことがうかがわれるのであり、一方は息をこめ移し、一方は身力を撫で移すものとして丁重にあつかわれ、後は川に共に投じられたものと想像されるのである。ただ、大祓は天皇を中心に行なわれたものであるが、宮内の官人などにも課せられるだけにその量も膨大なものとなり、令制下の陰陽師《おんみょうじ》などがこれに携わることとなるのであろう。

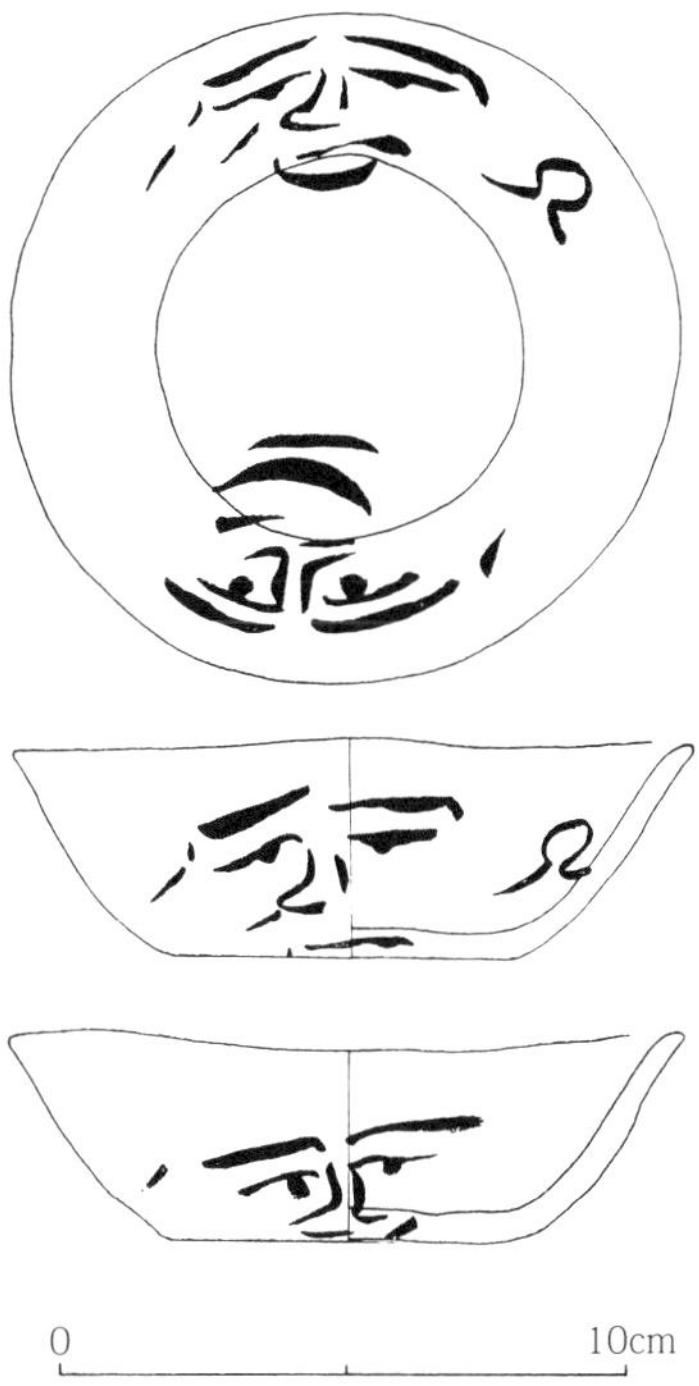

図1　人面墨書土器（江原台遺跡）

昨年の正倉院展を飾った布作面《ふさくめん》もまた、こうした壺絵と共通した表情をもっている。この布作面は伎楽《ぎがく》の酔胡王《すいこおう》・酔胡従《すいこじゅう》に用いられるものかとされており、胡人《こじん》＝外つ国人の酔いしれた様、逆言すれは十分なもてなしを受け、もうその寄り来る者としての恐ろしさを発揮せずに穏やかに在ろうとして群舞する胡人の表情なのである。壺に描かれた顔は、おそらく胡人なり、寄り来る悪霊の表現であり、のちには餓鬼ともよばれ疫病神《やくびょうがみ》ともされるに至るものの表情であろう。

ところで、東日本ではこうした人面墨書土器の発見はほとんど知られていない。江原台例を含め三例にすぎない。帝都平城京・平安京と対比される女の都、三重県明和町の斎王宮では珍しく一点の皿にやさしい女性の手になるかと思われる人面が表底に描かれた例が発見されている。もはやそこには平城京や長岡京の諸例のようなおどろおどろした胡鬼《ごき》を思わせる餓鬼なり行厄神《ぎょうやくじん》なりの表情はなく、しかも一人の女性の顔に過ぎない。おそらくわが身の病を癒そうとする女性の想い切なるものを秘めた皿に違いない。

今一点、注目される東日本の資料は、静岡県浜松市の伊場遺跡で発見されている一人の女性の顔である。すでに病い篤くその故もあって得度《とくど》した老尼《ろうに》であろうか、皿の内側に顔と上半身を描き、そこに海部屎子女《あまべくそこめ》形という文字をいれている。おそらく、この像容の人物こそ海部屎子女と呼ばれる女性自身であり、その人として描かれ、その人の形代としておそらく内に餓鬼や行厄神に贈る賄賂《まいない》たる餅などを入れ流しやったに違いないのである。こうしてみると、平城京などの官人たちが祓や流行病にあたり律令国家のしきたりとして、一斉に人面墨書土器を陰陽師に描かせて川などに流しやるのとは少し異なった面がみられることになるだろう。一人の人間の苦悩を形代として背負わせ陰陽師のもとで流しやるとしても、斎王宮や伊場遺跡のそれはまさに個人の希いにきざしたものであろうし、個人の顔そのものであり、呪師もまた従前の近畿の流れとは異なった呪法をもった者であったろう。

江原台遺跡例では、また異なった一面がうかがわれる。まず、二人の人面が外表に描かれるといったあり方、表情の表現はまさに平城京などのそれに近似し、大阪府藤井寺市挟山《はさみやま》遺跡の井戸中から見出された人面などがこれに酷似する。まさに畿内の中枢の厄病神の表情を描くという面で共通しているのである。ただ、二面の間に特異な文様がみられるがこれは布作「按摩」面では鼻の表現とされるものである。おそらくはこの下総の地に来たった陰陽師なり呪師は斎王宮や伊場の呪師とはちがい、近畿の地の流れをくむ者であったのではなかろうか。この点が斎王宮や伊場遺跡の数少ない諸例と大きく異なるところである。しかも水みちに流しやらず住居跡、たとえ廃棄されていた住居跡内に埋めた場合を想定したとしても、近畿地方での行法《ぎょうほう》とはまた異なる面が指摘されるのである。特別に描き出された鼻を仮に一つの手がかりとし得るならば、この呪法を受けた人は、重い鼻の病いなり風邪の患いなりに臥せていた者ではないかとも想像されるのである。

　斎王宮や伊場遺跡の女性、あるいは江原台遺跡の男性、そうした人々が行法の甲斐あってすべて本復し、再び活気を得て世になお多くの生と業をのこしたろうことを私は信じ願うものである。

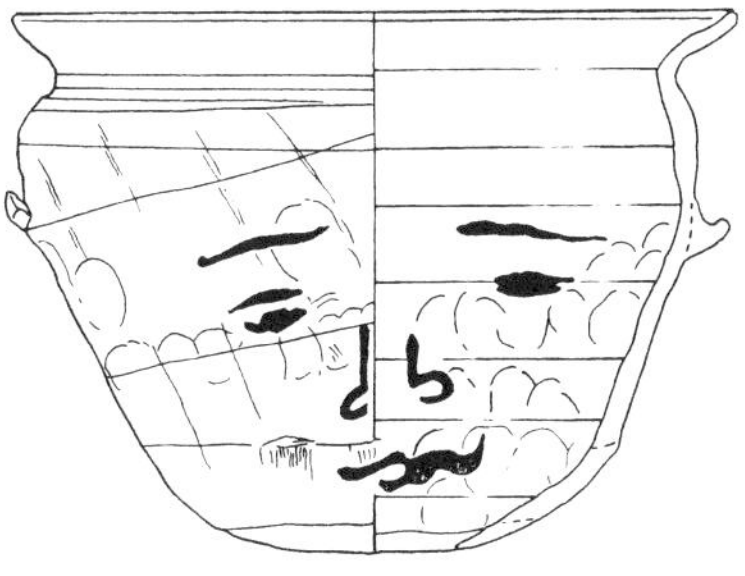

奈良県　稗田遺跡出土

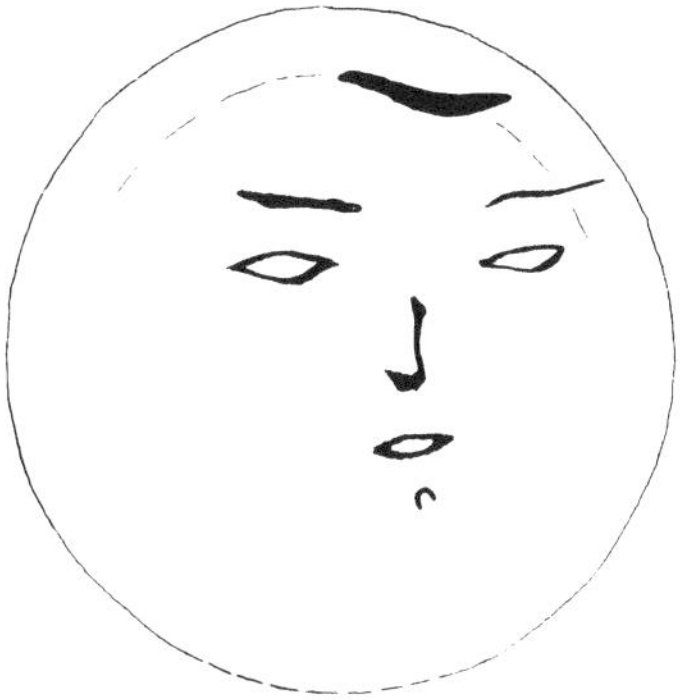

三重県　斎王宮出土

静岡県　伊場遺跡出土

図 2　各地の人面墨書土器

古代のまじなひ世界——攘災・招福・呪詛——

1　中国・朝鮮将来象嵌銘刀剣——攘災Ⅰ

金象嵌銘鉄剣の発見に

　昭和五十三年、埼玉県行田市にあります「さきたま風土記の丘」の前方後円墳・稲荷山古墳発掘の銹《さび》ついた一本の鉄剣から、金象嵌《きんぞうがん》された美しい一一五文字の銘文がレントゲン撮影で浮かび上がり、話題となりました。この稲荷山古墳を発掘してから十年が経過し、次第に朽損しはじめましたので、埼玉県教育委員会が元興寺文化財研究所に保存処理を依頼し、その作業中に発見したものです。その後、慎重に銹を除き、金文字を砥ぎ出し、無事に一画を損ずることもなく燦然《さんぜん》たる金色の輝きを私たちの眼前に見せてくれることとなりました。この元興寺文化財研究所は、また六十年、島根県の「八雲立つ出雲風土記の丘」の中に所在する岡田山古墳の大正四年発見の鉄刀から、「額田部臣」にはじまります銀象嵌の銘文を見出しまして、これが再々の成果として喧伝されております。

百済王と護身・破敵剣

　さて、こうした象嵌銘を持ちます刀剣の資料を集めますと、最も古い例としては、中世の書物でありますが『塵《ちり》袋《ぶくろ》』といった書物に記されている二振の大刀が挙げられるのであります。その一つは「護身剣」と呼ばれておりますが、刃の長さ六九センチ、把が一八センチ、通しての長さ八七センチの刀でありまして、両刃の切先、身は片刃といった刀制に従っております。その刀身には、

（左）日形、南斗六星、朱雀形、青龍形
（右）月形、北斗七星、玄武形、白虎形

の図を彫り出し、峯に、

歳在庚申正月、百済所造、三七練刀、南斗、北斗、左青龍、右白虎、前朱雀、後玄武、辟深不祥、百福会就、年齢延長、萬歳無極

といった銘文が金象嵌されていると記されています。銘文に見える庚申年は西暦三六〇年、百済所造と作刀の地を示しています。銘文中の南斗北斗、青龍白虎、朱雀玄武の語は刀身に刻まれております符図、南斗六星北斗七星、朱雀形玄武形、青龍形白虎形と合致する言葉であります。こうした星宿や四神につづきまして、「深き不祥を避け、百福会集し、年齢延長し、萬歳極まり無し」といった重要な句が四字四節見られます。

この句の意味が、私の稿の副題「攘災《じょうさい》・招福《しょうふく》・呪詛《じゅそ》」の「攘災・招福」にぴたりの言葉であることは言うまでもありません。『塵袋』の語るところでは、この護身剣と名付けられた刀剣は、実は百済王が倭王に献じたものであるとされています。銘文中の「百済所造」といった句や「庚申年正月」の句もまた、そうした経緯に鮮やかに吻合すると考えられるのであります。

ところで『塵袋』は、この護身剣と共に「破敵《はてき》剣」と呼ばれるいま一振の刀剣があったと記しています。この破敵剣は刃の長さ七六・五センチ、把の長さ一六・二センチ、全長九二・七センチといった剣で、先は両刃、身は片刃の刀であると記されています。この刀にも、やはり、

（左）三皇五帝形、南斗六星、青龍形、西王母兵刃符
（右）北極五星、北斗七星、白虎形、老子破敵符

といった符図が刻まれていたといわれます。峯に銘があったのか否かは記述されていませんが、仮に金象嵌の刻文があったとすれば、先の護身剣と同様な銘であったと見てよいと思います。この破敵剣も、護身剣と共にセットとして百済王より倭王へ献じたものとされているのであります。

道教思想の初期受容に

百済王と倭王の間でこうした刀剣が動くことの政治的重要性は、この卓越した剣制からたどることができますが、より大事なことは、そうした政治的交流が、また一方で一つの宗教的活動でもあったということであります。百済王

が献じた二振の刀剣の符図には、日月、南斗六星北斗七星、三皇五帝北極五星、青龍白虎、朱雀玄武、西王母兵刃符老子破敵符が用いられていますが、これらはすべて中国の道教にかかわる符図であります。中国の道教が百済に伝えられ、百済からわが国へと伝来しているのです。もちろん中国から直接、わが国にこうした道教思想が伝えられている可能性もありますが、いずれにしましても、百済・日本間では早くも中国の道教を熟知しており、共通の基盤の上に道教が華ひらいていたと見てよいでしょう。堂々たる符図に深くかかわりあう「辟深不祥、百福会就、年齢延長、萬歳無極」といった短い四句も、その意味するところは、道教の果たす役割を的確に示す語句として常々用いられるものであります。百済王が献じました二振の刀剣が「護身剣」「破敵剣」として倭王の守護に当たるのでありますが、護身・破敵といった言葉もまた、道教にふさわしい刀剣の呼び名といえましょう。

石上神宮七支刀象嵌銘

「護身・破敵」両剣と共に注目されるもう一振の刀剣があります。奈良県天理市に鎮座いたしております式内社石上《いそのかみ》神宮が所蔵する有名な「七支刀《しちしとう》」がそれです。この七支刀は、中心を貫く剣身の両脇左右に各三枝の剣身を作り出した特異な剣制をとります。多くの方々は『日本書紀』神功《じんぐう》皇后摂政五十二年、百済王が「七枝刀一口、七子鏡一面、及び種々の重宝」を献じ、「臣の国の西のかたに川あり、源は谷部鉄山より出づ。……是の山の鉄を取りて、以つて永く聖朝に奉るべし」と奏したとする記事に対応する刀が、この七支刀であろうとされています。この七支刀を見ますと金象嵌した、

> 泰和四年五月十六日丙午正陽、造百錬鉄七支刀、出辟百兵、宜供供侯王……先世以来未有此刃、百済王世子奇生聖音、故為倭王旨造、伝示後世。

といった刻名がよみとれます。泰和《たいわ》四年は西暦三六九年、護身・破敵剣に少し遅れ、百済三世子から倭王―神功皇后に献じられたものと見ることができます。この七支刀の刀形の特異さにも、一つの意味づけがあったに違いありません。左右両脇三枝ずつの意味には左右、陽陰といった対応があると想われますし、三支も上中下といった対応があるのではないかと想像されます。おそらく中国の道教の中に、

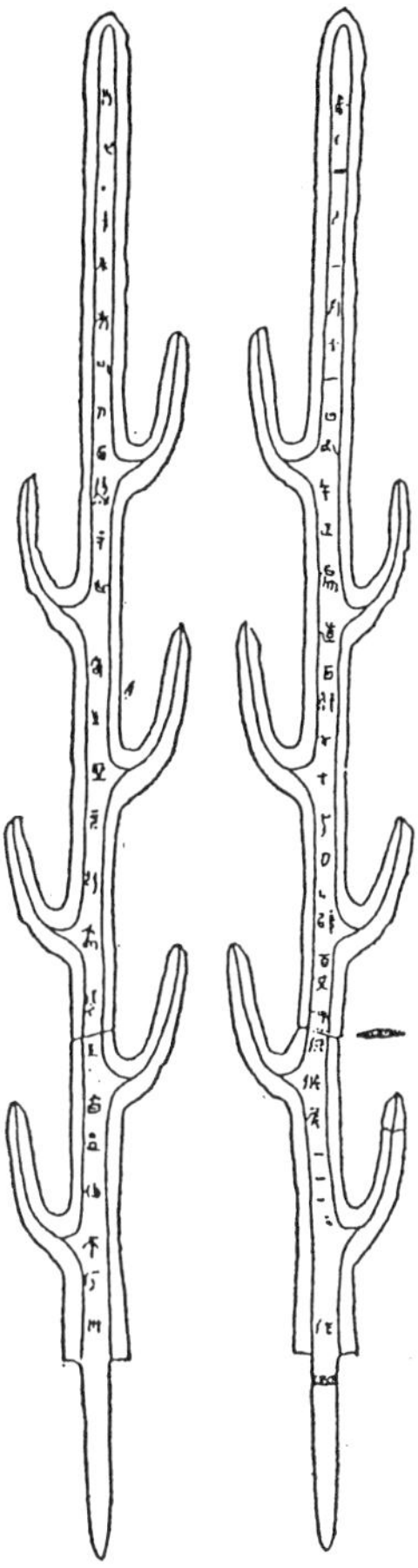

図１　七支刀（石上神社）

図２　中平年銘大刀銘文（東大寺山古墳出土）

こうした七支刀の形の持つ呪意《じゅい》が見出されることは、十分予測されるところといえます。この刀形とは別に、「五月……丙午」の句や「出辟百兵」の句もまた、呪的な文言として常々、道教の諸教典に見られるところであり、鍛鋳《たんちゅう》の吉日は五月丙午《ひのえうま》、百兵《ひゃくへい》を辟《さ》く思いは、すべて道教に求められます。

漢王朝への遣使と刀剣

西暦三六〇年、西暦三六九年の三振の刀剣―護身剣・破敵剣・七支刀は、ともに百済王家より倭王家に献じられたものという伝承をもち、そこに道教の思惟が色濃く漂う様を見てまいりました。ところが、この石上神宮の北方に、東大寺山古墳と呼ぶ前方後円墳があります。この古墳を発掘調査しましたところ、厖大な量の品が棺の外側に並べられていましたが、最も顕著な品が刀剣でありました。実はその中の一振の刀が、

中平□□〔年〕五月丙午、造作支刀百錬清剛、上応星宿□□〔下辟〕
不□〔祥〕□□

という金象嵌の二四字を持っています。中平《ちゅうへい》□年は一八

四〜一八八年の間にあたり、『梁書《りょうしょ》』では倭国大乱を霊帝《れいてい》光和《こうわ》年中（一七八〜一八四年）のこととしていますから、こうした乱後、直ちに中国―漢霊帝がわが国に送付した刀剣である可能性も、また強いのであります。直接、授受の経緯を語る言葉は見えませんが、五月丙午、上応星宿、下辟不祥といった句はすでに述べました護身剣や七支刀の持つ銘文ともよく通ずるものであります。私は倭国大乱が終束し、卑弥呼《ひみこ》が女王として即位したのち、漢王朝に遣使し、その答礼として多くの刀剣などが賜受《しじゅ》された、そうした中の一振ではないかと考えることもできると思います。もし、そうだとしますと、漢王朝からこうした上応星宿・下辟不祥といった招福除災の意を強く持つ言葉で飾られた刀が下賜されるといったこととなり、道教的な思惟が一段と古くわが国に伝えられていたということになるのであります。

道教思想の受容者たち

興味ぶかい事実があります。『塵袋』によりますと、護身剣・破敵剣の両剣は天皇の行幸《ぎょうこう》時の「大刀契《だいとけい》」の一つであり、常々天皇の身辺にあって、名のとおり護身・破敵の機能を果たしたことが明瞭であります。一方の七支刀は石上神宮に伝世し、今日に至ったものです。石上神宮は朝廷が尊崇し管理する武器祠であり、天皇をめぐる「もののふ」のものを管理する社祠《しゃし》でした。また、中平年銘の大刀は東大寺山古墳の被葬者の副葬品ですが、実はこの古墳は、古代の雄族・天皇をとりまく皇后・皇妃を最も多く出した氏の一つとされます和迩《わに》氏の居住しております地域の中に築かれた前方後円墳であります。したがいまして、皇子や皇女の墳墓、皇后・皇妃の墳墓、あるいは姻族として勢威をはりました和迩氏の氏上《うじのかみ》の墳墓といった可能性があるわけであります。いま、にわかにそのいずれであるかは決められませんが、いずれにしましても、朝廷に極めて近い者の墳墓であることは間違いないと考えられます。このように見てきますと、かような招福・除災といった意味を持つ銘文、それも中国の道教で多用されている句を用いた刀剣の類が倭国王―天皇の周辺に集中して見出されることに気づくのです。おそらく、三・四世紀、中国の道教が「政治」「外交」を通じましてわが国の王室に伝えられ、一般の人々とは別世界の香りを漂わせていたと考えられるのであります。漢風のまじなひ世界の受容が国家間の交流でなされ、そうした呪意を刻んだ文物が朝廷や、その周囲の顕官の中に伝えられていく状況がよみとれるのであります。

2　胡国・巴子国将来守護刀剣—攘災Ⅱ

重宝坂上田村麿将軍剣

先ほども述べましたが、庚申年銘の刻まれた『塵袋』記載の二振の剣は、「護身・破敵剣」と呼び慣わされて長く朝廷に伝存し、天皇行幸時に大切に運ばれていく「大刀契」中の大刀の一つとされています。老子破敵符が刻まれていたこともあって、その刀が破敵剣と呼ばれていたのでありますから、護身剣も同様に、百済王が献上した時点から「破敵剣」と対になる「護身剣」という名を持つ剣として息づいていたと考えてよいかと思います。「護身剣」「破敵剣」といった名で伝えられる二口の剣の名は百済王が名付けて天皇に献じ、天皇もその名で呼んだとする経緯がたどられるかと思います。

ところで、こうした「護身剣」「破敵剣」の名を聞きますと、直ちに想起される資料があります。まず、護身剣をめぐりましては「坂上田村麿将軍剣《さかのうえたむらまろしょうぐんけん》」と呼ばれる朝廷の重宝《ちょうほう》が挙げられます。この剣のことは『公衡公記《きんひらこうき》』「昭訓門院御産愚記《しょうくんもんいんぎょさんぐき》」の中にこと細かく記されています。

件御剣後日拝見之、頗古物宝物歟、サメツカ、中心無之、銀ノツハ、平鞘、シロカネノセメ、イシツキ、黒地、但所々蒔之歟、胡人狩獵之躰蒔之或鹿、或虎狩之、故人騎馬馳走、或以弓射、或以鉾突之　其身鯰尾也有刃、有銘、其詞云「上上上、不得他家是以為誓謹思」今一方「坂家宝剣守君是以為名」剣身ヲ掘天以金入字也。

と述べる記事がそれであります。坂上田村麿将軍は平安時代の東北経営に大きな足跡をのこし、桓武天皇の深い信頼を得ました。そして、死しては京都栗栖野《くりすの》に立身装甲《りっしんそうこう》の姿で葬られ、京城と天皇の永久の守護を願われた征夷大将軍でした。この将軍佩用剣《はいようけん》の作りが詳細に語られているのです。

その剣制は把が鮫把、鍔《つば》は銀装鍔、剣身先は鯰尾《なまずお》、その身の両面にそれぞれ、「上上上、他家得るを得ず、是を以って誓いと為す、謹しみて〔君恩を〕思う」、「坂家宝剣、守君是を以って名と為す」といった銘が金象嵌されていました。そして、鞘《さや》は平鞘であり、全体は黒漆地《くろうるしち》で、胡人《こじん》狩猟之躰《てい》が蒔絵《まきえ》され、「鹿・虎を狩る、胡人騎馬して馳《は》せ、弓で射、鉾《ほこ》で突く」図様だと説明しています。この剣はその作りから見て、中国からもたらされた素晴しい剣と見てよいかと思います。鮫皮の把、銀鍔、白銀の責金具、石突、胡人狩猟文が、そうした剣であることを雄弁に物語っております。おそらく廷庫《ていこ》にありましたこの優れた剣を、天皇が坂上田村麿将軍に賜授したもので、それに奉謝し記念する意味もあって将軍がこうした銘を刻んで金象嵌させ、「坂家宝剣」として家に伝えたのでしょう。

新皇子誕生時の御護剣

素晴らしい「坂家宝剣」をとり上げたのには、実は理由があるのです。『公衡公記』「昭訓門院御産愚記」は乾元《けんげん》二年(一三〇三)、西園寺公衡《さいおんじきんひら》の娘の瑛子《えいこ》こと昭訓門院が、亀山天皇の妃として恒明《つねあきら》親王を産みました際の詳細な日記であります。日記では、この坂上田村麿将軍剣は次のように記されています。すなわち、恒明親王の誕生に際して、亀山天皇が誕生の皇子に御剣を献ぜられる儀式がとり行なわれたのですが、この新造の御剣が未だできあがらなかったものですから、如法《にょほう》の重宝であります田村麿将軍剣を赤地《あか》地錦袋《じにしきぶくろ》に納めて進められたのだそうです。そうして、この剣は皇子の御枕頭《ごちんとう》に置かれ、その役を果たしたのであります。

こうした新皇子誕生の際に天皇が皇子に進められる剣は、皇子一生の「御護剣」として皇子の身にそえて長く用いられてまいります。『玉海《ぎょくかい》』という書物には天皇の御護剣を、誕生した皇子に献ぜられる事例すら見られます。もちろん、こうした「御護剣」は皇子の一代だけのものですから、長く朝廷に伝えられて、天徳《てんとく》四年(九六〇)の内裏《だいり》焼亡に伴い焼損《やけそん》じ、直ちに作り直されました「百済王奉献庚申年銘護身剣」とは少し異なる面がみられます。しかし、共に天皇護身剣として用いられているのです。「護身剣」は天皇行幸時、乗輿《じょうよ》に副えて運ばれる大刀契《だいとけい》・節刀《せっとう》の一つとして、坂上田村麿将軍剣は皇子誕生時、枕頭を鎮め生涯皇子の傍らにある「御護剣」として息づくと申せましょう。

また、天皇の悩気《のうけ》などを鎮めるための剣―衛身《えしん》剣もあったようであります。藤原武智麿《たけちまろ》の伝を記しました『家伝《かでん》』下には、彼が神剣《しんけん》を作らしめ天皇に献じた話を載せていますが、その剣を受けた天皇の言葉として「朕《ちん》聞く、剣《つるぎ》は君子を武僑《ぶきょう》し身を衛《まも》る所以《ゆえん》なり。朕は動《ややもすれば》息安《そくあん》ぜず、精神失《しつ》あるが如し。此の剣を得て夜の眠り極めて穏《おだや》かなり。献ずる所の神剣、身を衛るの験《しるし》ならんや」と記しています。一種の御護剣―衛身剣であります。

相応和尚と巴子国剣と

「護身剣」と対になる一剣は「破敵剣」と呼ばれています。他に破敵剣と呼ぶ剣は見出せませんが、同じ機能を存分に発揮した剣は記録に見えます。それは、延暦《えんりゃく》寺《じ》無動《むどう》寺《じ》建立和尚と呼ばれています相応和尚《そうおうかしょう》の伝に見える剣であります。『明匠略伝《めいしょうりゃくでん》』には、貞観《じょうがん》三年(九七八)、西三条女御《にょうご》に御悩《ごのう》あり、父右大臣藤原良相《よしすけ》が和尚に加持《かじ》祈禱を請うたところ、日ならずして治癒し、感激した大臣が和尚に「巴子国剣《はしこくのつるぎ》」を奉礼《ほうれい》したとあります。実は、この剣は入唐《にっとう》三品《さんぼん》高丘《たかおか》親王が唐から右大臣良相に贈った宝剣「巴子国剣―ペルシア国剣」なのであります。田村麿将軍剣が「胡国剣」であることと通ずる素晴らしい剣ですが、これを受けました相応和尚は剣身に「不動明王呪仏慈護明《ふどうみょうおうじゅぶつじごめい》」の文字を金象嵌し、以後の加持に用いたことが記されています。病悩《びょうのう》は鬼のよりつく所に生ずるとし、その鬼を攘《はら》い除く、そのために不動明王を堅く信じた相応和尚に、まことに相応《ふさわ》しい銘です。不動明王の強い慈善によって病悩、疫鬼を断固破り却ける「慈護剣」は、破敵剣に通ずる剣で、剣を振り加持祈禱する和尚の姿に、まさに破敵に通ずる激しい動きが読みとれるのであります。

刀剣は、本来は人を刺殺するものであったのかも知れませんが、三・四世紀、中国・朝鮮から将来された刀剣は、道教的な世界が濃く色づいています。まじなひといった性格に彩られた素晴らしい刀剣の世界がありました。こうした性格が八世紀、九世紀、あるいはそれ以降も長く息づき、「護身剣」「破敵剣」は、「御護剣・衛身剣」「慈護剣」といった名で伝えられていくのであります。寄り来る霊から身を護る、寄り来る霊を却ける、そうした攘災の想いの凝ったものが、こうした剣の姿であったと言えます。

石上神宮蔵鉄盾の呪意

ところで、こうした剣と共に注目をひく遺物があります。七支刀を伝える有名な石上神宮に長く伝世いたしてまいりました二枚の鉄盾《てつたて》がそれであります。藤原兼仲《かねなか》の日記

『勘仲記《かんちゅうき》』弘安《こうあん》五年(一二八二)十二月二十一日の条に、弘安四年入洛しました春日の神木が帰座する際の模様が記されていますが、その帰座する神木の出立にあたり、

> 先、御前仕丁十六人左右相並、次布留、鉄盾一枚、御神木六本御弓、矢鉾、神人捧之次勝手神輿神宝弓矢等神人数輩持之、太鼓鉦鼓笛等神人役之供奉　次聖僧、次白人神人……次神宝、次御正体……

といった列をつくり帰座しております。この布留《ふる》といいますのが石上神宮のことですから、同社の鉄盾がこうした場に運び出され、神木入洛《じゅらく》の重要な景物《けいぶつ》となっていたことがうかがえるとともに、弘安五年に、この鉄盾が石上神宮で重宝として扱われ、よく人に知られた文物であったことを

図3　鉄盾(石上神宮蔵)

物語っているのであります。

　この鉄盾を考えるとき想起される史料があります。『日本書紀』仁徳《にんとく》天皇十二年七月の条の「高麗国貢鉄盾鉄的」の記事がそれであります。鉄砲が輸入されましてからは鉄盾が登場してきますが、それ以前の鉄盾は非常に珍しいものです。石上神宮の鉄盾は、その作り様から見て五世紀代に属するものです。果たして高句麗《こうくり》から貢ぜられたものか否かは明確ではありませんが、特別な目的をもって製作されたものであることはいうまでもありません。

　最近、大阪府八尾《やお》市の美園《みその》遺跡で一棟の家形埴輪《いえがたはにわ》が発掘されましたが、この埴輪の二階部分には床があり、また、壁には盾が描かれていました。単に弓矢を防ぐ戦具としての盾ではなく、寄り来る悪霊・悪鬼を防ぎ入らしめずとする、非常にマジカルな盾の機能を端的に示しているのであります。死者を葬った棺を丁重に粘土でまいて、霊を封じたのち、盾をその上に覆いかけるといった呪作《じゅさ》も、遺跡でしばしば確認されています。おそらく、刀剣同様に中国の招福・除災の呪意に沿う性格が、この種の盾にも横溢していたと考えてよいでしょう。

図4　家形埴輪（左）に描かれた盾（右）（美園遺跡出土）

鉄弓・鉄矢の攘災機能

盾と対応する弓矢の中にも、そうした性格を示す文物がありました。奈良県桜井市のメスリ山古墳から発掘された鉄《てつ》弓《ゆみ》・鉄矢《てつや》がそれです。弓体も弦《つる》も全て鉄製、したがって弾けない弓です。矢も同様、矢羽根《やばね》までも鉄製、したがって本来の矢とはまったく異なる矢です。

こうした実際の弓矢の機能を捨象した鉄製の弓矢が見られるのであります。弓は全長一・八二メートル、矢は全長八〇センチ、実に堂々たるものであります。この鉄製弓矢が高句麗や百済からもたらされたものか、あるいはわが国で製作されたものかは、にわかに決めることはできません。先の仁徳紀の記事では鉄盾・鉄的《てつまと》を高句麗が献じたとありますが、同様な経緯がこのメスリ山古墳の鉄弓・鉄矢にもあったのではないかと考えられます。

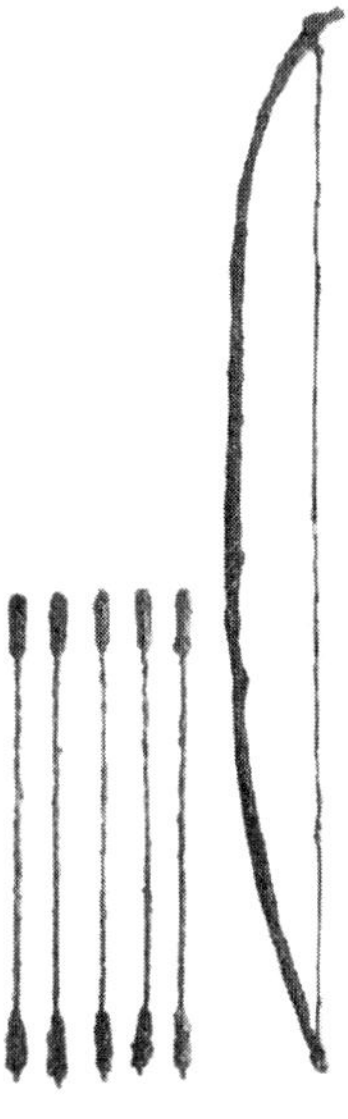

図5　鉄弓と鉄矢
（メスリ山古墳出土）

現実の祭儀や呪儀にあって、こうした鉄盾、鉄弓、鉄矢を樹て並べて、寄り来る悪霊や奔馬《ほんば》のように災疫《さいえき》をふりまく行疫神を鎮めるといった場面や、宮門や宮室の出入りの場に、こうした豪壮な鉄製武具を連ねて内を警護する、そうした形での息づく場面が見られたのではないかと考えられます。いずれにしましても、宮廷の枢要にある貴人の世界に、こうした刀剣や盾・弓矢の世界をめぐる中国・朝鮮風の想いが色濃く漂っているのです。一種の道教的な思惟が、こうした形で百済王や高句麗王、あるいは中国王朝から伝えられていると考えてよいのではないかと思います。

3　中国将来産育慣行受容遺跡—招福I

胞衣の埋納とその遺跡

先に坂上田村麿将軍剣が、皇子誕生の際に御護剣として献ぜられる様子を述べてきましたが、皇子や皇女、貴族の子女の誕生をめぐっても、実にさまざまなまじなひ世界が見られるのです。話題を、こうした人間の誕生に合わせてお話ししましょう。

昭和五十一年のことです。奈良市五条町に計画された京《けい》西《せい》中学校の建設に先立ち、奈良国立文化財研究所がその用地を発掘しました。この用地は平城京で申しますと「右京五条四坊三坪」に当たる土地です。建物跡が続々と発見され、整然たる貴族の屋敷が顕現してまいりました。その際、主屋の脇にあります脇座と申しますか、そうした位置にある一建物の柱の根元から興味深い遺構が発掘されたのであります。

深くていねいに掘りました円形の穴の底に、完全な壺がキチッと蓋がされたままの姿で見つかったのです。慎重に蓋をあけましたところ、壺の中には水がたまり、底に四枚の和同開珎《わどうかいちん》が文字を上にして置かれ、その上を沈澱物が覆い、さらに骨片、布片、珍しいことに、正倉院に伝存されてきました船形の墨挺《ぼくてい》と同様の墨挺一挺、筆先は失われていましたが、すぐそれとわかる筆管《ひっかん》一本が遺されておりました。滅多にない資料だけに注目をひきましたが、実は、この壺とその内容に鮮かに合致する史料が見られるのです。たとえば『玉蘂《ぎょくずい》』承元《じょうげん》三年(一二〇九)五月二十五日の条には、「銭五文を白瓷の瓶子に入れる。銭文を上にして用いる歟。次に胞衣《えな》を銭の上に入れる。次に新しき筆一管、胞衣の上に入れる。次に瓶の蓋を覆う」といった記事や、『大御記《だいごき》』康和御産部類記《こうわぎょさんぶるいき》の「胞衣を納められる。大納言ならびに左小弁顕隆《さしょうべんあきたか》、その事を奉仕する。瓮《ほとぎ》の中に金銀犀角墨筆小刀《さいかくぼくひつしょうとう》を加え入るる歟」といった記事がそれであります。記事の内容は見事に遺跡と一致するのであります。

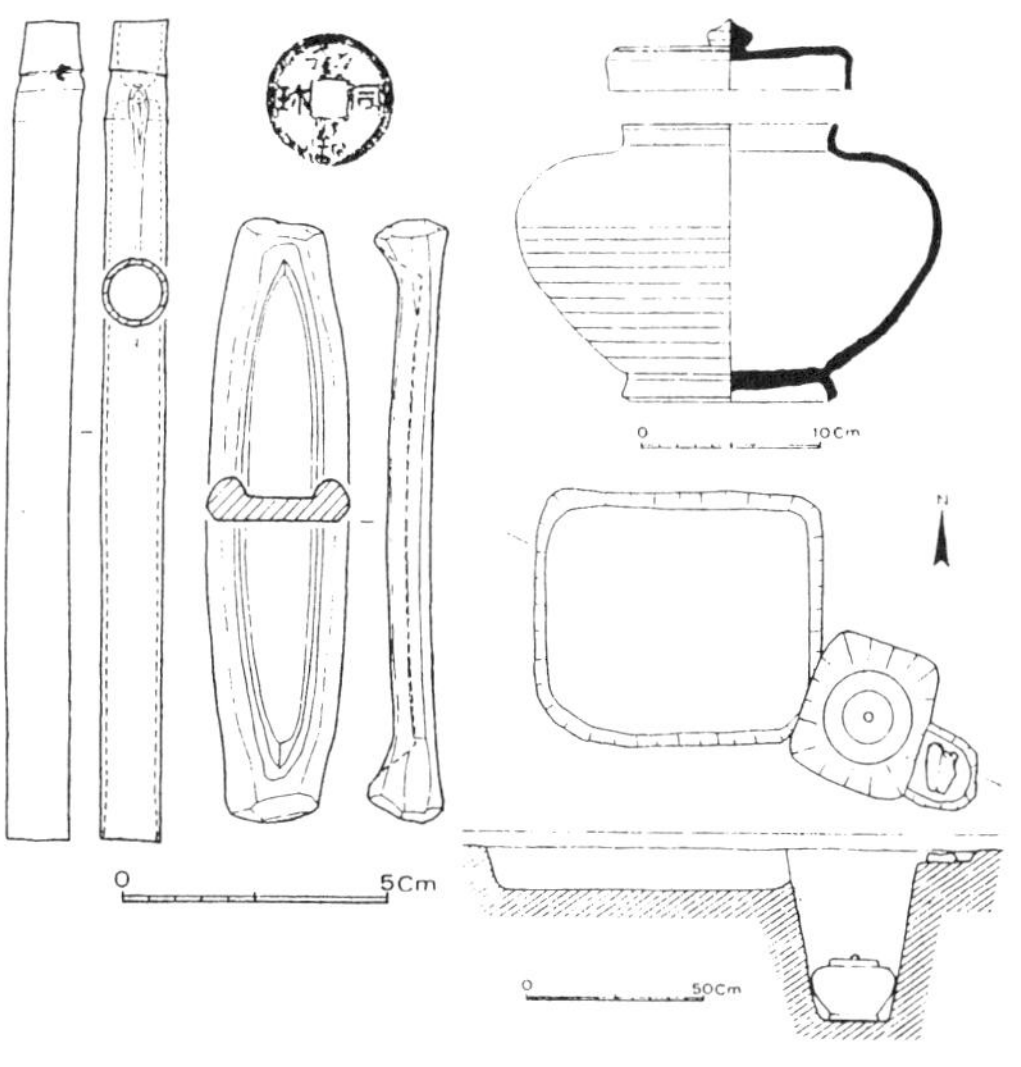

図６　胞衣壺（奈良市五条町出土）

壺中の痕跡からしまして、四枚の和同開珎は、もとは五枚であったことが確められておりますし、布片は胞衣を包んだ布であり、骨片は犀角の断片、ないしは小刀の柄頭《つかがしら》と考えてよいかと思います。

　このような胞衣をていねいに埋めた遺跡が見出されますと、この種の遺跡が何か所か浮かび上がることとなりました。たとえば鳥取県米子市の西山《にしやま》ノ後《うしろ》遺跡でも、土師質《はじしつ》の壺の底に和同開珎三枚を表を上に配して置き、その上に墨一挺、小刀がのこされ、別に銅鋤《どうすき》の破片も置かれておりました。犀角、筆や胞衣自体はのこっていませんが、他は先の史料に吻合する形でのこされているのです。

　ところが、なお別によく似た遺跡があります。その一つは和歌山県岩出町の岡田遺跡ですが、須恵器の坏の中に和同開珎五枚が整然と文字を天に配して置かれていたようですし、さらに香川県善通寺市の稲木《いなき》遺跡でも、土師器の壺に五枚の延喜通宝を、銭文を上にする形で収め、その上に小皿をのせていました。共に筆墨を見ませんが、これも胞衣を収めたものと考えてよいと思われます。胞衣―後産《あとざん》を埋置《まいち》する場合、基本的には五枚の銭貨を用い、銭文を上に向けて配することが要求されています。男子でその栄達を望む場合は筆墨を、女子で栄達を望む場合は鉄針を副える形をとると『医心方《いしんぽう》』の記事に見えますから、こうした遺跡も胞衣を収めた遺跡と見てよいと思うのであります。

産屋・産室を繞る呪儀

ところで、この種の遺跡を見ておりますと、興味ぶかい事実が浮かび上がってきます。先の平城京の胞衣壺は、東西四間、南北二間、東西に棟を配した建物の南側柱列の一本の柱の根元に埋められておりました。そうした目で見ますと、米子市西山ノ後遺跡の例や、和歌山県岡田遺跡の例も、共に柱の根元に埋められている事実があります。胞衣に関しては、つい最近まで家の出入口に埋めるのが良いといった伝承が見られたように、奈良朝の胞衣壺も建物の出入口かと考えられる柱の根元に正しく埋蔵されているのであります。

このように、胞衣壺を収めた穴が柱の根元に掘られた例が知られますと、この柱を連ねた建物は「産屋《うぶや》」ではないかといった想像が私の脳裡をよぎります。こうした産屋に関しましては『十界図《じっかいず》』の出産の様を描く絵や、『九条本栄花物語《えいがものがたり》』の後一条天皇御誕生図《ごいちじょう》に、その状況が詳細に描かれており、一棟の建物を産屋に当て、その内の一室を「産室《さんしつ》」に当てているようであります。もちろん、衆庶《しゅうしょ》の場合やケースに応じては「産屋」のみを建てて産室としても用いるといった場合もあるかも知れません。

ところで、平城京右京五条四坊三坪の建物は、先述のように東西四間、南北二間の東西棟の建物ですが、その東端の一間に柱があり、東・西両室に分別されていることがわかります。東室が産室であり、西室は験者《けんじゃ》や僧侶、医師や産助の者が種々の動きを見せる空間であったろうことが、先の絵図から読み取れるのであります。おそらく、この空間では僧が経を誦《よ》み、験者が験を重ね、介助の女は忙しくたち働き、産の易《やす》きを祈る、家人は散米《さんまい》——打蒔米《うちまきまい》で鬼霊《きれい》の寄って来るのを散じ、また、縁側にあっては弓をもち、外に構えて鳴弦《めいげん》し、鬼霊を却けんとする、そうした情景が復原されると思います。

それだけではなく、産が重く難しい時には産室に鍋釜の類まで持ち込み、生児誕生の直前に一斉にその蓋をとり、口を開けて易産を願ったり、産室・産屋の窓や扉を一斉に開いて産道の開き、安産を願うのであります。産室の中では、介護の女性に授けられながら産婦は立産《たちさん》と申しますが、膝を床につけ身体を起こし、抱き合う中で出産いたします。

借地文の文言と呪意と

このように産屋なり産室が復原されますと、興味ある史料が想い出されます。『山槐記《さんかいき》』の記事がそれです。治承《じしょう》二年(一一七八)十月一日の条には、産屋についての一つの行事を記した、

一日辛卯、天晴、中宮御産御祈被始……典薬頭和気定成朝臣参入、押借地文於御産所、母屋無其所、仍北庇上長押押之、件文先書年号大歳、次書中宮職、次書借地文、当月朔日押之。

といった記事があります。要約しますと、産月《うみづき》になられた中宮《ちゅうぐう》が産屋に移り、今日から読経などの御祈《ごき》が始まった。典薬頭和気定成《てんやくのかみわけのやすしげ》が参り、御産所に借地文《しゃくちもん》を押し貼った。件の借地文は最初に年号を、次に中宮職《しき》、次に借地文を書くのだと述べ、最後に産月朔日(一日)には必ずこの借地文が押し貼られるのだと説明しています。

これだけでは借地文という珍しい文の内容がわかりませんので、他の史料を求めますと、『玉海』中に次のような文が見られます。承安《しょうあん》三年(一一七三)九月一日の記事です。そこには、

九月一日辛丑、施薬院史憲基参入、産所押借地法、東西南北十歩之中不可憚云々

とあります。これは、東西南北十歩之中を借りる故に憚《はばか》りなしとするという意味に受けとれる文であり、押し貼る借地文の文面の一部を表現していると見てよいと思います。このことを証拠だてる素晴らしい史料がございます。それは平安時代、丹波康頼《たんばのやすより》が著述しました『医心方』です。同書の巻二十三には「産婦借地法第四」と題しまして、

子母秘録云體玄子法為産婦借地百無所忌借地文、東借十歩西借十歩南借十歩北借十歩、上借十歩下借十歩壁方之中卅余歩、産婦借地恐有穢汚、或有東海神王或有西海神王或有南海神王或有北海神王或有日遊将軍、白虎夫人横去十丈、軒轅招揺挙高十丈、天狗地軸入地十丈、急々如律令、

と簡潔に借地文の文面を記しております。「東借十歩」に始まり、「急々如律令」に終わるこの文言は、まさに「借

地法」「借地文」と呼ばれている札の文言と考えてよいのであります。また、同書同巻の背記《はいき》に札文が挙げられていますが、この文こそ借地文の内容、実際であったと見てよいのです。左右に呪符を朱書しました堂々たる呪札《じゅふだ》です。

天平時代の唐風呪儀に

この借地文は、産月の一日、産室の北壁に押し貼る呪札です。産婦の血穢《ちのけがれ》・血忌《ちのいみ》を産室に留めるために、東西南北天地の各十歩を、東海、西海、南海、北海神王や日遊将軍など、各方位神から借り請けし、その加護によって産婦・産児の安産と安全をはかろうとしているのであります。まことに興味ぶかい呪札、呪符と言わねばなりません。この借地文の慣行は平安時代の記録に見えるのでありますが、『医心方』といった平安時代でも古い時期の記録に見えますし、また、同書が中国の『子母秘録《しぼひろく》』を引用して述べており、『子母秘録』が奈良朝にさかのぼる中国側の資料だけに、奈良時代に中国からこうした産書《さんしょ》がわが国にもたらされ、貴紳の間に広く行なわれていた可能性は極めて高いのであります。先に「胞衣埋納」の詳細を記しましたのも、この『医心方』でした。おそらく胞衣埋納の慣行と同様、借地文を産室に押し貼る慣行も、わが国に中国の各種の産書が舶載されることによってもたらされたものと考えてよいのではないかと、私は想像するのであります。

人の誕生にかかわる多くのまじなひ世界の中から、「胞衣埋納」の呪儀、「産屋産室借請」の呪儀をとりあげ、その姿をうかがったのですが、胞衣壺内に収めた五枚の銭貨は東西南北中央の諸神に奉賽《ほうさい》されるものですし、借地文に見える東海神王にはじまる諸神とも重なりあう神々であります。平城京の時代、唐風の諸慣行・諸文物が導入される中で、こうした誕生をめぐる呪儀の数々が出産の場でとり行なわれているのです。唐風呪儀の浸透の模様が、手に取るように読みとれる重要な文物と言えるでありましょう。

4　中国将来福徳慣行受容遺跡――招福II

道行く常世神・福徳神

誕生の世界に、中国風の呪作が横溢しはじめる奈良時代は、また一方では、日常生活の中にも多くの唐風の呪作、まじなひが見られるようになる時期でもあります。『日本書紀』の皇極天皇三年七月の条には、有名な大生部多《おおうべのおお》の常《とこ》世神《よのかみ》の事件が記されています。東国富士川の辺におりました大生部多が、橘樹に生まれた四寸ほどの緑地黒斑のカイコに似た虫を常世神と呼び、この神をまつれば富を得、若きに還ると説きつつ、村を離れて京へと東海道をひたすら歩みはじめます。道々で「新しき富入り来たる」と使《つかい》に叫ばせつつの道行きでした。海道ぞいの村々の人々は、道々に財宝を出し、酒菜六畜《しゅさいりくちく》を陳《なら》べて、この集団化した群集を迎え、やがては厖大な群集が常世神を先頭に東海道を進むのです。この皇極朝の場合は、葛野《かどの》まで至った段階で、葛野秦造《はたのみやつこ》河勝《かわかつ》が民を惑わせ、損費《そんひ》極めて甚しく益する所なしとして大生部多を打ち、その流れをとどめたのです。蚕に似た虫が「常世神」として福を授け、富を招き、寿を与えるといった言葉もあって、またたく間に人々の心をとらえ、こうした道行きを生み出すのですが、こうした招福の想いは常々、人々の心の奥底にあり、時に爆発的に人々を道行きのエクスタシーに追い込んだようです。

『続日本紀《しょくにほんぎ》』を見ておりますと、聖武天皇の御世にも同様な動きがありまして、「天平二年九月庚辰《こうしん》……安芸《あき》・周防《すおう》国（広島・山口県）の人々が妄《みだ》りに禍福を説き、多くの人々が集まり、死魂《しこん》を妖祠《ようし》するといって祈る」といった似た事件を記しています。『百練抄《ひゃくれんしょう》』という書にも「応徳《おうとく》二年（一〇八五）七月、一日より東西両京の道の辻々に宝倉《ほくら》を造立し、鳥居に額を打ち、福徳神とか長福神、あるいは白朱社《はくしゅしゃ》といった神名・社名を銘し、洛中に貴賤を問わず群集し、盃酌《はいしゃく》算《かぞ》えるに術《すべ》なし」といった状況があったことを伝えています。

福来見の刻銘をもつ坏

こうした、道に酒菜六畜を陳べ、財宝を出して福を求めるまつりは、非常な損費と群集の無礼を呼び、そのエクスタシーは国家として不安を感じさせる一面が見られるのであります。その傍若無人の行為は反社会的、反国家的と考えられたようでありまして、朝廷では常にこうした動きを禁断する形をとっています。さきの聖武朝の場合は「かくの如き徒《と》は深く憲法に違《た》がう。もし更に因循《いんじゅん》せしめるならば害となること甚し。今より以後、更に然《しか》せしむること勿《なか》れ」と詔しています。応徳二年七月の場合も、検非違使《けびいし》に仰せて宝倉などを破却せしめています。朝廷では、こうしたまつりを淫祀《いんし》と呼んでおり、朝廷がまつることを認めているまつりと明確に区別しているのであります。

ところで、こうした淫祀と関連する品々が各地で発掘されております。その一、二をとりあげて、こうした「福徳」への人々の強い想念をたどってみたいと思います。その一つは、石川県河北郡高松町の箕打窯《みうちがま》で発見された須恵器の坏です。昭和五十四年の発掘調査で灰原《はいばら》から見出されています。坏の外側、口に近い所に等間隔で「福」「来」「見」の三字を刻んだもので、発注者の意をうけてこの窯で焼こうとした器であります。この三字は「福、来現せよ」と読むもよし、また「福、来たれ、見《まみ》えん」と読むもよし、さらには「福来たる見よやはや」と読むもよいでしょう。いずれにせよ、福の来現とかかわりあう器なのであります。坏の中に常世神のシンボル、たとえば蚕を容れる場合も考えられますし、また、常世神に食餞《しょくせん》をもてなす坏と考えてもよいでしょう。福徳を得たいと想う、その想いがこの三字を坏に刻ませたのでありますが、日々、福徳神に供饗《くぎょう》しまして、その報いを得たいとする人、あるいは、福徳を説く巫覡《みこ》の人の教えにしたがって必死に財をなげうち、食を供して福徳神をまつる、そうした加賀国の人の想いがたどれます。

図7　福来見刻銘坏（箕打窯跡出土）

福徳を得たいと願う気持ちは地方の人々だけではなく、都―平城京の官人たちにも深く浸透していたことは言うまでもないところです。そうした事情を語る一点の木桶《きおけ》の底板があります。

平城宮出土の福徳桶に

平城宮内裏の発掘調査が実施されました昭和四十八年に、一基の井戸の中から多くの遺物と共に木桶の底板片が発掘されています。左右を失い中央のみですが、表裏に重要な墨書が見られるのです。まず一面には、中央に「白物桶・福徳」の文字を大書しています。その左右に数字が記されていますが今は読めません。もう一面には、上に波状の蛇か二虫を想わせる図形を配しており、その下に左右ふりわけ二行に「白物桶」と書き、下に横行で「奈尓波」「物□」と記してあります。「奈尓波」の文字は墨色も薄く運びもまた他の字とは違います。したがって、白物桶、福徳、図形などは一人の筆蹟と考えてよいかと思うのであります。ところで、この「白物桶」はシラゲモノ＝白米を容れる桶の意でありますから、福徳を求めて白米＝精米を福徳神に供進する、そうした時の容器であることを物語ります。蛇か二虫かと想われる図形もまた、福徳神のシンボルと見てよいかと思います。言葉をかえますと、福徳神を描き、福徳を求めて白物を盛り供進する容器が、この桶であろうと想像されるわけです。

図８　白物桶底板片（平城京跡出土）
（奈良国立文化財研究所蔵）

　こうした資料から見ますと、加賀国や駿河国、そうした各地から道々を経て都へ都へと進む福徳神＝常世神をめぐる群集が見られる一方、都の中の随所、時には宮内の内裏《だいり》にまでこうした白物桶が持ち込まれているように、辻々に宝倉(祠)を建てて福徳神をまつる、そうした突如、一斉にといった形のまつりが平城宮、平城京を彩る場合も、また見られたことを示しています。

　白物桶とは別に、奈良市大安寺《だいあんじ》でも土師器の坏の裏に「福徳」の文字を墨書した例が見られます。もし、これが人名などでないとすれば、にわかに道々、辻々に建てられた祠に福徳神をまつり、桶や坏に種々の食餞、供進の品を盛り、そうした祠の前や周囲に群集がたむろし、盃酒飲食して騒然たる巷《ちまた》となる、そうした情景が、この坏からもうかがえるのであります。

辻々道々の祭礼と道饗

　こうした福徳を求めて常世神や福徳神をまつる有様が仁平《にんぺい》三年(一一五三)九月にも見られたことを『百錬抄』が記し留めております。記述に「近日所々に社壇を立つ。

家々漢礼を行なう。停止《ちょうじ》すべき由宣下《せんげ》あり」とあります。都の辻々、道々に社壇を営むことは、さきの応徳二年の場合と同じです。道々に財宝を出し、酒菜六畜を陳べ、群集して盃酌する、そうしたまつりを『百錬抄』は「漢礼」と述べております。「福徳」をまつるまつりが邦礼ではなく、「漢礼」だと説いているのです。

なぜ、こうしたまつりが漢礼と呼ばれるのかを考えてみますと、一つは常世神とされた蚕に似た虫は橘樹に育つとされる点にあります。垂仁《すいにん》天皇の命をうけて常世国に非時香菓《ときじくのかぐのみ》を田道間守《たじまもり》が求めたことは有名な話ですが、この香果の稔る木は橘樹であるとされ、また、この香果を求めて弱水を渡り常世国―神仙秘区に至ったと『日本書紀』は説いております。このように見ますと、蚕といい、橘樹、常世神といい、すべて中国道教の神仙思想に結びつくもので、漢礼にふさわしいと考えられる面を持つのであります。

さらに興味をひきますのは道々、辻々に食を饗し財宝を喜捨《きしゃ》すること、道々、辻々で盃酌し飲食することです。こうしたことは道饗《みちあえ》と呼ばれるものであり、『延喜式』などを見ますと、鬼魅《きみ》を京城四隅でまつり、御饗《みあえ》する道饗祭《みちあえのまつり》、唐客《とうきゃく》・蕃客《ばんきゃく》の入朝にあたっての畿内堺、京城四隅で盛んに御饗する唐客入京路次神祭《とうきゃくにゅうきょうろじしんさい》など、寄り来る者、唐神・蕃神に対するまつりが、こうした道饗を中心に展開しているのです。こうした、邦礼には見られない道饗に特色を持ちます「福徳」のまつりは、それだけに漢礼と呼ばれる一面を持っているのです。

『漢書』の伝える西王母

福徳を授ける神―常世神、福徳を求めるまつりのまつりざま―道饗、そうした個々の要素を追い求めましても、このまつりがその根幹を漢―中国に承けていることは容易に理解できるのですが、実は中国にズバリそのものと言ってよいほど似た史料があります。『漢書《かんじょ》』「五行志下」に掲げられました哀帝建平《あいていけんぺい》四年(紀元前三)正月の記事がそれです。

正月、民驚走、持稾或棷一枚、伝相付与曰、行詔籌、道中相過逢、多至千数、或被髪徒践、或夜析関、或踰牆入、或乗車騎奔馳、以置駅伝行、経過郡国二十六、至京師。其夏、京師郡国民、聚会里巷仟佰、設祭張博具、歌舞祠西王母、又伝書曰、母告百姓、佩此書者不死、不信我言、視門枢下、当有白髪。至秋止。

正月の事件は、人々がワラやオガラ一本を詔籌《しょうちゅう》だと称して手渡しつつ狂奔《きょうほん》する群集の姿を描いていますが、髪を乱し、はだしで行くもの、関所を破り行くもの、人の家々の牆《かき》をのりこえ、盗みしつつ行くもの、あるいは騎乗して奔り馳《はせ》せ行くもの、そうした群集が駅を通り二十六の郡国を経て都へ都へと赴く様が簡潔に記されています。また夏の事件は、都や地方で人々が村や道々に集まり宴を設けて博戯《はくぎ》に興じ、歌舞して西王母《せいおうぼ》をまつる様が記されています。西王母は中国では養蚕神とされており、また不死をもたらす神とされています。蚕神、不死を約束する神である西王母を中心に、中国ではこうした群集の動きが見られたのであります。槀(ワラ)や棷(オガラ)が詔籌と呼ばれていますように、やはり福徳にかかわりあう群集の動き、西王母の動きであります。中国でのこうした福徳をめぐる動きは、まさにわが国の富士川のほとり、大生部多と、それをとりまいた群集の動きと鮮やかに重なりあうのです。漢礼とされて邦礼と区別され、淫祀として常に禁断される「福徳」のまつりは、その根源が中国のこうした西王母や福徳神をめぐるまつりに求められることが判然とします。

福徳を求める心根は、いつの世にも見られますし、その動きもまた、いつの世にも認められるところでありますが、皇極朝から平安時代の一連の「福徳」をめぐる呪儀は、中国のその制なり意を承けての呪儀として、以前、以後のまつりとは異なる一面を見せるのです。福徳への憧景、そこにも天平人たちの唐風の横溢が読みとれるのであります。

5　中国将来呪詛厭魅蠱毒類抄—呪詛抄

離別を願う女性の呪字

福徳を求める心根とは逆に、失意の渕にあるものが相手を倒さんとする心根も人の世にはあるものです。そうした資料の一、二を掲げて、平城京の時代をうかがうこととしましょう。

昭和三十八年、平城宮の北辺の調査を実施しましたところ、内裏の一画でおもしろい一枚の坏を発見しました。裏に「鸜鵒鳥坏」「莫採」といった文字が見られる一方、「道為金」、あるいは「我君念」といった三文字を組み合わせた一種の呪字《じゅじ》が墨書されていました。言うまでもなく、天

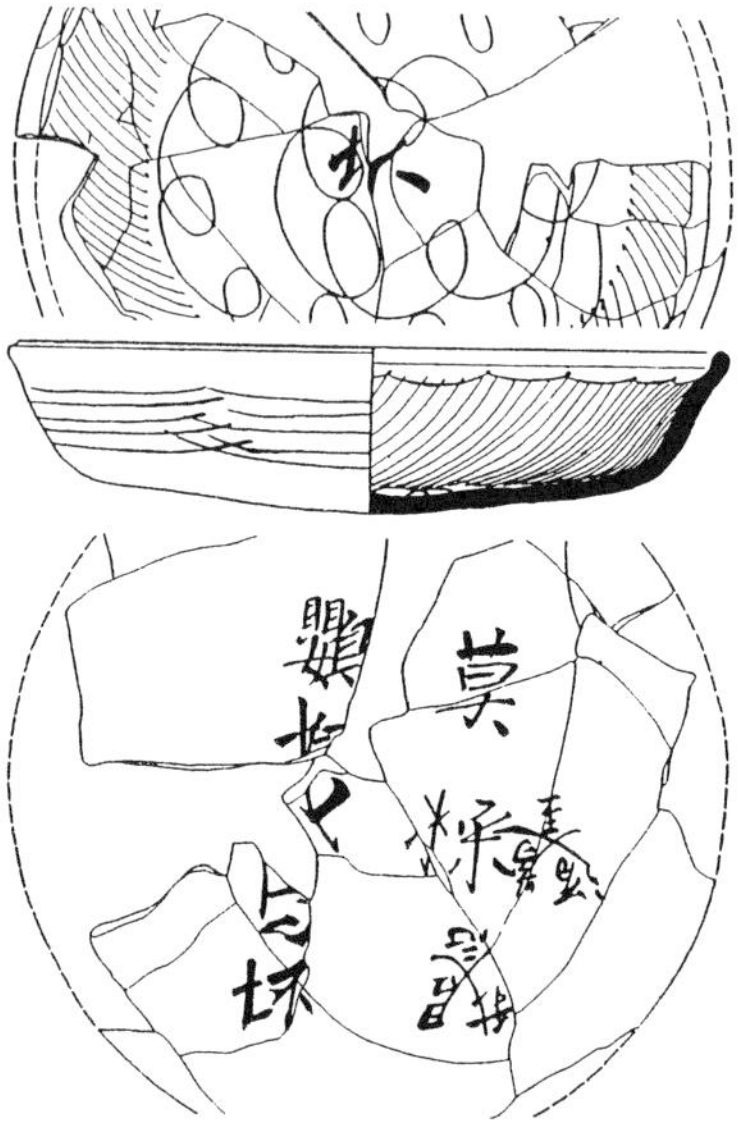

図9　鸚鵡鳥坏(平城京跡出土)

皇起居の場であります内裏の一画に鳥園《とりえん》があり、中国や朝鮮からもたらされた珍鳥、鸚鵡《おうむ》鳥が飼育され、天皇や皇族の目を楽しませていたようです。この皿は、そうした鸚鵡鳥の餌皿《えさざら》であり、官給の品であったようです。

「莫採」の言葉は、盗むなかれという意味であり、普通ならば「若し盗めば笞《むち》五十」といった罪科に当たると記している場合が多いのです。こうした鸚鵡鳥の餌を司る女性が記したのでしょうか、先ほどの三字組み合わせの文字がその傍らに見られるのであります。

この組み合わせ文字の一つ、「我君念」の三文字は調査の時点では「我は君を念ひ、君も我を念ふ」と読み、天平時代のロマン、愛を確かめる、相思相愛の呪字だと理解されたのですが、その後、藤沢一夫先生が『呪詛重宝記』といった江戸時代の木版呪法書に、この三字の組み合わせ呪字が見え、実は、これがその逆、離別を願う女性の側からのまじないに用いる文字であることを指摘されました。私もその後、いくつかの呪法書で、この呪字を見ておりますが、いずれも女性が夫なり男性と離別したいとする時にしたためる符として記されております。華やかな天平文化が説かれていますが、その真に女性の悲しみが如何に息づいているか、そうした実態が浮かび上がってくるのであります。

刺心釘眼の人形代登場

こうした離別を願う女性の想念がたどれますと、なお一段と凄絶な人の想いを復原する資料に気づくのであります。平城宮の北辺に、大膳職と推定されている官衙地域があります。この地域の調査中、前例を見ない豪壮な一基の井戸が発見されました。おそらく、内膳—天皇所用の井戸であったものが大膳職の所用井戸に転じたものと理解されているのですが、その底から多種多様な遺物に混じり、一点の人形代が発見されたのであります。

この人形代が有名になりましたのは、その表に「坂部《さかあいべの》秋建《あきたて》」という人名を墨書していること、人形代の両眼と胸に木釘が打ち込まれていることにありました。両眼に釘を打てば失明し、胸に釘を打てば死ということになるだけに、怨念ただよう文物として注目されたわけです。

確かに、そのとおりであります。『律』の名例律裏書《みょうれいりつうらがき》には、厭魅事《えんみのこと》と題しまして「或作人形、刺心釘眼、繋手縛足、欲命前人疾苦及死者」と記し、厭勝《えんしょう》の事例としております。この律文の語るところは、まさに先ほどの人形代に鮮やかに重なりあいます。おそらく、井戸に投棄される時点では手足を繋縛《けいばく》し、両眼・胸に釘を打たれた姿であったと考えてよいと思います。厭勝の一つの手法ですが、自らの意志で怨者を呪殺しようとする恐ろしい呪作なのです。これは、強く禁断されていた呪作でしたが、坂部秋建に怨念を抱くものがその死を願って、こうした激しい呪作をとり行なっているのです。

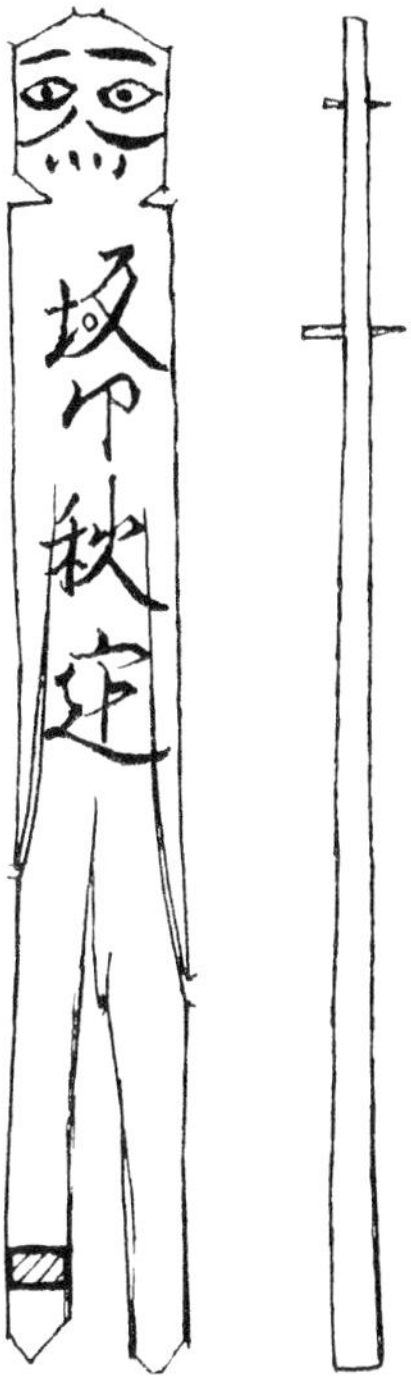

図10　呪いの人形代
（平城宮大膳職跡出土）

遺物に見る厭勝の呪作

この厭勝の呪作も、調べていくと重要な事実を提供します。『唐令《とうれい》』の中に先の『律書』の文と同文の令文が見られるのです。人を怨念で倒そうと謀ることは、いつの時代にもあることですが、『唐令』『律令』に同文の規定があり、その規定で禁じている呪作が両国間で共通して見られる点からするならば、こうした人形代に釘を打ち、その人を倒そうとする呪作が、中国に淵源の地を求めるべきことを明証していると説いてよいでしょう。

相似た事例かと考えられるものに、静岡県浜松市の伊場遺跡の例があります。一枚の皿の内側に女性像を描き、その下に「海部屎子女形《あまべのくそこめ》」といった文字を配しております。以前、私はこの皿の中に海部屎子女の形代を納め、これを

図11　海部屎子女形坏（伊場遺跡出土）

祓い流して疾病から逃れようとする、そうした祓の資料と考えておりました。今もなお、そのように考えてもいるのですが、ちょっと確信が持てなくなっているというのが現状です。

なぜかと申しますと、『古律書残篇《こりつしょざんぺん》』の中に厭魅に注して、「陰陽《おんみょう》、占筮《せんぜい》博士を招き、姓名を封印に造り、土に埋め河に流し、他人を死さむと量《はか》る事。窃《ひそ》かに造りて流せる呪師《ずし》、従ふ者、同心せば……」といった記事があるからです。厭《おん》じようとする怨者《おんしゃ》の姓名を記し、封印して河に流す、あるいは土地に埋める、そうした呪作が祓の場合と明確に現物のうえで区別することができないからです。千葉県など関東地方では、坏の外面に居所の郡郷を記し、氏名を墨書した事例が増加しておりますが、やはり同様の扱いかと考えられます。

怨家調伏の呪法の数々

時代は鎌倉時代初期に下るかと考えられますが、京都府の高山寺《こうざんじ》には重要文化財指定の「木製彩絵転宝輪筒」がのこされています。転法輪法《てんぽうりんほう》に基づいて怨敵降伏《おんてきこうぶく》を願い修《じゅ》せられる呪法で用いるものでありますが、筒の表面に上下四段に分け、十大薬叉、三大龍王三大天后の計十六大護を描き、上下の蓋には輪宝《りんぽう》を浮き彫りし十字仏頂真言種《じゅうじぶっちょうしんごんしゅ》を墨書しております。十六大護、輪宝、真言は一切の怨敵を打ち砕くものとされておりますが、そうしたもので囲まれた筒の中に怨家の人形と、その姓名を記した紙を入れて加持祈禱するのであります。

平安時代、東密《とうみつ》の世界で修されることの多かった修法《じゅほう》ですが、その呪意は『古律書残篇』の語るところとよく共通しています。

同様な例は『六字経法《ろくじきょうぼう》』にも見られます。六字経法は怨敵調伏《ちょうぶく》の修法の一つで、まず三類形《さんるいぎょう》―天狐《てんこ》七、地狐《ちこ》七、人形《ひとがた》七―を麵《めん》をもって作り、蘗《きはだ》に染めて、他人に知らしめざるように注意しつつ、怨家の姓名、もしわからない場合はその字、それもわからない場合は国郡郷、条坊、男女の別を書く。次に、その三類形を三角爐《さんかくろ》―調伏爐で、まず天狐、地狐を焼き、最後に人形を焼く。そして、土器にその灰をとり檀越《だんおつ》―依頼者に送り、これを湯で呑ましめると説いております。

人形を用いて怨敵を倒す。そうした修法が仏教は仏教、陰陽道は陰陽道で詳細に体系化されているのです。こうした資料を通して見ますと、伊場遺跡や関東地方の人名を記す例、国郡郷名をも記す皿の諸例も、怨敵調伏の呪法にもとづく一例かとも考えられます。将来、適切にこの間の事情なり相違を明証する資料が見出される日までは、私も二案を置きつつ検討していきたいと考えています。

天皇をめぐる呪詛世界

怨念の赴くところ、奈良時代には種々の怨家調伏法が成立していたようです。史料では、塩焼王《しおやきおう》の子志計志麻呂《しけしまろ》を皇位につけようとして天皇の髪を盗み、佐保川《さほがわ》の髑髏《どくろ》に入れて大宮に持ち込み、厭魅《えんみ》をはかったと誣告《ぶこく》された縣犬養宿祢姉女《あがたのいぬかいすくねあねめ》の記事もその一つでありますし、聖武天皇皇女であり光仁《こうにん》天皇の皇后であった井上内親王が巫蠱《ふこ》大逆の罪で廃后《はいご》され、その後も難波内親王を厭魅するといったこともあって幽閉され、皇太子他戸王《おさべおう》と共に没した事件も、またそうした一例であります。その呪法は共通しませんが、それだけに、こうした調伏法が多様化していた状況を知ることができます。縣犬養宿祢姉女の場合は天皇霊の象徴、天皇の分身の中で最も顕著な髪を御窟殿《みむろのとの》の釜から盗み出し、髑髏に貼りつけて天皇と見なし、この目なりに釘を打つといった調伏法を講じたように想像されます。背筋の寒くなるような光景が、華やかな天平文化、咲く花の匂うが如くと詠われた平城宮の裏面に見られるわけです。

日本最初の大都市平城京は、その人口にふさわしく、こうした種々の明暗世界を漂わせて古代に息づいていたのであります。

「難波曲」と呪歌の誕生

話題が暗くなりました。転じまして、陽光の日射しを求めたいと思います。平城京から見出される木簡などの中に「難波曲」と呼ばれている歌、「難波津にさくやこの花冬ごもり　今を春べとさくやこの花」がしばしば姿を見せます。大阪大学の東野《とうの》治之《はるゆき》さんが、この歌をこと細かく検討し、立派な論文を出しておられます。少し視点をかえて見ますと、難波国の国の歌、『古今和歌集』序で讃えられた歌という以外に、いま一つ、呪歌としての著しい性格がうかがえるのであります。「難波津にさくやこの花冬ごもり」は、女性の月の物を遅らせる呪意を持ち、全句を唱えると逆に早める効を持つとされている他、『中山《ちゅうざん》御符《ごふ》秘抄《ひしょう》』などでは、この歌を掲げて「不浄地清むるなり」と説いております。咲く、春、冬ごもりといった句意が、こうした呪意を生み出しているのであります。万葉人が、こうした呪意をこの歌から感じ取っていたか否かは明言できませんが、難波曲として人口に喧伝されていたことから見まして、春を呼ぶ、陽を呼び込む、そうした意義が濃く漂っていたものと考えられるのです。

さて、古代の神と人、人と神、その交感を説きたいと考えましたが、ともすれば人の心根に揺れ、資料の読み取りの浅さに惑う、不透明な部分を多くのこしてしまいました。しかし、この一首の晴れやかさが、そうした欠点のすべてを清めてくれるものと想います。

中世 まじなひ世界の語りかけ

中世、まじなひ世界は大きな語りをもつ世界として存在した。日々の生活が、また祭りや戦いの日々が、このまじなひ世界の中に、深く沈澱して息づいていたのである。そのかみのまじなひ世界をうかがう二、三の語りかけをここに記してみることにしよう。

1 節目・形・まじなひ

興福寺《こうふくじ》別当《べっとう》・大乗院門跡《だいじょういんもんぜき》経覚《きょうかく》は、応永《おうえい》二十二年（一四一五）から文明《ぶんめい》四年（一四七二）に至る半世紀の間、その日々の様を克明に記した日記を遺している。『経覚私要抄《きょうかくしようしょう》』がそれである。

経覚はこの日記中、たとえば永享《えいきょう》八年（一四三六）十月朔日の条に「朔日、事如常、中臣祓為之」と記し、以下次の月の朔日も、次の月の朔日にも、また二十年後の康正《こうしょう》二年（一四五六）の各月の朔日にも、「千徳万福幸甚〱、又中臣祓為之」と記している。同様、永享八年十月晦日の条には「廿九日、為魔界廻向、理趣分一巻転読了」と記すが、同じ記述は各月晦日にも見え、二十年後の康正二年の各月の晦日にも「魔界廻向理趣分一巻読之」といった記事を見る。

経覚にとって月朔日は中臣祓《なかとみのはらえ》、月晦日は魔界廻向《まかいえこう》のため理趣経《りしゅきょう》一巻を転読《てんどく》、というように「月」をめぐって神事、仏事を定め、懈怠《けたい》することなく正しく実修《じっしゅう》しているのである。彼によれば「事、常の如し」と説かれているのである。「月」が時間を区切り境立てし節目を作る、この節目を超えるために「月」の晦日・朔日に形どおり、形のごとく魔界廻向理趣分一巻転読、中臣祓がとり行なわれるのである。

経覚は成人して以来、文明五年(一四七三)、七八歳で示寂《じじゃく》するまでの間、こうした「月」ごとのまつりを怠ることなく、あたかも月ごとに輪廻《りんね》するかのごとくとり行なったのである。

このような正確でていねいな輪廻が彼にもたらすものは、各月朔日の最初の言葉「千徳万福幸甚〳〵」に端的に示されている。正しい輪廻は福徳をもたらし、輪廻のくずれは福徳の体系を損ずると考えられているのである。中世を彩る「事如常」「以下如例」「如形」といった慣用句は、こうした正しい輪廻の計られている様を表現する句であり、心根の表現であった。節を作り、ひたすら過去へと流れる目前の時間を区切り、流れを輪廻におきかえる、そうした輪廻の正しい運行を通じて生を、死を見据えようとする強い意志が中世を彩っているのである。

月朔日、中臣祓によって現世の罪穢《ざいえ》を清浄に転じ、生の息づきを確約し、月晦日、理趣経転読によって冥界彼岸《めいかいひがん》の魔となった死者、祖霊を廻向しその平安を希《こいねが》い、あわせて現世への魔の来現《らいげん》を防ごうとするのである。現世と彼岸《ひがん》、人界と魔界を「月」の始・終に置くことによって永遠の輪廻がはかられると考えているのである。

もちろん、時間の節目は「月」ばかりではない。「日」「季」「年」といった節目も見られ、その節日ごとに、節目を超えるべき行ないが用意されているのである。こうした節目の行ないが、常に神事・仏事といった形をとる宗教的な、呪的な行為であったことは中世を考えるうえに重要である。俗なる時間を区切る聖なる一瞬の時間を用意し、詳細周到に整えること、俗と聖の正しい繰り返しの設定が中世を支える理念—輪廻の根底にある思惟であった。

日、月、季、年といった時間の節目は、時間を等間隔に区切り、等しい時間に節目を配している。しかし、中世には等間の節目ばかりではなく、異なる間隔の節目が顕著な存在となっている。興福寺の南に元興寺《がんごうじ》がある。この元興寺僧房たる極楽堂と禅室の解体に伴って厖大な中世信仰資料が屋根裏から見出され、また境内の発掘調査によって同種の資料が多量に得られたことは広く知られているところである。

この資料中に姿を見せる「物忌札《ものいみふだ》」が異なる節目を物語る重要な文物なのである。一例を掲げよう(図1)。高さ四三・二センチ、幅七センチを測る札の正面に一字金輪《いちじきんりん》の種子《しゅし》ボロンを配し「堅固物忌急々如律令」と大書し、右に「九九八十一」、左に「二十七九八」と逆さ字で小書する。裏面は他例では「正平七年壬辰閏二月廿三日他界」などとあり、死没の年次を墨書するのが一般である。

『吉田日次記《ひなみき》』には、ほぼ同文の札を「物忌札」と呼び、初七日といった七日ごとの忌日に葬家の門前に樹てると記している。九九八十一、八九七十二の句は木下密運《みつうん》師の説かれるように道教九宮八十一神、八卦七十二星神でもって陰陽順逆相生相剋《おんみょうじゅんぎゃくあいしょうそうこく》の理を表わす、反魂符《はんごんふ》(死者のよみがえりを願う符)であろうし、急々如律令の句は『下学集《かがくしゅう》』に一切の悪鬼魔事邪道を行なうを教誡《きょうかい》するの意と記され、速やかに鬼よ去れの意をもつ。したがって、葬家において堅固物忌し、反魂を願い、悪鬼の攘払《じょうふつ》を祈るといった効験《こうけん》を期する呪符である。

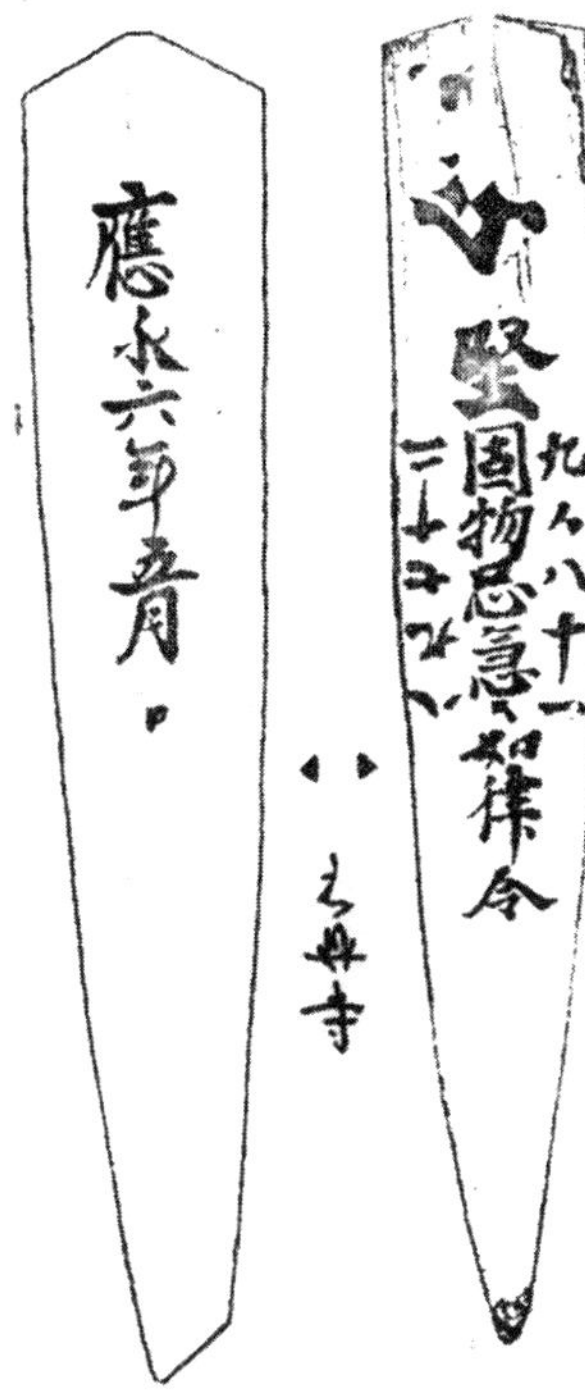
図1　物忌札(元興寺出土)

「物忌札」は死者の十度の忌日に葬家門前に樹つが、この十度の忌日は、初七日秦広王《しんこうおう》にはじまり、二七日初江王《しょこうおう》、三七日宋帝王《そうたいおう》、四七日五官王《ごかんおう》、五七日閻羅王《えんらおう》、六七日変成王《へんじょうおう》、七七日大山王《たいざんおう》、百箇日平等王《びょうどうおう》、一年都市王《としおう》、三年五道転輪王《ごどうてんりんおう》に至る十度、十王《じゅうおう》に死者の罪業が裁かれ、未来の生処—地獄極楽が定められる、その節日であった。
彼岸にあって審判を受ける死者を現世から救済し、極楽の浄土に赴かせる術は現世の人々が篤く追善供養することにあった。物忌札を門前に樹つことは追善の一であり、葬家追善により死者への想いを示すものでもあった。節目は十度、したがって物忌札の樹立も十度である。しかし十度は七日ごとに七回、計四九日が等間隔の節目をもつのに対し、八度は四九日に一日を加えての倍の百箇日、九度は百箇日を倍して、さらに加えて一年、終度は一年を倍し一年を加えての三年である。

その時間は次第に距離を置く形になり、節目は異なる意義をもつに至るのである。時間を等間隔に区切る七七日までは死者追憶もきびしく、また強くあるべく社会的に規定される期間であり節目であるが、末遠く区切る三年の間は死者を間遠くおき、次第に忘却へ赴かせるための時間の区切りである。それだけに節目の意味は大きく、盛大な追善が施されるのである。

室町時代後半、十三仏の造像が盛行するが、この場合は節目をさらに間遠くし十三回、二十三回、三十三回忌と等間隔の忌日を設け、三十三年で死者を鬼籍《きせき》に送り他界のものとするのである。

等間隔の節目、不等間隔の節目は、それぞれに機能をもって存在するのである。存在を薄め、此岸《しがん》から次第に遠ざけていく思惟に不等の節目が採られ、此岸と等しくあるべしとする思惟には等間の節目が対応する。逆に盛大な送りの饗宴、供養追善は不等の節目ほど強く見られるのである。

呪句・呪符を墨書した「物忌札」は、そうした節目のあり方を語る貴重な遺物なのである。節目を形のごとく、常のごとく実修する、その行ないがまつりであり、まつりの姿が神事、仏事いずれの形をとろうとも、そこにはまじなひ世界——呪箇・呪言・呪文・呪句・呪歌・呪作・呪師といった姿で強く根づいているのである。

2 重々・顕・まじなひ

節目を設け、そのたびごとに形のごとくまじなひ世界が息づく。人生の推移、家族の運行がこうして保証され、安寧の想いが人や家族を包むのである。しかし、安寧が突然根底から崩壊する、そうした畏れに暗冥《あんみょう》の想いを抱く日があるのもまた人生である。

『経覚私要抄』文安《ぶんあん》四年（一四四七）三月二十九日条には「京都に奇恠《きかい》まことに多端《たたん》、先月十六七日頃、吉田神社に生首七八が置かれ、稲荷神社では先月十六日以降、二十日頃までの間に狐二十一疋が死んだと噂されている。不思議の事である。異国競い来るの時、狐多く死けり」とある記事は、経覚個人にはかかわらぬとしても、世情の騒然不安を招く異常であった。朝廷は奉幣使《ほうべいし》を発遣するなど鎮静つとめているが、これが個人であればどう対処するのであろうか。

同年六月、経覚は三日病《みっかやまい》に罹るが本復した翌日、進上された瓜俵《うりたわら》の中に虵《へび》—蛇がいたところから吉凶を気にしている。三日後訪宅した陰陽師幸徳井友幸《かでいともゆき》に事情を話し、善事なりとの説明をうけ安堵している。また宝徳《ほうとく》二年(一四五〇)十二月二日には、卓上の石ころびて軒に留る、下へは落ちずといった事件が起こり、やはり陰陽師幸徳井友幸に尋ねている。この時は口舌《こうぜつ》ならびに盗人の慎《つつしみ》ありとされている。身辺に起こる奇恠には素早い対応がなされているのである。

節目節目に正しくまつり、まじなひして保たれる正常・平安が一旦損じられる気配を生じた場合、陰陽師、呪師、験者《けんじゃ》などがその判断を下し、対処を示唆しているのである。流布する口舌口説《くぜつくせつ》を去る符、盗人を入れざる符として一例を掲げるが、経覚は友幸の指示でこの種の呪符を自室隅に貼るなり懐中していた可能性も強いのである。こうした呪符は予測される凶事、得るべく期する吉事に対応して複雑な呪符体系が編綴《へんてつ》され、呪符を信ずるものに安心の想い、安寧の確証を与えるのである。掲げた口舌呪符(図2参照)に見える天罡《てんこう》は北斗星であり、中世を彩る北斗信仰を如実に語るもの、諸災厄を攘災《じょうさい》する星宿《せいしゅく》として呪符中の主格を占めるものである。

一方の盗人符(図3参照)は、盗人を鬼と見立て鬼神祓《きしんはらえ》に

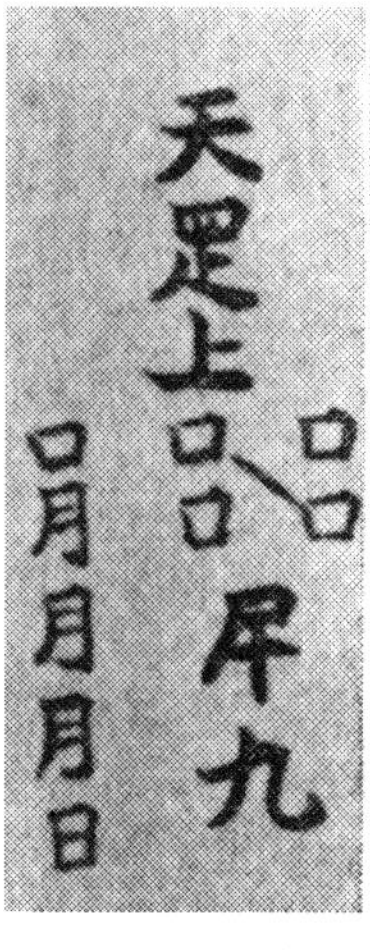

図2　口舌呪符

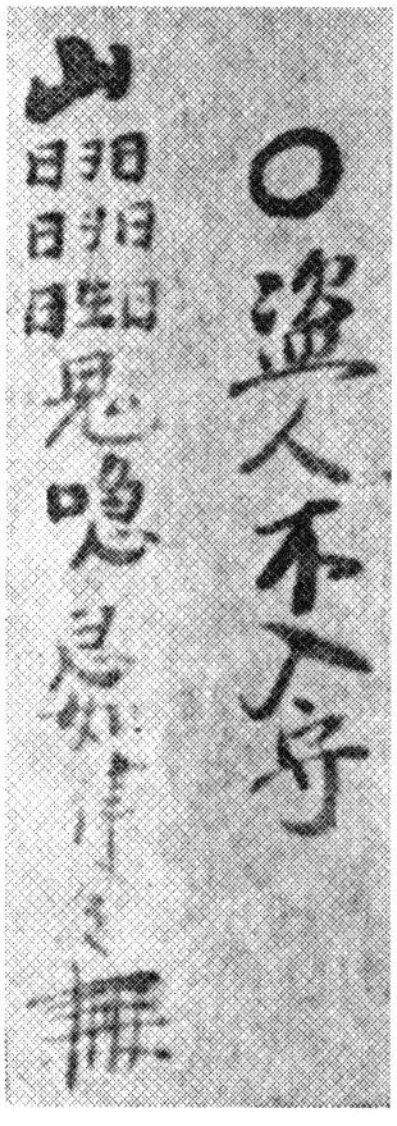

図3　盗人符

通ずる符を用いており、攘災される盗が鬼の指示によるものであることを示している。凶を攘《はら》うもの天罡星、凶として攘われるもの鬼といった二者が呪符を構成するのである。

凶事を、災疾《さいしつ》を攘うものの側には多くの神格がある。広島県草戸《くさど》千軒町《せんげんちょう》遺跡で発掘された天刑星《てんけいせい》呪符もその一である。天刑星は歳刑星《さいぎょうせい》であり木星とされる。行疫神《ぎょうえきしん》を酢に浸《ひた》して食する強力な神格として益田家本『地獄草紙《じごくそうし》』にすさまじい形相で描かれているのである。天罡星、天刑星といった星神は、わが国に呪符が導入された時点から卓越した神格として位置づけられて来た神格であるが、一方、注目すべき神格がある。

牛頭《ごず》天王、八将神《はちしょうじん》、八万四千六百五十四神王といった一群の神格がそれである。牛頭天王は先の『地獄草紙』では疫神そのものとされ、眷属《けんぞく》とともに天刑星に食される存在として描かれている。ところが岡山県助三畑《たすさんばた》遺跡では、牛頭天王符、元興寺極楽坊では八万四千六百五十四神王符が発掘されており、それが攘除《じょうじょ》されるものではなく、攘疫災《じょうえきさい》をなす神格として札書きされているのである。

天刑星に攘われる恐るべき行疫の根源神牛頭天王、その指示を得て急に疫疾をまく八万四千六百五十四神王、その畏怖すべき力が逆に利され、悪鬼・悪行を鎮めるものに転じているのである。悪界の棟梁が悪界を治めるだけに悪界を鎮めると思惟されているのである。

天刑星が室町時代、次第に衰退していく中で、牛頭天王は御子八将神——眷属八万四千六百五十四神王といった神統譜を整えて、呪符の世界に大きな位置を占めるに至るのである。負性の神格が強大な負の力により、正性の神格を凌駕——強大な負性を残しながら正性の神格——それも強大な神格を獲得していく姿がそこにはたどれるのである。

日蓮《にちれん》の著した『立正安国論《りっしょうあんこくろん》』の冒頭に、

近年より近日に至るまで天変、地天、飢饉、疫癘《えきれい》、遍《あまね》く天下に満ち広く地上に迸《とばし》る。牛馬巷《ちまた》に斃《たお》れ、骸骨路《がいこつみち》に、充《み》てり。然る間……七鬼神《しちきしん》の号を書して千門《せんもん》に押し、五大力《ごだいりき》の形を図して万戸《ばんこ》に懸け

といった状況が記されている。この七鬼神は夢多難鬼《むたなんき》、阿《あ》佉尼鬼《きゃにき》、尼佉尸鬼《にきゃしき》、阿佉那鬼《なき》、波羅《はら》尼鬼、阿昆羅鬼《あびらき》、波提《はだい》梨鬼《りき》を指し、本来は槌《つち》を持ち人に災苦《さいく》を与え、人の手足を食する鬼神であるが、その強大な力の故に牛頭天王同様、

疫災《えきさい》を司る鬼神となり、正に転ずる神格となるのである。

　このように見てくると、次に掲げる呪符に重要な意義を認めることは容易であろう。梵字は薬師如来の種子バイ、咄《とつ》天罡は天帝北斗―天罡星に命ずの意、したがって、この呪符は薬師如来、天罡星、牛頭天王、天刑星と強烈な力をもって疫疾災難を攘う神格をずらりと並べてその意の完遂を希う呪札（図4参照）が一であり、同様、薬師如来・十二神・天刑星・七鬼神の強大な神格で除災を希う呪札（図5参照）が二である。

　強大な神格を一神配するのみでは不安は消えず、なお憑《たの》む心根が揺れ動く、その心を透視した陰陽師、呪師、験者がこうした神格の重ね重ね、屋上屋を架する形で呪符に登場させるのである。神格の繁雑なまでの書き上げと共通する現象は、神格の数多い呼び降しにも見られる。元興寺極楽坊の屋根裏から発見された「夫婦和合祭文」や「夫婦離別祭文」には、

謹請東方和合青帝将軍、謹請南方和合赤帝将軍
謹請西方和合白帝将軍、謹請北方和合黒帝将軍
謹請中央和合黄帝将軍、謹請上方和合紫帝将軍
謹請下方和合緑帝将軍、（離別は和合と入れ替え）

といった九方の神格が謹請《きんぜい》されているのである。方角、和合、方色、帝名・将軍名と複雑に組み合わせ、重ね重ねして一神格を作り、しかも四方、中央・上下を神格化して全宇宙神となしているのである。一神に憑むは不安とする心根の隙をついて、整然としかも編綴《へんてつ》の妙を得た神格群が夫婦の離別・和合といった面にまで登場するのである。

　そこに見られる想いは、神名を数多く、しかも整然と並べ連ね顕然たるものとして組織し、願う者―悩み苦しむ者に安堵の想いを与えようとするあらわな思惟であり、また神格の重ね並べにより、おのが権威に一層の信憑性を与え、より悩む者に深くかかわろうとする呪師のあらわな心意が読みとれるのである。

図4（左）・図5（右）

大阪府高槻市阿久都《あくと》神社の南の一井から発掘された合《あわせ》蓋《ふた》の二枚の皿には一に天罡大神王、十二神王の名が、一に北方土公水神王《どこうすいじんおう》にはじまり南方、東方、西方、中央土公水神王の神名が書かれ、十二の封字を周縁に墨書している。呪符で見たように神格を見事に連ね、井鎮めのまつり―呪儀を実修しているのである。呪儀にあたって呪師は、東方青帝土公水神王など四方中央の神を謹請して呪意、祭文を語り、験を求めたに違いないのである。数々の神格を整然たる体系の中で生み出し編綴し、神統譜《じんとうふ》を作り、その名を連ねて謹請し、その働きを期してあらわに神名を据える、そうした神と呪師と人々の動きに「中世」の思惟がはっきりと読みとれるのである。

3　異形・鬼・まじなひ

中世、人々の平安、家族の安寧を破り不幸に陥れるものとして怨念、御霊《みたま》、鬼といった存在が考えられていた。屋上屋を架して神格が登場する原因も、こうした存在の強力な勢威があったからに他ならない。怨念、怨霊は生霊《いきりょう》、死霊《しりょう》の形をとり怨人《おんにん》につく。それだけに憑《つ》いた死霊を放す呪法といった体系が整備されている。日蓮宗では人形代《ひとかたしろ》（仏躰）を書き、これにさまよう死霊を移し入れるという。

人形代は一種の呪札である。その頭上に、

頭頂礼敬《ずちょうらいきょう》、草モ木モ仏ニナルト聞ク時ハ心アルミハタノモシキカナ、一切供養《いっさいくよう》、草モ木モ仏ニ成ト聞ク時ハ心アル身ハタノモシキカナ

と左右に書し放字を三字山形に配し、手足に文を書き、胸に妙法蓮華経《みょうほうれんげきょう》と記すという。

こうした人形代の呪札を六寸ほどの竹筒に封じ、筒上に「是人於仏道決定無有疑」の文などを年の数書き、病者の枕元に置き、十日もすれば辰《たつ》の時丑寅《うしとら》の方へ流せ、と説いている。

さまよう死霊に拠所―人形代を与えて竹筒に封じ、枕許にてなお、さすらう霊を集め、川へ流しやれば死霊は病者から離れ本復するとするのであり、古代の人形代の祓流し《はらえながし》にも通ずる呪儀が展開しているのである。狐などの憑依《ひょうい》する場合も似て、板上に九字《くじ》をきり下に犬狐、さらに下に犬字三字を横列する符を作り、この板上に病者の悩みをあて

爪先きに灸《きゅう》を据え、また狐字にも灸するというように、犬と灸により狐を放ち本復をはかるのである。

死霊・生霊などによる病は特殊であり、病の多くは鬼がとりつくと考えられている。したがって、呪符の世界は鬼の占拠するところとなっている。一例を挙げると瘧病《おこりやまい》を落す呪符としては、まず左手に「鬼鬼鬼」と山形に符を書き、下に「月鬼急々如律令」の句を、右手には同じ符の下に「日鬼急々如律令」の句を記した札を付し、足にもコヨリで「鬼急々如律令」としたためた呪札を結ぶべしと述べている。瘧病の根源たる鬼の動きを抑止するために鬼字にトムルの字を加え、左右の手、左右の足に結びとめて、身中の鬼を放そうとしているのである。攘われるものとしての鬼のあり方をよく示すものである。

最近、広島県尾道遺跡でも興味ある呪札が顕現している。頭に呪字一字を置き、三列三字永字を書いて一線を画し、下に三列三字火字を配し、下に三列二字鬼字を連ね、下に「急々如律令天罡八万四千神王」と一気に記した札がそれである。天罡星、八万四千神王の存在から疫疾にかかる呪符と考えられるが、鬼字がやはりそこには見られるのである。まじなひ、呪符・呪歌・呪作は主として鬼の世界に対応するものとして存在の意義をもつのである。

ところで、鬼は呪符の上では分化することなく常に「鬼」字で表現されている。牛頭天王や八将神、七鬼神が早く鬼界から神界へその位置を動かしたことによるのであろう。鬼は単に鬼として在るのである。現実の思惟では、鬼は一ではなく、多くの異態のものの集合であった。『餓《が》鬼草紙《きそうし》』に描かれる餓鬼、『融通念仏縁起《ゆうずうねんぶつえんぎ》』や『不動利益《ふどうりやく》縁起《えんぎ》』に見える異態、異形のものも、鬼界の存在であった。個性としては未分化であり、呪札の世界では「鬼」として一括されるものの、その形姿においては実に多様な異形・異態を示すのである。

角《つの》あるもの、猿顔のもの、六目、蓬髪《ほうはつ》、およそこの世の中の穢、醜、奇、異とされる姿形が「鬼」に与えられているのである。畏怖、恐怖の想いを超えて滑稽に近い想いを抱かせる「鬼」もそこには加わっているのである。「鬼」は恐るべきもの、遠ざけるべきものであったが、中世ではまた「鬼」は異常に人に近く、人になれ親しんでいたのである。

正常と異常の侵犯が輪廻してこの世を構成し、俗の日と聖の日の侵犯が輪廻すべき一年を作り、俗なる信仰深き人々の間を聖なる宗教者が侵犯して現世がなりたち、労働と実直の世界を遊びと放逸の世界が侵犯し、その据えられるべき瞬時の位置を求める。そうした両者の動きが極めて活潑であった。その時代こそ「中世」であった。

現実に元興寺極楽坊の屋根裏から見出された折本法華経の紙背《しはい》には、数多くの異態・異様の「もの」が落書きされている。絵師の描く鬼とは異なり、筆においては拙い。しかし、彼らにとっては遥かな想念の世界にある鬼ではなく、自信をもって一気に筆を走らせる実像としての鬼を描いているのである。中世、鬼は人となれ親しみ、人もまた怖れ、穢らわしく想いつつも、左右のものとしてその「存在」を近づけていたのである。

鬼は鬼界、魔界にあるもの。人界に出没し人界に寄りくるものであるが、魔界そのものが人界の一画、時には接し隣して存在するだけに、その往来は激しい。しかし鬼は常に排除すべきもの、寄せつけざるものとして存在したのである。異態・異観は忌避する心根の根源を示すものである。近くにありとは言うものの、常に遠ざけてありたい「鬼」だけに、その攘避《はらひ》にも多様さが生ずる。

陰陽師を介して排除するといった一般的な法もあるが、「遊び」による鬼の忌避もまた根強い。最近、広島県草戸千軒町遺跡では応永年間に属するかとされる層から羽子板の発掘が相ついでいる。文献上の初見『看聞日記《かんもんにっき》』永享年間をさかのぼる実例である。中世羽子、羽子板は、胡鬼子《こきこ》、胡鬼板《こきいた》と訓ぜられている。胡鬼は遥か西方、胡国の鬼である。外つ国より寄り来たる異力の鬼の子である。その勢威はげしく多くの災・病を撒くだけに、怖れは邦鬼《くにのおに》以上のものがあったのであろう。胡飲酒《こんじゅ》、酔胡王従《すいおうじゅう》が舞楽《ぶがく》に長く息づくのも、胡鬼の一つと見なされたからであろう。

「羽根つき」は遊びであり、遊戯である。しかし、その原意に「胡鬼」が身につくのを厭《いと》い、他に帰そうといった呪意が横溢し、胡鬼の払いやり、たたき出しを願う想いが流れているのである。正月修正《しゅじょう》の後、羽子つきがなされ、時には左義杖《さぎちょう》と同時に燃《も》されるのもそうした遊びの根底に呪儀としての意がたどれるからであろう。正月になされる毬杖《ぎっちょう》(打)もまた同じである。長い柄の杖で叩く毬は、実は鬼の頭、鬼の目と重さね解されているのである。鬼を叩く、羽子板と同じ想い、同じ呪儀としての遊びが正月を通じて息づいているのである。

『三国相伝《さんごくそうでん》陰陽《おんよう》輨轄《かんかつ》簠簋《ほき》内伝《ないでん》金烏《きんう》玉兎集《ぎょくとしゅう》』(作者不詳の陰陽師秘伝書)には、

正月一日の赤白《せきはく》の鏡餅は巨丹《こたん》が骨肉《こつにく》、三月三日の蓬莱《ほうらい》の草餅《くさもち》は巨丹の皮膚《ひふ》、五月五日の菖蒲《あやめ》の結粽《ゆうちまき》は巨丹の鬢髪《びんぱつ》、七月七日の小麦の索麵《さくめん》は巨丹の頭、九月九日の黄菊《こうぎく》の酒水《しゅすい》は巨丹が血脈、総じて蹴鞠《けまり》は頭、的は眼。

とあり、牛頭天王に退治された巨悪の鬼、巨丹将来《こたんしょうらい》の身体の各部をそれぞれの節目の呪祭《じゅさい》に食し、その食を通じて鬼を攘い、鬼を遠ざけようとするのである。この五節節目は、呪儀の日であるとともに、遊び、遊宴の日であった。それだけに鬼を恐れ、鬼を遠ざける平常の想いは、鬼を打ち、鬼を食らう異常の日の想いによって甦《よみがえ》り、平常へ回帰するのである。

異常と正常の輪廻、正常へ働きかける異常の強さの中に中世が見えるのである。

Ⅱ　呪符と呪儀

触穢札と神事札と

穢れに穢れるおぞましさとそのひろがる勢いへの怖れ、神まつりする清々しさとそのさやけさの維持、こうした二つの気持ちの揺れ動きを語るものに触穢《しょくえ》札と神事札がある。この二種の札の世界を通して人々の想いを垣間見ることができればとの稿が本稿である。

まず、触穢の札から見ていくこととしよう。触穢札がどのような形をもち、どれほどの寸法をもつのか、記録はまったく語らない。しかし、札に記された文面だけはわかる。『園太暦《えんたいりゃく》』の貞和《じょうわ》四年(一三四八)十月五日の記事からわかる。この日、南庭の東頭の木柴のもとで生首が見つかり大騒ぎとなった。結果、七日間の穢れだとされ、触穢札がたてられた。この札の表に「自今日七ケ日穢也、貞和四年十月五日」としたためられたことが記しとどめられているのである。札は樹てられることによって穢れを生じた場を標示し、札文が穢れの期間を表示しているのである。

この場合、穢れの発現は人の生首にある。想えば、古代から中世、死人は各地の山野河川に打ち捨てられた。葬《ほうむ》りは放《ほう》りであり棄《す》てであった。それだけに遺骸や遺体は随所に数多く散乱し、したがって犬や鳥、小児や物狂いの人々によって、このように家宅や屋敷、村々や街々、社祠や皇居にまでくわえこまれ、運びこまれるのである。実にしばしばの事例が各書に記しのこされているのである。かような事態はまことに忌むべきことであり、おぞましいことであるだけに、とくに「五体不具」と呼んで種々の対応策がとられてきている。

『法曹至要抄《ほっそうしようしょう》』には死人の上半身なり下半身が運びこま

れたり、全身分の火葬骨が持ちこまれた場合は、三十日の穢れ、死者の頭、手、足など身体から離れバラバラでくわえこまれたり、火葬骨の一部が持ち運ばれた場合は七日間の穢れとする、と規定している。生首のみが持ちこまれた『園太暦』の記事が、こうした規定の後者、七日間の穢れの一例であることは言うまでもなかろう。

三十日間の触穢については『日本紀略《にほんきりやく》』に天暦《てんりやく》元年(九四七)二月四日、左近衛府《さこのえふ》少将曹司《しょうじょうぞうし》に犬が死人の頭・肩・片手のつづく遺体をくわえて来たため、左近衛府に「卅日穢札」を樹てたと記されており、規定にみる上半身の触穢として取り扱われていることがわかる。おそらく、触穢札の表には七ケ日触穢札と同様「自今日卅ケ日穢也、天暦元年二月四日」という札文がしたためられて、左近衛府門に樹てられていたに違いないのである。

こうした触穢札は、単に「五体不具」の穢れだけに用いられるのではなく、死穢《しえ》にあたっても、また犬など生きものの死や産穢《さんえ》にあたっても立てられている。『禁秘抄《きんぴしょう》』には、康保《こうほう》元年(九六四)、弘徽殿《こきでん》前の橋下で小犬の死があり、諸陣に仰せて触穢札を立てたという記事がある。また『本朝世紀《ほんちょうせいき》』には天慶《てんぎょう》八年(九四五)八月四日、内裏《だいり》で犬産の穢れがあり諸陣に札を立つといった記述もその間の実際を伝えている。触穢札は人の死や五体不具、生きものの死や五体不具、産穢だけでなく、殺人穢、改葬穢、発墓穢、傷胎穢、胞衣穢、妊者穢といった諸穢にも時に応じ、事態によってこうした触穢札―七ケ日穢札、三十ケ日穢札が立てられていったものと考えられるのである。

ところで、ここに注目すべき一つの記事を掲げよう。先ほど記した『日本紀略』につづく文がそれである。天暦元年(九四七)二月四日、左近衛府少将曹司に犬が人の上半身をくわえこんだため、同府が三十日間の触穢札を立て、禁忌の日々を送っていたところ、御修法《みしほ》所の童《わらわ》が触穢札に気づかず左近衛府に入り同府の井水を汲み、その水を内裏で用いるという事態が起こった。触穢札に気づかず、触穢の話題も知らない童の存在もおもしろいが、そこが童の童たる由縁であろう。結局、手足や頭をくわえこむ犬と同様、新しい地に穢気《えげ》をまきちらす結果となったのである。穢気の伝染拡大を語る興味深い一話であると言えよう。

この触穢の場合、一方では三十ケ日触穢札が、一方では七ケ日触穢札が用いられることとなり、穢れをめぐる複雑な世界の一端がうかがえるのである。

こうした触穢札の働きは、以上の諸事例から十分にこれを汲みとることができるが、端的にその性格を語るのは『日本三代実録』の次の記事である。

仁和《にんな》二年(八八六)九月十二日、ちょうどこの日は伊勢大神宮に奉幣使《ほうべいし》を遣わすこととなっており、そのために光孝《こう》天皇は大極殿《だいごくでん》に出御《しゅつぎょ》なさろうとしたが乗車が出る直前、画所《えどころ》に犬の死体のあったことが奏聞《そうもん》された。早速太政大臣、諸公卿が協議、結果、画所が宮内《くない》左右衛門陣内にあるため、もし奉幣の神事を行なうならば諸司に穢れが拡がるであろうから神事は中止、衛門陣に触穢札を立てて穢れを告示するという処置をとったと述べている。この時の一文には触穢札について、

告知事由不聴出入、為潔禁中也、

とあり、触穢札の機能が触穢の事を広く告知させて出入りを禁じ、もって禁中の清浄をはかることにあるのを示している。画所のある衛門の陣内に触穢をとどめ、禁中を穢気から護り、宮外へ穢気が伝染しひろがり天下触穢となることを防ぐ、そうした目的の標示として触穢札が息づくものであることを語っているのである。したがって、触穢札は人々の往来を禁じ、札より内なる穢気が他に出ずることのないよう標示することに機能があったといえるのである。

たとえば『康富記《やすとみき》』には、享徳《きょうとく》三年(一四五四)一月二十四日、北野社の社頭にて北野塔勧進僧が弟子に殺害されて死穢を生じた。社ではこれを沙汰せず、翌二十五日以来、穢気の生じていることを知らぬ群集が参詣、一方、社頭での触穢のことが露顕し、天下触穢の大事となったと記し、「希代の珍事也」と所感を書き、諸社の祭りが中止延引されることとなったと記しとどめている。

この記事の中で北野社が「不及沙汰」とある沙汰こそ、死穢を生じた事由を朝廷に報告すること、触穢札を立て参詣往来を禁ずることであったことは言うまでもないところであろう。そうした沙汰を慣例通り実施していたならば天下触穢の大事に至らず、諸社にも祭礼延引といった影響を与えることはなかったのである。触穢を極度におそれる社会では触穢札の果たす役割は極めて大きかったといえるであろう。

触穢札には、述べてきたように三十ケ日触穢の札と七ケ日触穢の札の二種が見られた。穢気の強弱、種別による相違であるが、こうした三十日、七日の期間を経過すると触穢札はその機能を果たしたこととなるのである。

『侍中群要《じちゅうぐんよう》』には、宮中触穢の事と題して、「左右兵衛靫負《ゆげい》などに仰せて触穢札を立てしむ。日限満ち了ればこれを抜却す」とあり、触穢札が抜き取られることを記している。抜き取る瞬間までが穢気の空間・時間であるが、抜かれた瞬間、日常の空間・時間に回帰するのである。触穢札は立てることに意義をもつとともに、一方では引き抜かれることにも重要な意味をもっていたということができるのである。

触穢の日を明示して立て、その穢気の期間を表記して往来を禁ずることの趣旨がここに明瞭となるのである。こうした触穢札と関連して『太神宮諸雑事記《だいじんぐうしょぞうじき》』の語るところを絡みあわせると、次のような興味深い一つのシーンが描かれる。

応和《おうわ》二年(一一〇〇)八月、太神宮斎宮南門《さいぐうなんもん》御階《みはし》下に髑髏《どくろ》を投げこむ者があって触穢、七ケ日触穢ということで寮官が穢気札(触穢札)を立て、寮人の往反を禁じ、斎内親王《さいないしんのう》も離宮院《りきゅういん》に留まるといった事態となったが、七日を過ぎた二十二日、祓い清めして二宮に参宮されたと記されている。触穢札を抜き去るだけではなく、祓い清めという一つの行為がそこには見られるのである。触穢札を抜き去る、そののち、身に染みついた穢気、大地に浸みこんだ穢気の完璧な除去を願い、また異常を平常にかえすために祓い清めるという丁重な手続きがとられているのである。

このように触穢札をデザインすると、一方で想起される札として神事札の世界があがってくる。神事札も、またその形状、その寸法を語る記録をもたない。しかし、その札の表に記されたであろう札文はこれを『玉海《ぎょっかい》』の記事から読みとることができる。嘉応《かおう》二年(一一七〇)二月五日条に、今日より神事簡(札)を立つと記し、その後に「自今日忌僧尼重軽服人并月水女等也」という一文がつづき、さらに別屋に月水の女性が住まうこと、強くはこれを忌まずといったことが記しとどめられているのである。おそらく、この一文が札文を語ると見てよいであろう。

新しい史料ではあるが『南嶺遺稿《なんれいいこう》』には「神事札は神事

也、僧尼重軽服不可有来入也と有、摂家方には不可参と有、甘露寺親長卿記に、古事は也の字書ず、中古より也の字と有、是は也の字書ざるがよき也、」と見えることも注目すべきことであろう。しかし、『玉海』の札文では神事という札の主意が欠け、『南嶺遺稿』の札文では出入りの禁じられる範囲が狭い。加えて両文ともに神事の期間の明示がなされていないという不十分さがある。意は通じるとしても現実の札文としてはなお問題ののこる文面といえよう。

ここに登場してくる史料は『治承《じしょう》元年公卿勅使記』の記載である。そこには伊勢神宮への公卿勅使発遣にあたり、家門に札を立て、

自今日至来月十日、僧尼重軽服并不浄之輩不可参入
治承元年
八月十三日

と銘したことが記されているのである。この場合、勅使として選任されたための立札であるから、神事也の句を欠くのであろう。したがって一般の例としては十日と僧尼の句の間に「神事也」の句を挿入すればよいであろう。同様の内容は『上卿《しょうけい》故實《こじつ》』の中にも、より詳細な、

其儀僧尼重軽服輩月水女当月妊者鹿食者赤痢病血気者参詣彿寺者逢火災者不可来

という一文があり、神事札に銘すべき内容をよく伝えているのである。

この『上卿故實』の一書は、神事札の性格をうかがう上では最も重要な史料といえよう。まず、諸社奉幣の上卿使は、前日神事を始め札を立つと記し、札を立つの言葉に注して、「催を蒙るの日より憚りある輩を禁断す、但し仏経を他屋に渡すには及ばず、使者に状を頷せしめて後、神事を始む」を述べ、上卿が奉幣使に任ぜられる書状を受けた日に神事が始まり、神事札が立てられると述べる。神事札が憚りある輩の往来を禁ずる趣旨に出るもの、その標示であることを示しているのである。

書中ではこの一文につづいて前記の憚りある者をあげ、それぞれに注を付けている。たとえば、僧尼については「外つ人入り来たるべからず、但し書状は憚りなし。去りがたき人とは別屋にて対面すべし。日頃朝夕召し仕う尼、入道などさらにこれを憚らず」と注し、また月水女には「妻室の庇に居る。一屋の内といえども注連を引く。対面はこれ憚からず。去りがたき人小児の乳は別棟の室に候し

て与うべし、この外は退出すべし。皆七ケ日の間なり」というように注し、憚りある者の範囲、性格を詳細に規定しているのである。

こうした内容を概観すると、神事に影響を与えるもの、神事札で入り来たることを禁じられるものが仏事にかかわる者と触穢中の者であることが明瞭に読みとれるであろう。神事にとって仏事は避けるべきものと見なされ、神事過穢をも忌み、これも避けるべきものとするのである。

神事札を立てている間、主人たる者は仏閣に臨まず、産所に向わず、念誦せず、腰護りを撤し、仏経を別の屋に渡すという厳しい仏事の忌避のあることが続いて記されている。一方、女犯は使にたつ二日前から禁ぜられるとも述べている。より来る者だけでなく籠り聖性を獲得する者自身の行動にも同様、仏事、触穢にかかわる行為の禁止が課せられているのである。神事札による結界の二義性がよく理解できるであろう。

こうしたあり方の徹底した姿を示すのは『左経記《さけいき》』の長元《ちょうげん》四年(一〇三一)八月十七日の条である。この記では伊勢奉幣使の奉仕に当たり、本所(居宅)で斎《とき》するには、邸内に堂を建て僧尼、経論《きょうろん》を安んじているため、これを移し運ぶ煩いが大きい。したがって、自分一人が身体を他所に運ぶこととする。といった仏事の徹底した忌避がのべられている。したがって神事札は邸宅の家門だけではなく、里亭《りてい》なり他家の門前にも立てられるのである。神事と仏事、神聖と触穢の関係を見事に示す史料と言えるであろう。

ところで『雅實公記《まさみこうき》』長治《ちょうじ》二年(一一〇五)八月三日の記事は、神事札の周囲を説明して余りある記述である。二日に伊勢使についての議があり、三日奉仕が決まると直ちに潔斎のために退出し家門に神事札を立てると記し、続いて蔵人弁《くろうどのべん》為隆《ためたか》の宅を精進所とし移り住み、沐浴《もくよく》解除したのち犬禦、ならびに神事札を家門に立てたと述べている。以後、十一日まで十日の一日を除いて、毎日河原に臨んで祓えを修し、沐浴を繰り返しているのである。

精進所を設けること、修祓《しゅばつ》、沐浴の実修といった自らの精進潔斎と神事札、犬禦を立てるといった穢気の寄り来たるを防ぐ行為で神事札の世界がなりたっているのである。神事札が神事を保するための札ではなく、神事に具えてひたすら精進する者の潔斎に主眼をおく札であることも、この記事は鮮やかに物語っているのである。

加えてこの記事では犬禦といった興味ぶかい施設が書き留められている。生首や牛足といった五体不具の穢れをもちこむもの、また人に最も近く、人の傍らにしばしば、産穢なり死穢をもたらすものとしての犬、神事にそなえて潔斎する場にこうした触穢の怖れをもちこむ犬を禦《ふせ》ぐものとしての「犬禦」なのである。「僧尼重軽服月水女不浄輩」といった人の世界の穢れだけでなく、けものとして、神事札を読みえない世界の備えとして、こうした「禦ぎ」の施設が登場してくるのである。

触穢札と神事札は、穢れの場を封じて結界し、往来を禁じて穢気の遍満を防ぐといった動きをもつ触穢札、聖性を獲得する場を封じて結界し、穢気を絶ち、対構造にある仏事を禁ずるといった動きをもつ神事札の世界である。結界して内なる穢れを封ずる手法と、内なる聖性を守護する手法の対比がそこには見られるのである。古代から中世へと流れる結界の思惟と、その対応の整備を語るものがこうした札であるといえよう。

札は札だけで息づくものではない。注連縄の存在、犬禦の施設、宅移り、修祓、沐浴、こうした多くのものに取まかれて結界の世界が彩られているのである。内なる世界に穢れを閉封する心は外なる者の安堵の心根と対応し、穢れ充満する外なる世界を封じて内なる聖に安堵の心根を与え対応させる、そうした機能をもつものが触穢札と神事札の世界であったと言うことができよう。おぞましさとすがすがしさ、この二つの心根の間にあって成立してくるものこそ、この二種の呪札であったと言えよう。

鬼神と人とその動き—招福除災のまじなひに

本稿では、災いを攘《はら》い福を招く、そうしたまじなひ世界を中心に、中世を生きた人々と鬼神をめぐる想い、祈りを垣間見たいと思います。

まじなひ世界の研究はほとんどなされておりませんから、ここに、私の意のあるところを記しましてご批判、ご教示を得たいと思います。

1　鬼字のいろいろ—鬼の分化に

昭和三十七・八年、新潟県にございます著名な庄園、奥山庄《おくやまのしょう》の調査が行なわれましたが、その際、中条町の江《え》上《がみ》館跡の発掘調査が実施されました。その成果は昭和五十二年、中条町教育委員会から報告書『江上館跡』として公刊されました。私はこの報告書をひもときまして、非常な驚きを覚えました。そこには「鬼」という文字とは少し趣きの違う「⿱甶儿」という文字をしたためました一つの小土器片の写真が掲載されていたからであります。

もちろん、私も古い教育を受けた人間ですから、むつかしい「魑魅魍魎《ちみもうりょう》」といった文字も知っております。しかし「⿱甶儿」字は平常余りなじみがない、記憶にない文字でありました。早速、架蔵しております呪法書—まじなひの本を繰りました。確か「鬼」字の「ム」を他の字で変換して字を作り出す、そうした例が数多く見られることを承知していたからであります。

開きました一冊、『中山御符秘抄』、その上巻に、

⿱甶儿、呪詛返又ハ人留ニ、亦中能ナルニ用

といった一文を見出しました。続けて、その下巻に、

䰰、呪詛返ヨクナル、䰰、人ノ口ヲトムルトキ、

䰰、離別

といった文のあることもわかりました。何と発音するべきか、その実際はわかりませんが、この「䰰」字を用いる目的、䰰字の用途はここに明確となったわけであります。

上巻、下巻、その間に若干、語感の違いが見られますが、要するに「呪詛を返して良くなることを願い」、「人留め―人の口、人の足を留め封じることを祈る」、時には「人をして和合、離別させんことを謀る」、そうした時に用いるまじなひの文字―呪字であることを知りえたのであります。

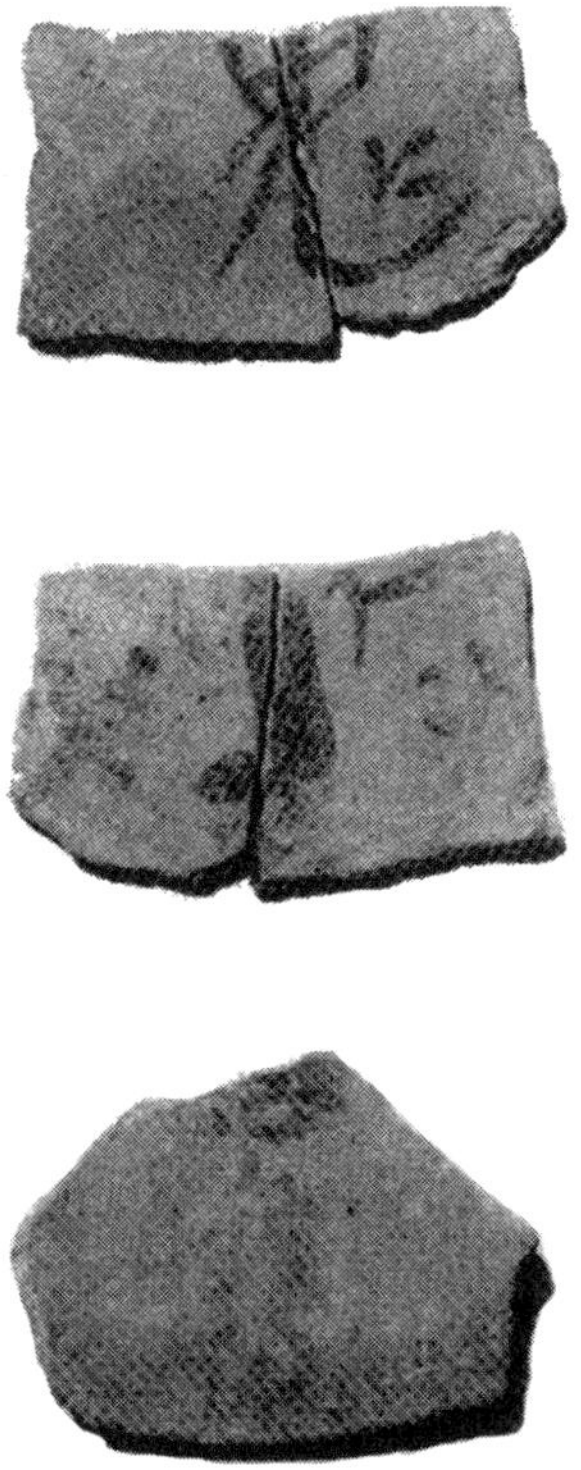

図1　江上館出土の小土器片

たとえば『法華経秘法』と題する一書を見ますと、「口留咒」として、中央に「南無妙法蓮華経・日蓮在判」としたため、右側に「波婆可鼻真言・鬼子母神」、左側に「南天竺宝塔中、十羅刹女」と記し、在判下に「口則閉塞」と書くまじなひを掲げております。この札には「誦ハ十羅刹女口則閉塞ト可留」と注がつけられていますので、「十羅刹女、口則閉塞、留ム可シ」と誦する呪儀が伴っていたことを知ることができます。

こうした「口則チ閉塞セシメヨ、留ム可シ」という誦句を目の前にしますと、「䰰」字の口を容れる意味がよくわかるかと想います。口を封じることを本義としまして、人留、呪詛返、和合離別といった諸方面に効用が及ぶと考えてよいのであります。

ところで、改めてこの江上館発見の小土器片―坏形土器の反面を見ますと興味ぶかい墨描きがたどれます。中央に

大きく太く描かれた足を想わせる絵がありまして、左に「神」字、右に「人留」の二字がのこされているのであります。

この絵の足、「人留」の文字はまさに『中山御符秘抄』の語る「鬼」字の効用―人留と鮮やかに一致するのであります。したがいまして、この江上館で往時、人留の呪儀がとり行なわれたことが判明してくるのであります。

それだけではありません。この坏形土器片と共に見出されました、いま一片の坏形土器片には「急々如律令」の句が墨書されています。この句は「速やかに正常に還れ」、「速やかに鬼よ去れ」といった意味をもつ呪句であります。この二点の土器が蓋《ふた》と身として口を合わせて結び合わせられていたと考えることもまた可能かと存じます。

いずれにしましても、おそらく不測の事故なり災いがありまして、「人留―口留・足留」の呪儀を実修し、その攘災を願っていると見てよい、そのように思うのであります。

こうした二つの土器は、江上館の中枢、土塁の西南隅積土下、言い換えますと館の裏鬼門に埋められていたということであります。館の邸宅内で呪儀をとり行ないましたのち、こうした裏鬼門に呪坏を埋めたと考えてよいのでありましょう。いずれにしましても、人留―足留・口留・走人留―の呪儀であり、鬼の足、鬼の口、鬼のわたらいを封じよう、ひいては鬼が発動する呪詛を還そう、鬼がなす和合離別への動きを留め止めさせようとする、そうした内容の呪儀であったと見てよいでありましょう。鬼を封じその力を抑止させようとする、そうした心根にもとづく「まじなひ」なのであります。

「鬼」字を墨書しました一枚の坏、その語るところは、中世、こうしたまじなひ世界が人々の間に深く浸透し、息づいていたことを物語る意味で極めて重要な役割を果たすのであります。しかし、「鬼」字のもつ意義はそれに留まらないのであります。実は『中山御符秘抄』には、こうした鬼字の変換例が数多く見られ、中世、この種の呪字が広く多用されていたことを私どもに教えてくれるのでありす。

たとえば、下巻には「鬼之字大事」と題しまして、三段各七字、計二一字を次のように掲げております(図2)。

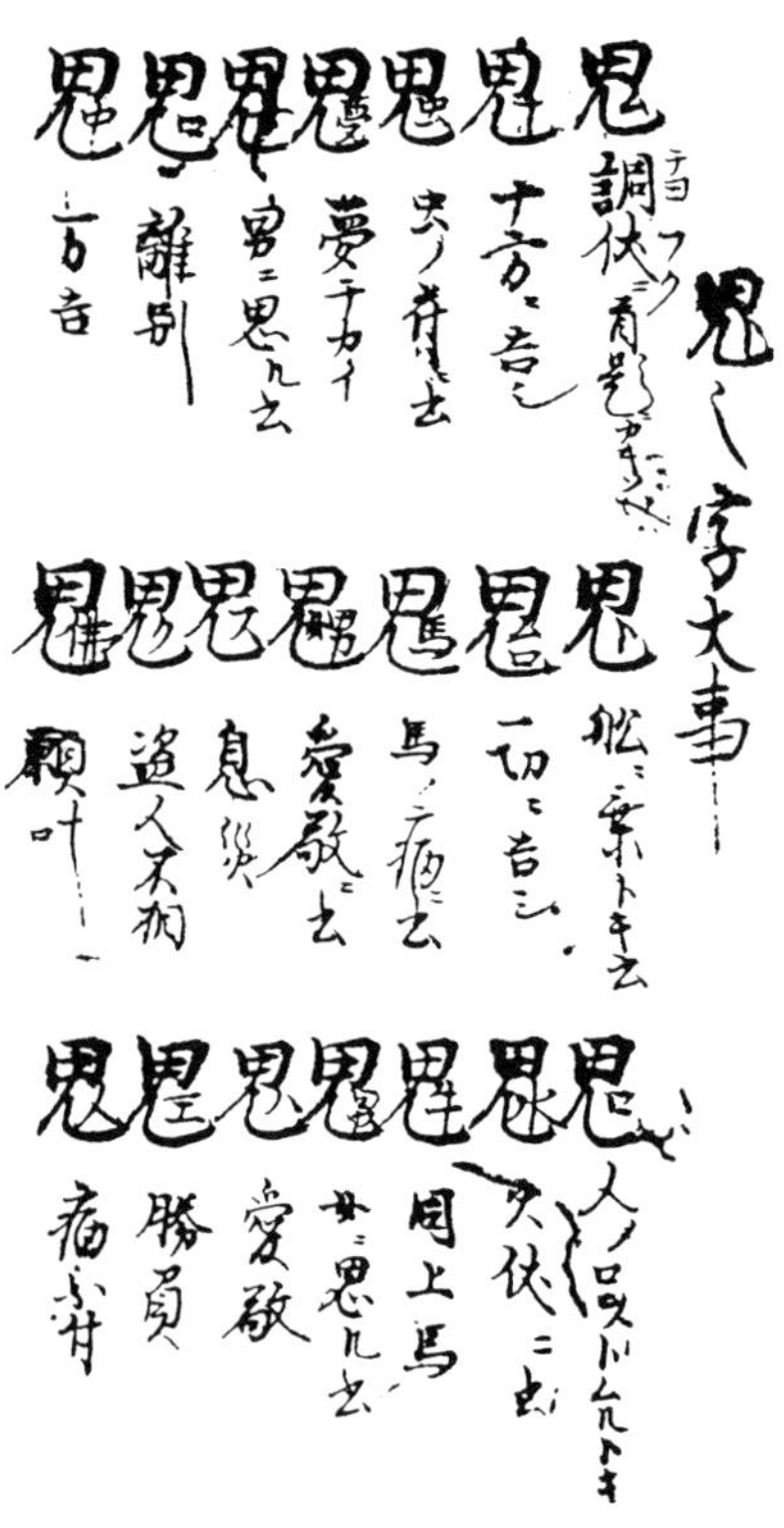

図2

私たちがオニと読んでいます「鬼」字は、この中では、鬼の調伏《ちょうぶく》を願う時に用いる呪字であると述べております。一家の息災、自からの息災を願う時には「⿺鬼ス」字を用いる、愛敬を願う時には「⿺鬼心」字を用いるというように、なにゆえス・ハに変換すれば息災、愛敬に連なる呪字になるのか、その辺りはまだよくわからぬ一面がございます。しかし、「⿺鬼水」字が火伏に用いる呪字だという説明を見ますと、火災は鬼がもたらすもの、したがって火伏するには鬼水がよいといった発想で「⿺鬼水」字が誕生している、といった経緯が読みとれるのであります。

「⿺鬼馬」、「⿺鬼夢」といった鬼字がそれぞれの馬の病、夢違いに用いるといった注は、ズバリ書かれた馬なり夢とかかわりあうだけに、実にわかりやすい鬼字といえるのであります。こうした鬼字は同書の上巻になお数多く記されています。中世の人々が、このようにたくさんの鬼字を生み出した、創り出したことは極めて注目すべき現象ではないか、と私は考えるのであります。

こうした鬼字をよく見ますと、種々の用途があり、調伏に始まり船に乗る時、人の口留、火伏、虫、牛馬の病、夢見、愛敬、息災、勝負…と、まことに細かく人生、社会の全般にわたって用いられていることが読みとれるのであります。今日、病気に対応して種々の薬が存在しますように、生活全般にこと詳細に呪字—鬼字が対応していたと見てよいのであります。病気と同様、社会の幸・不幸、人の幸・不幸をもたらすのは「鬼」であると考えられ、鬼とかかわりあう中で社会生活が営まれていたと言ってもよいでありましょう。

2　八万四千六百五十四神王呪符

鬼の動きに対応して数多くの鬼字の誕生している様子を述べましたが、こうした鬼字の中にも興味ぶかい資料があります。『法華経秘法』には、図3の呪符が記されております。同書には「瘧落ル咒」とありますように、瘧病《おこりやみ》に用いる符であります。左手には「⿺鬼ト ⿺鬼ム ⿺鬼ル月急々如律令」、右手には「⿺鬼ト ⿺鬼ム ⿺鬼ル日鬼急々如律令」と書くように指示しているものと見てよいかと思います。注目されるのは、⿺鬼ト ⿺鬼ム ⿺鬼ルの三鬼字であります。まさに「ト・ム・ル」とありまして、鬼の動き—瘧病を止むる意が率直に表現されているのであります。呪法書中には再三再四見られる表現ですが、鬼字の用法を語り得て妙というべきであります。

図3

図4

ところで、昭和三十六年、私は奈良市中院町にあります元興寺極楽坊境内の発掘調査を担当いたしましたが、その際、重要な一点の木札を発見いたしました。

図4に掲げましたように、八万四千六百五十四神王といった文字が明瞭に読みとれる札であります。厖大な数字の意味するところ、いかなる性格の神王であるかが問われるのであります。注意いたしておりましたところ、たまたま嘱目《しょくもく》いたしました『本朝怪談《ほんちょうかいだん》故事《こじ》』の中に、

案ルニ祇園牛頭天王ハ又ハ感神院ト号ス。洛ノ東山ニアリ。御輿ハ三社也。素盛鳴尊ト、八王子ト、稲田姫ト也。『祇園縁起』ニ曰、「天竺ノ北ニ国アリ。九相ト名ク。其国ノ王ヲ牛頭天王ト云フ。又ハ武塔天神トモ云。則、八王子

ヲ生ズ。是ハ八将神ト云。其眷属八萬四千六百五十四
　神アリト。
といった記事がありまして、その不審が解けたのでありま
す。『続群書類従』に収められています『祇園牛頭天王縁起《ぎおんごずてんのうえんぎ》』にも、確かに「南無大悲牛頭天王、武塔神婆利采女八大王子…各々八萬四千六百五十四神等眷属守護」とありまして、この八萬四千六百五十四神王が牛頭天王の眷属たる神王を指す言葉であることを知りえたのであります。

　こうしたことは荒神にも見られます。先の札を発見いたしました元興寺極楽坊には有名な『荒神和讃《こうじんわさん》』が遺されていますが、その末尾に荒神の眷属として、実に九億十四萬三千七□□□□□□《（百九十二神王）》のあることが記されています。中近世を彩る牛頭天王、荒神、そのもとにあって働く眷属として、こうした尨大な神王が組織だてられて息づいていたのであります。ところで、この八万四千六百五十四神王―牛頭天王の眷属の機能を考えますときには、どうしても牛頭天王について語らねばなりません。

　先ほどの『祇園牛頭天王縁起』などの説くところによりますと、牛頭天王が婆梨采女《はりさいじょ》を后としたいと思い尋ね行く途時、日暮れてやむなく巨端《こたん》将来に宿飯を需《もと》めたところ、巨端将来は肯《がえん》ぜず、憤怒した天王は貧者蘇民将来に宿飯を需める。蘇民将来は丁重にもてなし天王は喜びつつ旅に出る。帰途、牛頭天王は蘇民将来に福を授け、巨端将来を討たんとする意を告げる。蘇民将来は娘が巨端将来のもとで使役されていることを述べて助命を願う。天王は「蘇民将来之子孫也」といった符を与え、この符を佩《お》びる者は救わんと告げ、巨端の宅を囲む。ここで八万四千六百五十四神王が出番となるのであります。

　天王の意を知った巨端将来は鉄壁の囲い、千人の法師を請じて読経し、一歩だに内に入れじと対応するのでありますが、隻目の一法師が飽満飯酒の故あって酔眼、ついに経を読みえずという事態になり、八万四千六百五十四神王はその虚をついて乱入し、蘇民将来の娘を救い、ついに巨端将来を滅すという筋書であります。この話は八万四千六百五十四神王が牛頭天王の意をうけ、指示を得て動く様子を見事に語り得ているのであります。

　牛頭天王は京都祇園感神院《かんじんいん》に祀られる神であります。天王の下に八人の王子―八王子(将神)があり、その輩下眷属

として八万四千六百五十四神王が位置づけられているのであります。きちんとした神統譜《しんとうふ》、組織がそこに設けられているのであります。武士・土豪などに見られた兵事組織にも似た組織観がたどれるのであります。したがいまして、元興寺極楽坊の木札は、牛頭天王や八将神(八王子)にとどまらず、眷属たる八万四千六百五十四神王までも符に託し、疫病—流行する病いに対応しようとしている、流行する疫病を却けんとする意を鮮やかに示しているのであります。

　国会図書館には『まじなひ秘伝』と題した一冊の呪法書があります。その内に以下のような注目すべき呪符が記し留められています(図5)。

　種子は大日、八万四千六百五十四神、末の種子は不動で急々如律令と書くものでありますが、元興寺極楽坊の木札に比べて、大日、不動といった強い摧破《さいは》の力をもった仏格を前後に配しており、少し複雑な姿をとっています。

図5

　この呪符につづいて同時に用いる符かと考えられます符が次に掲げられています。種子は薬師、続いて、咄天罡《とつてんこう》牛頭天王、五行、天形星《てんけいせい》を配置して急々如律令と書いています。咄天罡は天帝が天形星に命ずるという意味であります。牛頭天王・天形星は後に習合して一神化してしまう存在でありますが、旧は牛頭天王は厄神の雄であり、この牛頭天王を鎮めるものが天形星だと考えられておりました。益田家本『地獄草子』はこうした天形星が疫鬼牛頭天王を酢に浸して食する様を実に見事に描きました絵巻の一部であります。
　ところで、最近、東大阪市の西ノ辻遺跡を発掘いたしておりましたところ、中世の井戸の中から一枚の木札が発見されました。
　札は長さ一二センチ強、幅三・三センチほどの薄板で、頂きを緩やかに尖らせ頭部に刳りを入れて吊ったり、結べるように形をととのえています。その表に「蘇民将来子孫□(也)」の墨書き

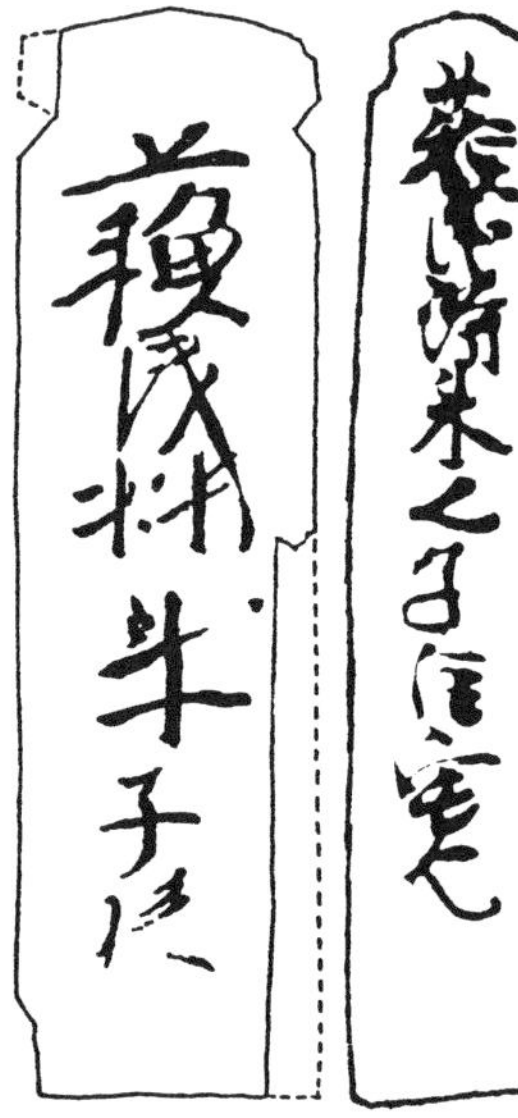

図6

が見られるのであります（図6）。調査をしました東大阪市文化財協会では十三世紀の札だと説いておられます。この札は、文字通り蘇民将来札でありまして『祇園牛頭天王縁起』にもありますように、蘇民将来子孫也と記す札が牛頭天王による巨端将来破滅時、唯一助け出される娘さんの佩びる札として息づいていたとする説話にもとづいて社寺から出される札となっているのであります。

　この西ノ辻遺跡の北東四〇〇㍍の地に著名な石切剣箭《いしきりつるぎや》神社があります。古くからこの地は物部氏の一流、穂積《ほづみ》氏の居住地であり、築かれた寺院は法通寺《ほうつうじ》（穂積《ほづみ》寺）と呼ばれ、神社は別名、木積《こづみ》宮（穂積宮）、宮司家は木積家（穂積氏）でございます。この木積宮がある時期、牛頭《ごず》宮と呼ばれたこともあるようでございまして、そうした版木も遺されております。十三世紀、牛頭天王社としてこうした呪札を頒《わ》けていたこともまた推測されるのであります。大阪府下では柏原市片山、豊中市原田遺跡でも、ほぼ相似た形、同文の木札が発掘されておりまして、中世、非常に流行していたことが知られるのであります。

　天形星、牛頭天王、八将神、八万四千六百五十四神王といった疫神世界の整然たる神統譜を見、またこうした鬼神とかかわりあいます蘇民将来、大日、薬師、不動といった存在を考え合わせて見ますと、中世、近世の厖大な鬼の姿の片鱗に触れることができるのであります。

3　若狭国小濱六郎左衛門子孫也

　牛頭天王を丁重にもてなし一宿一飯を供した蘇民将来は富み、もてなさない巨端将来は滅ぼされる。そうした説話と関連して注目される資料を一つ取りあげてみたいと思います。それは疱瘡《ほうそう》神とのかかわりあいをもつものです。たとえば『修験深秘行法符呪集《しゅげんしんぴぎょうほうふじゅしゅう》』の巻八には「疱瘡除守呪事」という一項がありまして、疱瘡守として「若狭国小濱六郎左衛門子孫也・内符」といった御守札の書文を掲げています。そして「疱瘡守、此を家々にはる、口伝、瘡神若狭通る時此に宿す。疱瘡直めやると誓ひて、我が子孫とあらは向後恩の為めの守と也」と註しています。

よく似た例を求めますと、私の架蔵しております『御祈禱大事』という写本には「湯尾峠御孫嫡茶屋☆」といった疱瘡の守を掲げております。同じ札については大日本輿霊学院実験部が編纂しました『神道仏教禁厭祈禱秘傳』にも「越前国猪尾峠之茶屋之孫赤子」と書く護符を疱瘡除けの守として持つよう指示しております。湯尾《ゆのお》峠と猪尾峠、文字こそ異なりますが、同一の峠ですし、御孫嫡茶屋では意が通じませんが茶屋之孫赤子ならばよく通ずるのであります。現実に『増補呪詛重宝記大全』には「越前国猪尾之峠之茶屋之孫赤子」と記す札を掲げております(図7)。

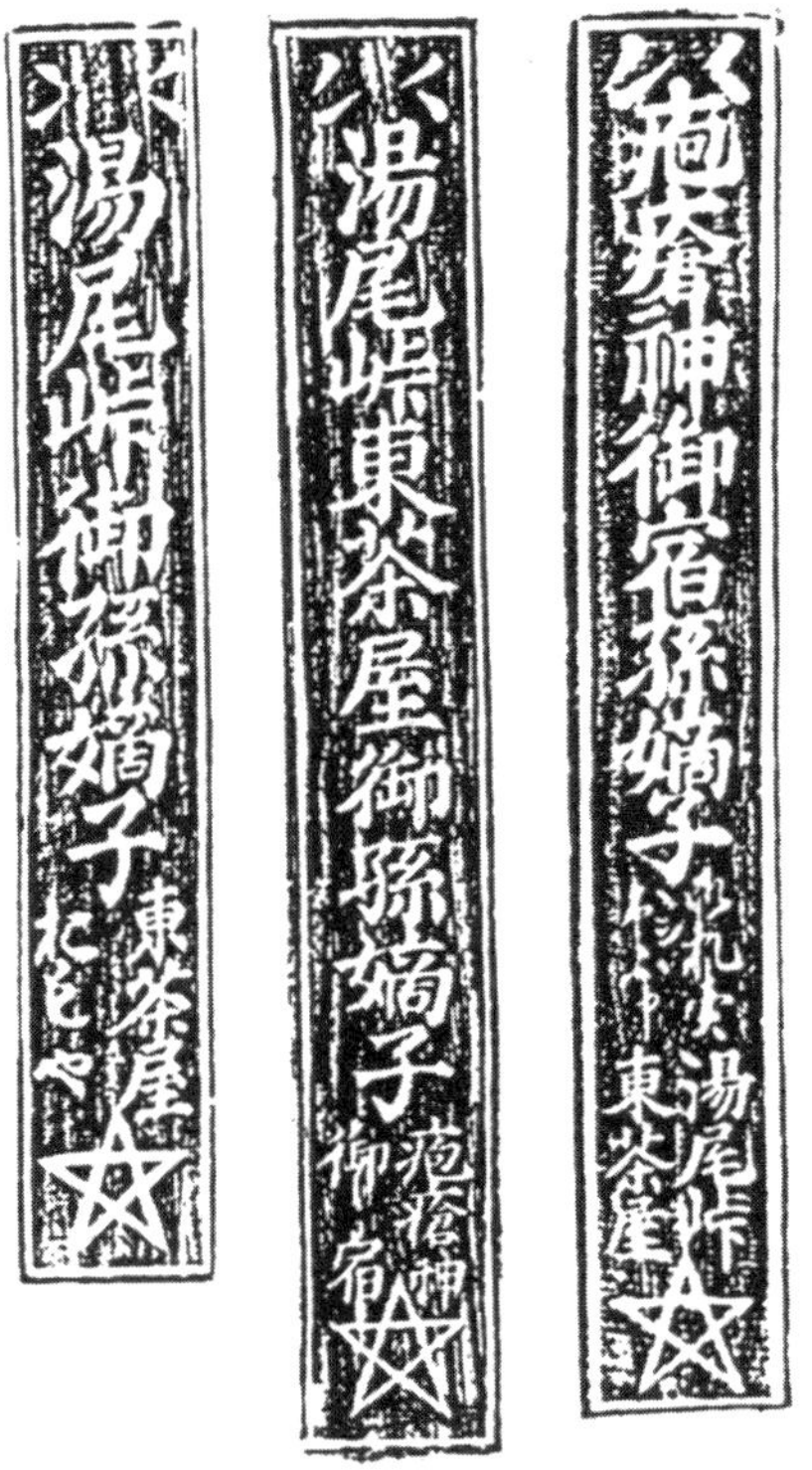

図7

ところで、こうした若狭国小濱六郎左衛門子孫也、越前国猪尾峠之茶屋之孫赤子といった二つの札が疱瘡神を除くまじなひ世界に登場する意味は、先に記しましたように「瘡神、若狭通る時此に宿す」という言葉に暗示されているかに思われるのであります。疱瘡の流行は、疱瘡神の道行きに他ならないと考えられているのであります。その道行きの途時、宿る所として「若狭国小濱六郎左衛門宅」なり「越前国猪尾峠之茶屋」がある、そう解釈してよいのであります。「子孫也」とか「孫赤子・孫嫡子」の言葉もまた重要であります。疱瘡神が宿り行く宅・茶屋、その一宿一飯の恩顧に謝して、その子孫なり孫赤子(孫嫡子)を疱瘡から守ることを瘡神が誓約しているのであります。このように書きました札を所持佩用するものは疱瘡を患わせずと瘡神が述べている。そのように読んでよいのであります。

　このように疱瘡神の世界を見ますと、先ほどの牛頭天王と蘇民将来の間にとりかわされた「蘇民将来之子孫也」といった札との相関は一目瞭然であります。おそらく蘇民将来札を手本に、あるいは同様な想いといった形をとって、こうした二種の札が福井県—若狭・越前で成立したものと考えられます。小濱六郎左衛門宅は若狭を、猪尾峠之茶屋は越前を疱瘡神が通りますときに、一夜の宿りと一飯を供した篤信の家と考えられるのです。牛頭天王はその容貌「頭に黄牛《こうぎゅう》の面を戴き、両角尖ること夜叉の如し、……その相顔佗《ほか》に異なり……四姓みな悲嘆す」と説かれますように、怪異異様なものがありました。疱瘡神もまた同様、疫神にふさわしく汚穢《おわい》・異様でありまして、常々人々から忌み憚られ、うとまれ避けられる存在でありました。それだけに疱瘡神を丁重に通した人々の宅や茶屋だけは、子孫や孫嫡子に至るまで、この札をもつかぎりその恩顧にこたえるために疱瘡には患わせないとする疱瘡神の意図が働いているのであります。

　現実に疱瘡神を演じたり語りつつこうした宅や茶屋をまわり行く、そうした人もあったかと考えられますが、いずれにせよ流行する疱瘡の中で、一人だに罹らぬ家があれば、一層その想いがつのるものと見てよいでありましょう。若狭国小濱六郎左衛門宅、越前国猪尾峠之茶屋はそうした疱瘡神を祀り、またその札を頒かつといった宗教活動をも行なう家筋と考えてよいのであります。

　越路を行き交う疱瘡神にこうした宿がある姿を見ますと、まだまだ各地の道々に、同様な宿があると想えるのであります。ところでこうした疱瘡神の道行きの様を偲ばせる興味ぶかい資料がございます。

　『修験深秘行法符咒集』には、「疱瘡呪」の符が掲げられています(図8)。おびただしい鬼字の羅列が注目されますが、実はこの鬼の数—五五鬼が眷属の表現であります。

　天王之御子は六十二とありますが五五鬼に七鬼神を加えて六十二鬼=六十二御子となるのであります。疱瘡をまく天王のもとに六十二鬼神(御子)が眷属として位置づけられ

鬼鬼鬼鬼鬼鬼鬼鬼鬼鬼
鬼鬼鬼鬼鬼鬼鬼鬼鬼
鬼鬼鬼鬼鬼鬼鬼鬼
鬼鬼鬼鬼鬼鬼鬼
鬼鬼鬼鬼鬼鬼
鬼鬼鬼鬼鬼
鬼鬼鬼鬼
鬼鬼鬼
鬼鬼
鬼

天王之御子は六十二嗚急如律令

図8

図9

な、相関連する呪符が収められております（図9）。この符はいろいろなことを教えてくれます。咄天罡の意味は先きに述べましたが、ともかく天帝の指示で動く鬼神鎮圧の面をもつ星であります。続く剣形に七つの口を結線し目符をそえた図形がありますが、これは下の顔の上にのる冠でありまして、七星―七鬼神―七目を表現するもの、下の顔はその異様なヒゲや髪に語られていますように、異様な存在―鬼の首魁と見るべき表現であります。その下に神の字二字を横書し、牛頭天王の文字をそえるのであります。

左の鬼字をたくさん並べました符は、尸下に鬼字を一ずつ加えて九段、一鬼から九鬼までを連ねていますが、元来は十鬼まで、十段鬼字を重ねたものと思うのであります。この符は表面に咄天罡と記しました先の札の裏面に書くものと考えてよいのでありますが、そのように考えますと、表の七鬼、裏面の五五鬼で、合計六十二鬼―六十二鬼神となるのであります。このように見ているのであり、よくその神統譜がたどれるわけであります。こうした六十二鬼が疱瘡神の指示のもと、街道をはげしく行き交い通る、その軍勢にも似た動きをこの符の姿が鮮やかに語るのであります。

ところで、『深秘集』の中にいま一点、次のような重要ますと、疱瘡神の呪符に見られます六十二王子とよく符合する符となるのであります。かれこれ、考えあわせますと、牛頭天王を中心とする行疫神の世界に成立しておりました六十二王子といった観念、構成をそのまま疱瘡神の世界に転じて先きの符が成立していると見てよい、そう私は想うのであります。

『深秘集』の牛頭天王札は、「門に立つ可し」と指示されています。強力な存在、牛頭天王が家門にこうした札を立て、疫鬼がこの屋敷に入りこむ、この家を犯す、そうした事態から守ろうとしているのであります。疱瘡神もまた同じように挿し立てられて、同様な効をもたらすものであったといえるのであります。この場合、行疫神・牛頭天王を下敷きとして疱瘡神の姿がイメージされ、世界が創出されていると言ってよいのであります。

4　疱瘡之悪神猩々と隠元禅師と

疱瘡について注意いたしておりますと時に興味ぶかい資料にぶつかることがあります。最近、丹後の加悦《かや》町金屋にお住まいの杉本利一さんから安永《あんえい》二年三月二十八日の後書きをもちます『吉例《きちれい》疱瘡之書』という一書のコピーを頂きました。疱瘡に対する種々の医方やまじないを記しております。その中に、疫霊―疱瘡神として猩々《しょうじょう》の人形を作り、これを神体としてまつること、燈明や赤紙を口につけた徳利に神酒や、小豆飯や赤鰯をそえてこの猩々の形代《かたしろ》―疱瘡に供え、三日間まつること、その後は神―疱瘡神を送ると称しましてこの猩々の人形を門前から河辺へ運び出し流しやる……といった注目すべき呪儀が記されているのでありま す。

赤面の猩々、赫々と燃える燈明、赤紙をつけた酒徳利、赤く炊かれた小豆飯、赤色に染まる鰯、すべてが「赤」に象徴されていることも興味ぶかいことであります。このことは疱瘡が赤く身体を変えることと相関していることでありまして、疱瘡神の色を「赤」と見立てていることを暗示しているのであります。言葉を換えますと「赤」い疱瘡神の故に猩々が神体となり、供物が赤色で統一されていると言えるのであります。

『吉例疱瘡之書』が語りますいま一つ重要な事実は、疱瘡神を川へ流しやる、祓い流すといった意識がありありと見られることであります。奈良時代の平城京では数多くの祓の資料が発掘されております。人形代を刻みまして、これを一撫一吻、身を撫でて穢気を移し、息を吹きかけて病気を移す、こうして汚穢、疫病を人形代に移し背負わせまして川へ流しやる、そうしますと穢れや病はすべて海に流れ行き、やがては消散するものと考えられていたのであります。わが身に代わる人形代に、わが身の穢れ、病を背負わせる、その時点で「清浄な現世のわが身」と「負を担ういま一つの却けるべきわが身」の二者が生まれるのであります。奈良時代も、またそれ以降にも、こうした人形代—負のわが身、穢れ・病気をつけた人形代の祓い流しが随分と盛んであります。

それにつけても想い出される資料がございます。平城京や長岡京などでは私どもが人面墨書土器と呼んでおります壺が次々と発見されております(図10)。小壺の胴部にむさい鬚《あごひげ》や髭《くちひげ》を一坏に表現した顔が二面・三面と描かれているのであります。私はこうした顔は、胡神—胡鬼《こき》といった行疫神の表現だろうと考えています。『延喜式』や『西宮記』といった書物にはこの小壺に石や玉、餅など依料を容れまして壺の口を一旦封じて天皇に捧げるといった内容が記されています。天皇はこの封じた和紙に小穴をあけ、そこに息をふきこまれるようであります。そうすることで天皇の身体内にたくわえられておりました罪や穢れ、病や疫気がこの壺に封じられることになり、行疫神がこれを背負い、やがて川に祓い流されていくといった

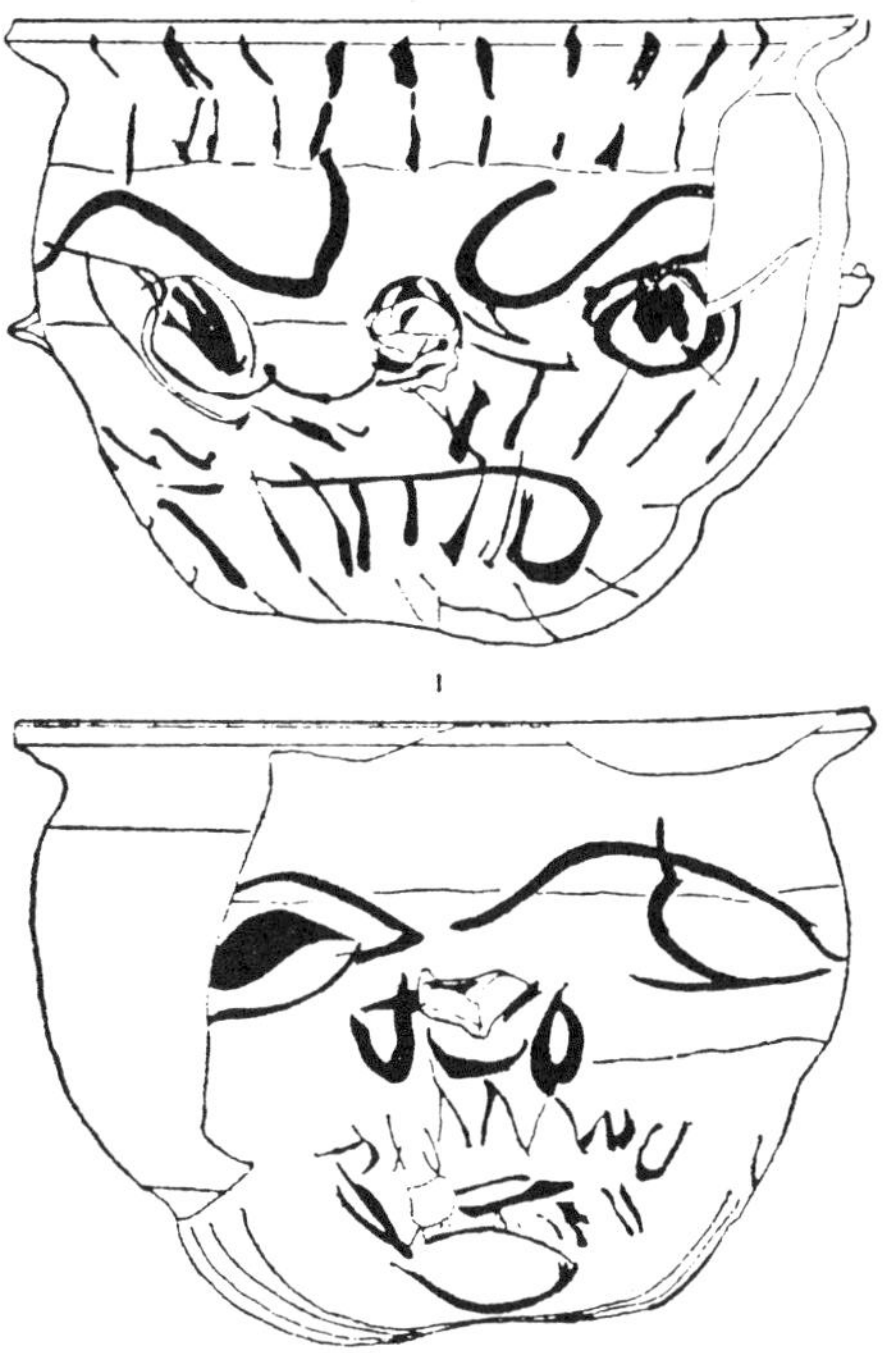

図10

考え方がされているのであります。

最近、山形県酒田市で俵田《たわらだ》遺跡の発掘調査が行なわれましたが、旧河道が出現しましてその河畔から驚くべき資料が発見されました。それは、人面墨書土器と人形代と馬形代、刀形代、矢形代からなっておりますが、整然と配置されたままの姿で発掘され、祓所の実際が極めてダイナミックに復原できるようになりました。中心に据えられました人面墨書土器、まわりにキチンと挿し立てられました人形代に実に大切なことですが、「磯鬼坐」といった文字が書かれていました。磯はこの地域に磯部氏が居住していたものと考えられますが、その磯部某に憑きました鬼―行疫神・鬼がここにいるという意味であります。言い換えますと、病に伏せる磯部某にとりついております鬼の体―坐としまして、この土器と人形代があると言うことであります。行疫神と申しますか疫病神といいますか、そうしたものをこの土器・人形代に移して流してやろうとしているのであります。疫病神に疫病を背負わせて流すと言ってもよいでありましょう。

流行病がはやりますと、平安京では船岡山で疫神をまつりまして、これを輿にのせて町に繰り出しやがて賀茂川に流すといった大がかりな呪儀も成立してまいります。室町時代、文明《ぶんめい》三年(一四七一)に疱瘡が流行しました際の情景を『親長卿記《ちかながきょうき》』は「文明三年後八月六日、疱瘡之悪神を送ると称して、所々囃物《はやしもの》あり、毎日の事なり。七日、今日、町に疱瘡之悪神を送り囃物あり、室町殿御前、北小路御前などこれを渡すべし」と記しております。疱瘡之悪神がどのような形で作られていたのかは記されていませんが、「送る」という言葉にも示されていますように、形代、神体となるものがあり、町境の川から流してやる情景がうかがえるのであります。『吉例疱瘡之書』に描かれた疱瘡神―形代・神体たる猩々の祓いは江戸時代の記録ですが、こうした行疫神、流行神の祓い流しといった古代から脈々と息づく呪儀の伝統をふまえて成立している、そうしたことが読みとれるのであります。

ところで、なぜ、猩々が疱瘡神に見立てられ、その形代が神体と見なされるのでしょうか。ここに注目したい一書があります。『重修本草綱目啓蒙《ちょうしゅうほんぞうこうもくけいもう》』という書がそれです。「本邦痘瘡ノ家ニ猩々ノ形ヲ作リテ祭ル、痘瘡ハ色紅ナランコトヲ欲ス、猩々ハ酒ヲ好デ酒ハ一身ヲ順ラシ紅色ナラシムル故ナリ、往昔、黄壁山萬福寺ノ開山隠元禅師、此ノ猩々ヲ祭ラシメ、痘瘡ヲ軽クスル禁呪ヲセシコトアリ」といった記事が見られるのであります。痘瘡は疱瘡(天然痘)のことであります。

猩々の形を作って祭るという意味は『吉例疱瘡之書』の一文を重ねますと、それが痘瘡神の神体であり同様にまつられている情景が読みとれます。確かに疱瘡の赤斑を出し顔面が赤く色づく症状が、酒を好み常に赤面していると説かれる猩々と重なり合うところから、猩々が疱瘡神の神体と見立てられているのであります。『淮南子《えなんじ》氾論訓《はんろんくん》』の高誘の註に「猩々人面獣身黄色、又嗜酒」とありますように、中国同様、人の姿をとり神にイメージされる面軀、人や神と同様、酒を嗜む性格が「疱瘡神」の根源にあるわけであります。

ところで、いま一点、猩々と深く関連づけられる形で萬福寺の隠元《いんげん》禅師の名が見えることも重要であります。伝承の是非は別といたしまして、萬福寺を中心に疱瘡神の呪儀が展開したことは十分想像されるところであります。この伝承を信ずれば、猩々を神体として疱瘡を鎮める呪儀は隠元禅師を介して江戸時代前期、十七世紀後葉に展開してくると説くことができるかも知れないのであります。

この隠元禅師は中国福建省の人であります。請われて承応《じょうおう》三年(一六五四)七月、長崎に着き、万治《まんじ》元年(一六五八)、江戸で将軍家綱《いえつな》に謁し、寛文《かんぶん》元年(一六六一)には京都に萬福寺を創建しております。彼が日本に着きました直後、後光明《ごこうみょう》天皇が疱瘡でなくなられ、嗣がれた後西《ごさい》天皇も疱瘡を患っておられます。『倭訓栞《わくんのしおり》』には「主上御疱瘡の時は山王の猿も必ず痘を病むは一奇事也、後光明院崩御の時、坂本の猿かろき疱瘡したり、新帝御医薬の時、山王の猿、もがさ(疱瘡)煩ひける……ほどなく猿は死けり、帝は本復あらせたまふ」とありますように、隠元禅師が長崎に着き萬福寺を開基するまでの間、天皇と疱瘡、衆庶と疱瘡は深いかかわりを見せていますし、その上、主上と日吉山王社の猿と天皇の疱瘡にかかわる話が巷間《こうかん》に流布していたと考えられるのであります。隠元禅師が猿に近い「猩々」を発想されることも十分にありうる環境であったと考えられるのであります。

ところで、この『重修本草綱目啓蒙』は先の文につづけまして、

故ニ禅師入定ノ後モ祀ル者アリテ、好事ノ者、唐土ノ不倒翁ニ擬シテ、禅師ノ形ヲ作リ為シテ、相共ニ祭ラシム、今ヲキアガリコボシト云人形是ナリ、……小児ニ祝シテ玩ビノ小人形トスル者ニシテ、今ニ至テ、痘瘡ノ家ゴトニ、猩猩トヲキアガリコボシトヲ祝物トス……以テ痘瘡ノ守護神トス

とあります。猩々を疱瘡神の神体、形代と位置づけました隠元禅師が達磨《だるま》と重ねられまして「起上り小法師《おきあがりこぼし》」として形象化され、猩々とこの起上り小法師を組み合わせて疱瘡に患りやすい小児の玩び物とする慣行が生じたことを伝えているのであります。

比叡山麓日吉山王の猿を基盤に誕生しました「猩々」＝疱瘡神神体説は、その説を説いた隠元禅師とともに形象化されまして小児の祝儀、玩物としての姿をとるのでありますが、そこには「疱瘡ばらい・疱瘡之悪神送り」の原点がなお色濃く伝承されているのであります。万人の厭う疱瘡がいかに人心を把えていたか、鬼、鬼、鬼といった神統譜、猩々といった異態の神体からもたどれるのであります。

5　天虫と呪符と虫歯のまじなひ

私の架蔵しております呪法書の一に書題を失いました一本がございます。書の末尾に明治十九年三四月蔵書といった一文を見ますが内容はなかなか興味ぶかい呪法を伝えております。その一に「虫ばのまじなへ」という項があり、図11のような呪符を掲げています。

四隅に以点を打ち、その中、天地左右に天虫の二文字を天字外側、虫字内側に配して書くものであります。下には同様天中の文字を配した上に四縦五横を書く呪符が掲げられています。二種の符と見てよいと考えます。なぜこの呪

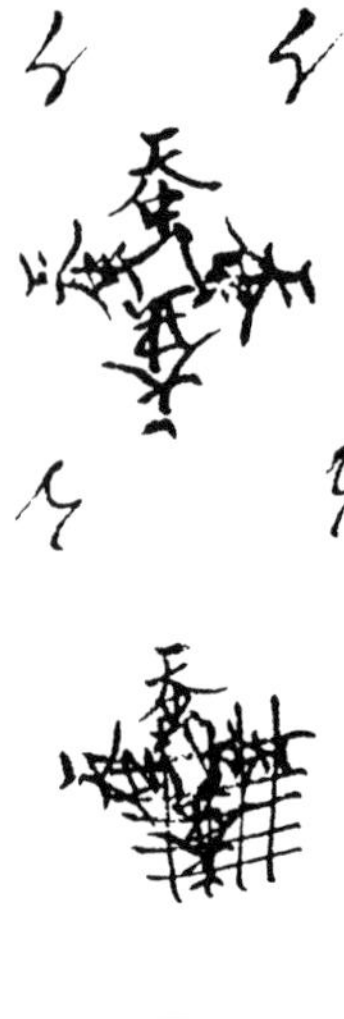

図11

符が虫歯のまじなひになるのか、一見しただけでは理解しがたいものであります。

そこで虫歯の呪符を諸書に求めますと、たとえば伊勢善光寺所蔵『虫歯ノイタミヲ治スル秘法』という切紙には、虫歯之妙法と題して「虫是江南虫、郤来食我歯、針有縁頭上、永世不還家」といった呪句を掲げまして、
右ノ文字ヲカキコマカニヲリテ右ノモンジヲ七返クリカエシテヨミ、ソノウチニ頭ノ字ノ所ヲ、クギニテ打ベシ、タチマチニ虫歯ノイタミナヲルナリ。

と述べております。こうした一文を見ますと虫歯は字義通り歯に虫がとりつく、虫―江南虫がとりつくことで虫歯の痛みが生ずると考えられていることがわかるのであります。

虫頭に釘打つことで虫を封じ、その動きを止めようとする呪儀が五字四句の呪句を書きました呪符に伴っているのであります。このように見てきますと、先の一書の天虫もまた歯にとりつく虫歯の根源としてある虫の様であることが理解されるのであります。虫歯や歯痛は天虫によってひき起される症状、病痛と人々には考えられていたのであります。

では天虫とはいかなる虫であるかが次に問われるところであります。そこで参考になるのは『神秘神霊秘法秘伝』なり『呪詛重宝記』に掲げる「むしくひ歯のまじなひ」であります。後書では、「天《てん》ぢくの天野川原《あまのかわら》で葉《は》を喰《く》ふむしの供養《くよう》」と三返となえて、さて次に「梅の木の楊枝をいたむ歯にくわえさせて楊枝のさきに灸三火すべし」といった記事が見えるのであります。天竺の天の川原にいて葉を喰らう虫、この虫が「天虫」と呼ばれると考えてよいのであります。天竺の天、天の川原の天、その重ねの中で天虫の名が生まれてくるのであります。伊勢善光寺本の「江南虫」も江南が天竺を語る語だけに同義になると言えるのであります。

『修験常用秘法集』には、やはり虫歯の呪として「虫は是れ南山の虫、江山の本《もと》に遊んで、亦《ま》たと来《きた》らず」という一句を掲げていますが、江南虫と同様、天虫と置きかえることもできるのであります。したがいまして虫歯の根源となります「虫」は種々様々に呼び名をもつとしても、その遡源するところは「天竺の虫」「高天原の虫」として「天虫」の名で呼びなすことが普遍化しやすいのであります。

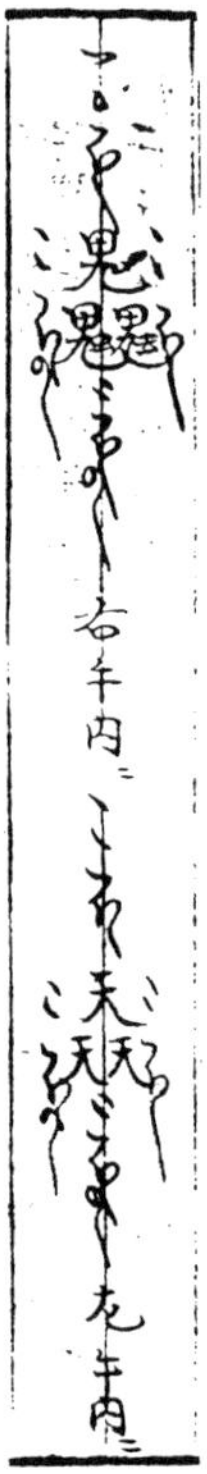

図12

ところで、ここに興味をひく呪符があります。『法華経秘法』の中に虫歯呪と題し図12のような呪符を伝えているのであります。右手の内に書く呪符は鬼字の下に二鬼を書き、虫字を配する符、左の手の内に書く呪符は天字を三字配する符であります。天虫を分け、天字を左手、虫を右手に配置するのでありますがその趣旨は同じと見てよいと思います。

ところが、この符では虫が鬼字に配され「⿺鬼虫」と表現されている点が注目されるのであります。

虫歯をひき起す虫が天虫と見なされる一方、他方では鬼、あるいは鬼虫とも見られていたことも物語るのであります。『新撰呪詛訓法記大全《しんせんまじないちょうほうきたいぜん》』には虫食歯の痛を治する呪として「天⿰鬼鬼庖急如律令」と記す呪符を出しております。鬼字に虫を配することをせず、鬼字のままを出している点、古い時期、いまだ鬼字に虫を加へぬ時期の符形を語るかのごとき観があるのであります。

このように見てきますと、歯痛は歯に棲む虫の動きによって生ずることが明瞭になってまいります。虫にとりつかれた歯が虫歯なのであります。こうした虫が天竺や天川原といった他国、他界の虫であり、寄り来るものと観じられていたことは明白であります。寄り来るものを、神とよび鬼と呼びならわした日本の思惟からしますと、この天虫—虫はその根源において鬼—鬼神であったと見てよいのであります。

ここで目を転じまして中村泰建編集の『仏教法華禁厭妙御符秘書』をひもときますと、次のような呪符が記されています(図13)。「小供虫御符」と題されておりまして、上符は手の平に書く符、下符は呑む御符と書かれています。上符は『法華経秘法』を例示しました虫歯呪中の右手の内に書く符と相似た構図をもちますし、下符は私の架蔵します最初の一本の『虫ばのまじなへ』の天虫を天地左右に配しました符と相通ずる構図をもっております。鬼字に余字を容れました文字は「余」が除の略字ですから、符としては虫—鬼を除くという意趣が読みとれるわけであります。

図13

五行の上の傘形に近い表現は、天虫の字を正しく書けなかった可能性もあります。いずれにしても歯に棲む虫を除く場合と同様、虫─鬼を除くことで小児の虫を除こうとしているのであります。

　また下符は日天の二手を天地左右に置き、その間に鬼無の二字を容れていますが、日天は大日天王の略かと思われますので、その図の鬼無が意を示すこととなります。鬼の働きの失せることを願う符形であることは言うまでもないところですし、四縦五横を配してその願いの如意を確実にするべく謀っているのであります。

　ところで、ここで一言申し上げたいことがございます。実は今のべてまいりました符は、「小供虫御符」と題記されておりまして「虫歯之符」とは異なるという事実であります。言い換えますと、小児に寄りつく虫、鬼の世界と歯に寄りつく虫、鬼の世界がともによく似た呪符を用い、共に虫、鬼を除こうとしている事実があるということであります。このことは『仏教法華禁厭妙御符秘書』中の子供カン(疳)ノ時呑御符としてかかげております図13の一符も、またよく共通していると言えます。虫─鬼を抑止することで疳を癒そうとしているのでありますが、この場合の虫─鬼は私どもが平常「疳の虫」と呼んでおります虫を指しているのであります。ここまで述べてまいりますと、諸病の根源に常に鬼なり虫が考えられ、対応する呪符として同趣同巧の符形がわずかに変化活用させる形で数多く誕生している様が見事に読みとれると申してよいでしょう。

図14

　虫・鬼といった形で人の身体の随所に巣食い、人をして苦悩に陥れる、そうした存在に対して極めて具体的に呪符を定め、呪札を作り、そうした力で虫、鬼を鎮めんとしているのであります。中世のまじなひ世界の基盤がそうしたところに読みとれるのであります。

6 驚風虫鎮と剣呪と六字経法と

歯に棲む虫、虫歯、歯痛の根源に虫の存在を想定し、この虫に天虫の名を与えていることについては先にのべましたが、この天虫に話題を帰しますと興味ぶかい一本が浮び上ってまいります。『驚風虫鎮諸呪秘傳《きょうふうちゅうちんしょじゅひでん》』と題する一書がそれであります。

この書は摂津西宮神社神主吉井和泉守直傳《じきでん》の秘法書とされております。驚風といいますのは小児の熱病であり、成長するまでに治しえない場合は癲癇《てんかん》となると説かれています。熱高く下痢し身は痩せ腹張り乳飲まずといった症状を呈する病であります。実はこの病も「驚風虫」、あるいは「驚動風蟲加持《きょうどうふうちゅうかじ》」と呼ばれる虫によってひき起される病と考えられております。病を癒す呪法が「驚風虫鎮」、「驚動風蟲加持」と名付けられているのであります。

『驚風虫鎮諸呪秘傳』には、こうした病本復の呪儀が詳細に記されています。その儀式次第は、最初に四方の神に三つずつ饌と肴を用意して神の降臨を願い、六種清浄大祓、一国一社之祓、荒神之祓、無上之祓、三種大祓といった順序で祓が続き、次に十種神宝加持、三元三行三妙加持、以我行神力神道加持と加持が続く。その後、龍印を結び、呪儀の秘事、剣祓を取り、その児の腹を撫で下ろす儀が三度繰り返されて終わるとされています。この「驚風虫鎮」の儀式は降神、病児の清浄をはかる祓、鎮魂をはかる加持以上に、驚風虫の追い出しといった呪儀に中心が置かれております。

この驚風虫の追い出しに用いる支度之物には「剣祓《つるぎのはらえ》」があります。この剣祓、内に大麻《おおぬさ》を入れ、中に「天ノ虫汝下ニ非乎」と三行に朱書し、下に「邪気祓」と墨書し、表に「無上ノ祓」と書くものであります。この剣祓を手にして小児の腹を三度撫で下ろして驚風虫を鎮めるのであります。実はこの呪儀に際して「夫レ天ノ虫汝下ニ不有ヤ」と三度の撫下しに合わせて三度と唱えると記されております。

ここに再び「天ノ虫」が姿を見せるのであります。
先に虫歯―歯痛の根源が「天虫」にあることを説きましたが天虫には、天竺の虫、天川原の虫の二様がありました。この驚風虫鎮に姿を見せる虫は西宮神社にかかわるだけに神道風―天川原の虫と見てよいかと思います。こうした天虫を小児の身から祓い出すことにより驚風虫病が癒えると考えられているのであります。剣祓をとって三度「夫レ天ノ虫汝ガ下ニ不有ヤ」と唱誦しつつ腹を撫でるといった積極的な呪作がそこに伴っているのであります。

剣祓は、時に幣《ぬさ》と考えられ、時に剣と考えられ、神意の宿る神体ともいうべきものであったと言えます。こうしたあり方は、常々刀剣の世界でも見られるのであります。たとえば『天台《てんだい》南山《なんざん》無《む》動《どう》寺《じ》建立《こんりゅう》和尚伝《おしょうでん》』は、延暦寺無動寺開創相応《そうおう》和尚の伝記でありますが、西三条女御《にょうご》の病悩のたびに和尚がこれを治癒させたとの記事があります。その礼として大臣は和尚に「巴《は》子《し》国《こく》劔《のつるぎ》」を贈っております。この剣は渡唐し遂に彼地でなくなられました三品親王《さんぼんしんのう》が大臣に贈りました優剣でありまして、おそらく唐でも手に入れがたいペルシアの剣であります。和尚は刃間に「不動明王慈護之明」と金象嵌《きんぞうがん》し、その施入《せにゅう》にこたえています。実は和尚は以後、病臥する人々にこの不動明王のちりばめられました巴子国剣をふるい、病者に憑いた鬼神、天狐《てんこ》を却《しりぞ》けたようであります。染殿《そめどの》皇后〔文徳天皇后：藤原明子〕が天狐に悩まされること数ヶ月間、その間諸寺の有験《うげん》の僧が加持祈禱されても治らない、そこで相応和尚が迎えられるのでありますが験がない、和尚は護持して来た不動明王を責め愁い恨み祈り、天狐が紀《き》僧正〔真済《しんぜい》：空海十大弟子の一〕の後身であること、大威徳法《だいいとくほう》で鎮めるよう教唆を明王から得、ついに皇后に憑いた天狐の追い出しに成功するのでありますが、こうした場面で巴子国剣―不動明王慈護之明剣が息づいたのであります。朗善大徳が死を迎えかけました時、この剣をふるい、鬼を打ち、すでに死門にありました朗善を蘇生させたのも和尚であります。

相応和尚の巴子国剣―金象嵌の不動明王慈護之明剣は、鬼神や天狐を祓い、病悩から救う重要な働きをいたしております。「驚風虫鎮」加持で用いられる剣祓もまた同様な働きを果たすものと考えてよいのであります。武器としての剣とはまた少々異なる呪具としての剣の世界、剣祓の世界が垣間見られるのであります。

　相応和尚が癒しました染殿皇后の病悩は天狐の仕業―紀僧正霊の憑依にありました。こうした天狐の世界は非常に重要な世界であります。たとえば『晴富宿禰記《はるとみすくねき》』の明応《めいおう》六年(一四九七)二月二十三日の記事に、産が近づき苦労病悩がはげしく起り、連日連夜の祈禱投薬の効もなく遂に死去していく一女性の姿を記しておりますが、邪気が甚しいため憑者《ひょうしゃ》―ヨリマシを招いて憑霊《ひょうれい》を求めましたところ、種々邪気の寄りくるところを白状し、その験としまして身体に多くの釘がうたれた痕が見られたと記しております。貴人の出産には常に強い怨念の凝固、噴出があり、こうした憑霊が走るのであります。妊婦の産悩は多くの場合こうした邪気のよりつくところと観られていたのであります。

　一方、『建内記《けんないき》』の嘉吉《かきつ》三年(一四四三)七月二十一日の記事には征夷大将軍左中将《さちゅうじょう》足利義勝《よしかつ》が十歳で天逝《てんせい》しました時の情況が書かれています。


　室町殿御事切云々、自十二日御痢気、十三日興盛及十度許、温気以外、自十四日供御薬、件日母堂知給、……邪気怨霊非一、鎌倉故武衛、一色故義貫、赤松故性具等云々、主人更不可有其恨、父公之御余殃無力事也、

という記事であります。父足利義教《よしのり》が倒しました足利持氏《もちうじ》、一色義貫《いっしきよしつら》、父義教を殺したため義勝の代で殺されました赤松満祐《みつすけ》、そうした人々の怨霊が発動いたしまして、十歳の将軍義勝が死に至ると理解されているのであります。

　こうした恐るべき怨霊のたたり、のろいを退ける術としては、その寛恕を願う場合と、逆に怨霊を発する根源を調伏し降伏させようとする場合といった二つのパターンが生まれるのであります。たとえば先の征夷大将軍足利義勝の場合は、怨霊と化した持氏、義貫、満祐の子孫を求めその処遇を正しくするといった寛恕の方向が模索されております。しかし、仏教の場合、調伏・降伏法といわれる方法『六字経法《ろくじきょうほう》』が用意されているのであります。

　六字経法は悪心を調伏して善ならしむる修法、怨霊、邪気、悪鬼の類を調伏して、わが身を護ろうとする修法であります。本尊の六字経法曼荼羅を掛けまして、前に護摩壇《ごまだん》を設けまして、そこへ三角爐《さんかくろ》をしつらえます。三角爐は本修法を特色づける爐制であり、五輪の火輪《かりん》を象徴しており

ます。火勢により悪霊怨敵を摧破《さいは》しようとする調伏のための爐であります。壇の前面両脇に二つの机が据えられ、右の机には小土器に収めた「三類形《さんるいぎょう》」が、左の机には経が用意されるのであります（図15）。

ところでこの三類形は、本修法の本意を語る重要なものであります。それは紙で作り蘗《きはだ》で染めあげた天狐、地狐《ちこ》、人形《ひとがた》の三類形、各七枚であります。この三類形に呪詛怨家《じゅそおんけ》の姓名、もしわからぬときはその住所を墨書するのであります。呪詛し怨念を抱く者の使わしめである二類—天狐・地狐、呪詛する相手—人形（図16）が作られ、これを三角爐で順次焼殺《しょうさつ》していくのであります。まず天狐七枚、次に地狐七枚を焼き、天と地から寄り来る呪者の使を焼殺しようとしているのであります。その焼殺の後は、呪詛は完全に消え去るものと考えているのであります。

図15

図16

呪詛返しの作法の一つの典型として、こうした三類形焼殺といったことがあるのでありますが、実はその焼かれた三類形の灰は集められ、最初この三類形を収めていた小土器に再び納められ、蓋されて封じられるのであります。こうした呪儀が終りますと白糸五尺、もしくは六尺五寸の長さの練糸《ねりいと》を六字呪《ろくじじゅ》を百遍念誦しつつ一結、千遍十結、万遍百結しまして結線を作るとのことでありますが、これは施主の身長―形代とでも言うべきものかと思います。三類形の灰、三類形のなす怨念の働きを封じ、六字呪で結びとめた結線の二種は怨霊、呪詛を封じ侵犯を防ぐ象徴でもあります。こうした二者はやがて験者から檀越《だんおつ》や施主に送り届けられ、結線は身に帯び、三類形の灰は怨敵を降伏、調伏しました証しとしまして、あたかも薬であるかのように湯をもって服するのであります。

産褥《さんじょく》や疫疾といった人々の苦しみ、悩みは単に疫病に発するものといった今日的な理解ではなく、その根源に常に怨霊、邪気、悪鬼の発動が極めて強く意識されていたのであります。こうしたモノ、オニに対応する、そうした呪術や呪符が人の心に深く入りこみ、中世・近世を見事に彩っていると言えるのであります。身を襲う病や災い、あらゆる不幸を攘いやる、そうした意図のもとに精緻なまじなひの体系が用意されているのであります。こうしたまじなひ世界に、神も仏も、また人も組みこまれ、息づき交感した時代があったのであります。

本稿の作成にあたっては福井県立博物館長杉原丈夫先生のご厚意で若狭湯尾峠茶屋の呪符を掲げることができ、あわせてその論考に接する機会を得た他、新潟県江上館の資料では中野豈任さん、『吉例疱瘡之書』の紹介では、杉本利一さん、安藤信策さんのご好意を得た。記して感謝の意を表したい。

蘇民将来札とその世界

昭和五十九年九月十七日、四日市市教育委員会は道路拡張工事に先立って赤堀城跡の発掘調査を開始、十二月十四日この調査を終了した。その間、幾多の重要な事実が判明したが、その中で特に注目を引いたのは、一枚の木札であった。この木札は下端を欠失しているが上半部九センチを残し、幅二・七センチ、厚さ〇・二一センチを測る小片であるが、頭部を三角に尖らせ、両側縁上端に三角形のえぐりを入れた特色ある形を見せるところから注意されるに至ったのである。

発見当時にはこの木札表面に墨痕が残るものの文字は読めずといった状況であったが、赤外線を使用して判読したところ、表面には「×蘇民将…」の三字、裏面には「急々如律…」の四字がたどれることとなったのである。蘇民将の三字は中・近世、蘇民将来《そみんしょうらい》をめぐる信仰が浸透している状況から推して下に来字を加え、本来は「蘇民将来」の字句などが、また裏面の急々如律の四字は中・近世の呪句に「急々如律令」の句が広汎に用いられていることから、令字を加え、本来は「急々如律令」の字句が墨書されていたであろうことが容易にうかがわれることとなったのである。

赤堀城跡で発掘されたこの蘇民将来札は、赤堀城が戦国時代、藤原秀郷《ひでさと》の子孫、俵《たわら》肥前守景信《かげのぶ》の居城として築かれ、七代を経て天正《てんしょう》十二年(一五八四)廃絶したと伝えられる城跡であるだけに、この木札は中世の赤堀城に息づいたものであることを雄弁に物語っている。

ところで、この蘇民将来札に見える語句はいかような意味をもつものであるかが問われるであろう。裏面の「急々如律令」の五字からなる呪句は、奈良朝の重要な遺跡である静岡県浜松市の伊場《いば》遺跡から発見された一枚の木札―百恠《ひゃっかい》呪符の中に早くも見られ、その成立が古い時期にあることを語っている。こうした呪句は、たとえば中国陝西省宝鶏村近傍の墳墓より発見した一罐の外書に「大神如律令」なり「如律令」と刻銘されたり、新疆発見文物中にも同様な「急々如律令」の句が見えるように、元来は漢土で成立・多用された呪句であり、広汎な階層に浸透した句であることが知られるのである。伊場遺跡の呪札例や平城京発見呪札例は、いずれも中国のこうした呪句を受容したものであることが知られるのである。

この「急々如律令」の句意は「速やかに律令の示す正常な状況に直れ」の意であり、常々、常ならざる事態を正さんとする時に用いる句として生きているのである。現在なお日本だけではなく、中国・韓国・台湾・香港などの各地で見られるのもそうした呪意をもつところから重用されていることを物語るのである。現実に中・近世遺跡の発掘調査の進展に伴い各地でこの呪句をもつ木札の発見が相ついでおり、その浸透のほどがよくうかがわれるのである。

一方、表面に見える「蘇民将来」の句は、この木札の用途、目的を語るもの。蘇民将来の語句は諸書に見え、中・近世、広く知られた句でもあった。たとえば『三国相伝《さんごくそうでん》陰陽輨轄簠簋内伝金烏玉兎集《おんみょうかんかつほきないでんきんうぎょくうしゅう》』（以下、簠簋内伝と略す）の巻一には、「黄牛《おうぎゅう》の面《めん》を戴き両角尖り夜叉の如き相貌をもつ牛頭《ごず》天王がその異貌《いぼう》の故に妃《きさき》を持ちえず四姓《ししょう》みな悲嘆する状況にあった」ことをのべ、天刑星《てんけいせい》が「南海の娑竭羅《しゃがら》龍宮に坐す頗梨采女《はりさいにょ》」の存在を教える。牛頭天王は喜び南海に旅立つが、その途次、夜叉国の巨旦《こたん》大王に一宿を求めるが門戸を閉じて天王を宿らせなかった。天王は巨旦大王の宅より東方一里余り、荒野の中にある貧賤《ひんせん》、蘇民将来の庵《いおり》に宿を求める。庵主は齢老《としお》いた翁《おきな》、手に柴箒《しばほうき》をとり室内を清め、粟茎《あわくき》をもって客席の簾《すだれ》とし、一瓢《いっぴょう》中の粟米《あわこめ》を炊《かし》いで天王・眷属をもてなし、翌朝は「隼鷂《はいたか》」と名づく船を整えて天王・眷属を乗せて南海へ船出させたと記している。

こうした蘇民将来の配慮を得て牛頭天王は南海娑竭羅龍宮の頗梨采女を妃として迎え入れ王子を得、やがて帰路につく。その途時、天王はもてなさなかった夜叉国王巨旦大王を攻め滅ぼさんと計るが、巨旦大王は泰山府君《たいざんふくん》法を行ない、天に鉄網《てつもう》をはり地に磐石《ばんじゃく》を敷き四方に長い鉄築地《てついじ》を構え、外には大沢溝堰《みぞせき》を穿ち、内に玉匈殿を設けるなど、堅固に防ぎ隙を見せず、さすがの牛頭天王とその眷属も攻め入るに難渋の想いがあった。

時に蘇民将来は巨旦大王の許に娘の仕えるを牛頭天王に伝え、その救出を依頼、牛頭天王は桃木を削り札を作り「急々如律令」の句を書写し、袂中に入れればこれを救わんと伝え、また「我れ末代に行疫神《ぎょうえきしん》となりて八王子《はちおうじ》眷属《けんぞく》等《ら》国に乱入するべし、もし汝が子孫といえば妨礙《ぼうがい》せず汝を守護すべし」と伝える。やがて巨旦大王の許《もと》の一比丘が眠り偈句《げちく》・真言を疎かにするを機会に、鉄壁の構えに大穴が生じ、牛頭天王、八王子、眷属がなだれ入って攻め、遂に一族を滅ぼすのであるが、その際、蘇民将来の娘だけは「急々如律令」の句、「蘇民将来―蘇民将来之子孫也」の句を記した桃木札を携えることで救い出されることとなるのである。

以後、こうした呪句を書いた呪札が行疫神の動く世界の中で身を護る札として息づくことになる経緯を記していると理解してよいであろう。もちろん、牛頭天王、巨旦大王（巨旦将来）、蘇民将来、それぞれの動きについては各書にそれぞれ微妙な相違が見られるが、ともに相似た筋書きで伝承されていることはいうまでもないところである。

このように赤堀城跡発見の木札の背景をたどると、おのずとその性格が浮かび上がるであろう。城内で年頭、行疫神に患いされることなく、達者で過ごすための呪儀として牛頭天王なり、八王子、眷属を奉斎し、あわせて「蘇民将来之子孫也」とて行疫の埒外に置かれるように祈願する意が強く活き、また「急々如律令」の語るように疫疾《えきしつ》や行疫の動きが速やかに抑止されることを願って、この札が誕生しているのである。

ところで、この種の蘇民将来札は最近各地の中・近世遺跡の調査が進展する中で次第にその例を増加させつつある。赤堀城跡の蘇民将来札の位置づけのために、顕著な二、三の資料を掲げることとしよう。

その一は、新潟県白根市の馬場屋敷遺跡の蘇民将来札の一群である。この遺跡で発見された呪札（まじなひ札）は一五枚、その中で蘇民将来の字句が判読できる札は八枚、他の七例は蘇民将来とかかわりあう可能性の高い札である。

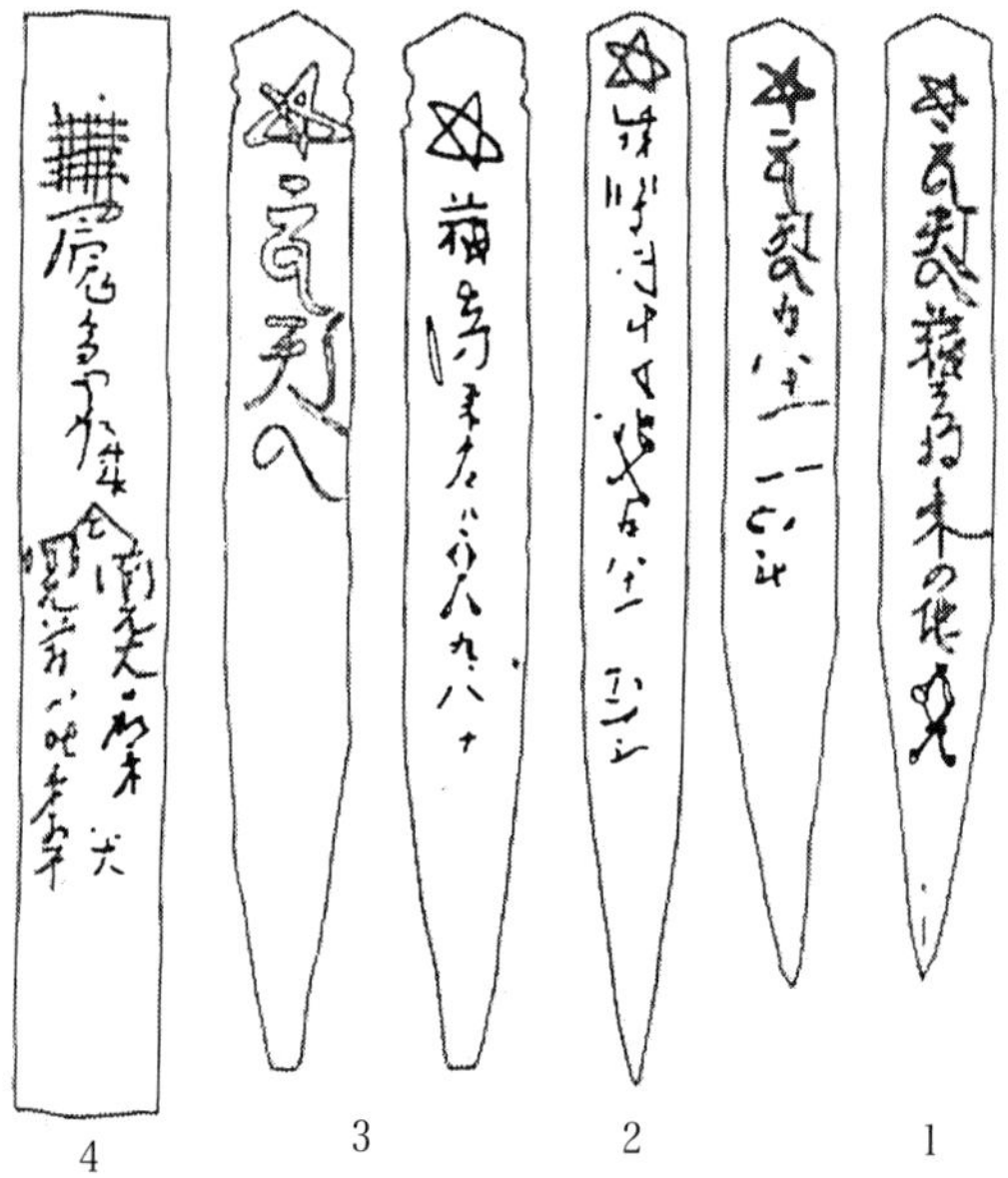

図1　馬場屋敷遺跡のまじなひ札

八例中の1は表面に「☆[梵字][梵字]蘇民将来子孫[六星]」、裏面に「☆[梵字][梵字]九々八十一　一十八々九」と墨書されている。表面の☆は五行、[梵字][梵字]は大日如来、蘇民将来を指す梵字（種子）、蘇民将来子孫は呪句、[六星]は六星（蘇民将来を表わす呪図）と見るべきであろう。裏面の九九八十一は陽の極致、一十八々九は陽の陰転の極数であり、陽極での陽陰の整合を説くものであるといえよう。単に蘇民将来と記すだけでなく、五行、大日等の種子、あるいは六星や陽の極数までを伴う複雑な構成をとるまじなひ札であり、こうした各面の動きを基盤として蘇民将来子孫の句が息づき、蘇民将来子孫たる家人が行疫神―牛頭天王の祟りなす暴威の中、疫疾から助かり事なきを得ると考えられていたのである。この資料と相似た呪札に第二、三例がある。

　第四例（図1の4）は札の首に九字《くじ》護身法《ごしんぽう》（臨《りん》・兵《ひょう》・闘《とう》・者《しゃ》・皆《かい》・陣《じん》・烈《れつ》・在《ざい》・前《ぜん》を四縦五横に記すが本札では誤り五縦五横で表現している）。続いて尸に鬼の呪字を容れ、急々如律令と記して左右二行に分けて右に南無大日如来、左に南無蘇民将来子孫の句も書いている。前述の呪札には見られなかった九字は所願成就のための符であり、尸に鬼字を容れた文字は蘇民将来を示す呪字、急々如律令の句を伴い、さらに前札では[梵字]字で記されていた大日如来が登場する。しかも注目すべきことに大日如来、蘇民将来子孫の句に南无の二字が記されているといった重要な所見がそこにはみられるのである。

　このように見ると馬場屋敷遺跡の呪札から導かれるところは極めて多いといわねばならない。五行・九字・種子・

九九八十一・一十八々九・六星・急々如律令・呪字・呪句など多岐にわたるまじなひ世界が蘇民将来の世界を彩り、さらには大日如来、南无の語までが加わり、一層の饒《にぎ》わし

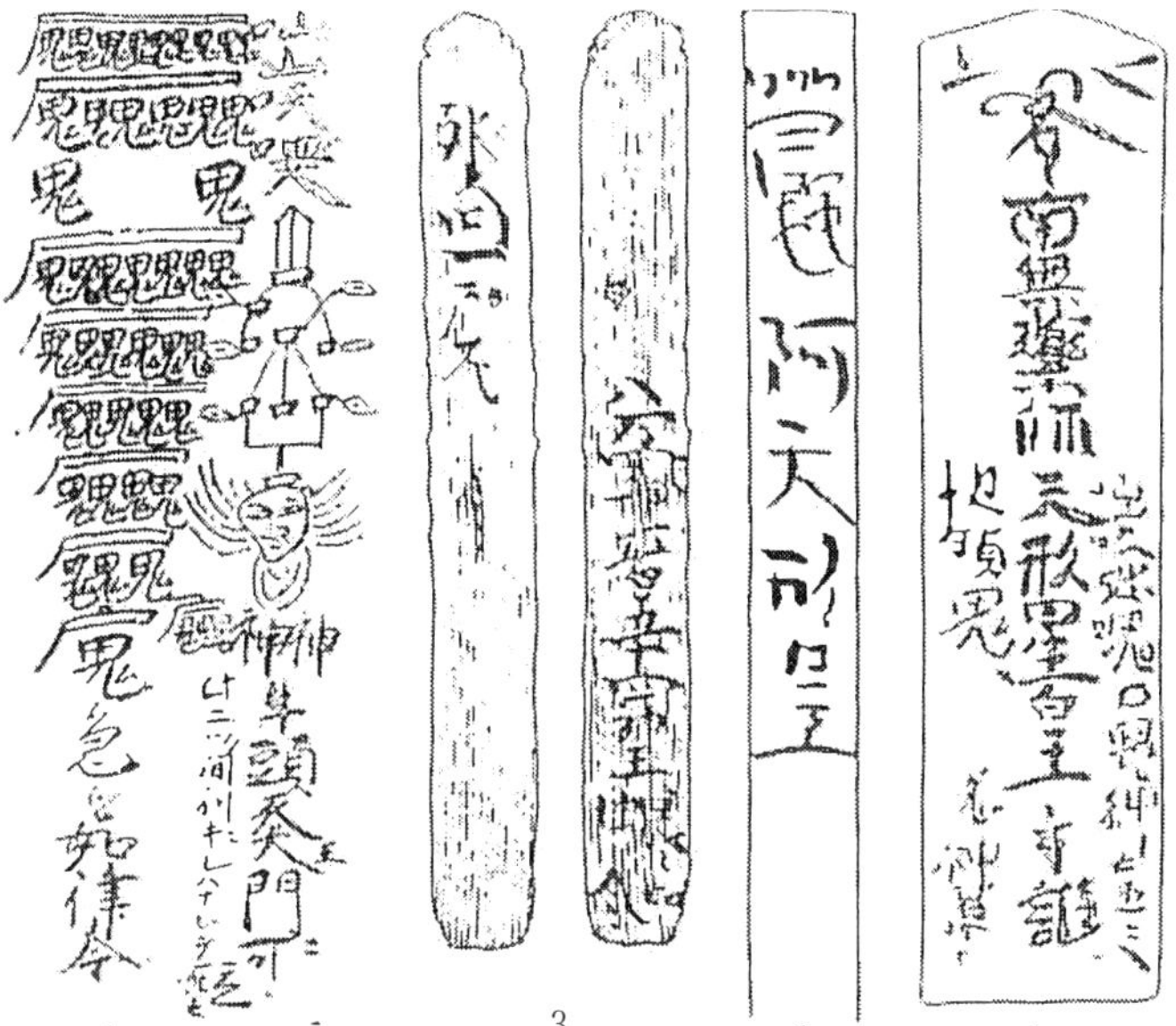

4　3　2　1

図２　1. 小川城跡　2. 草戸千軒町遺跡　3. 元興寺　4. 深秘抄

さを見せているのである。その整えられた蘇民将来札の体系をうかがうと、実にこの時期こそ蘇民将来が最も人々に強烈にイメージされた時代ではなかったかと思われるのである。調査を担当された川上貞雄氏の所見によれば、蘇民将来札と同一地域で発見された別種の木札には正応《しょうおう》二年(一二八九)から延慶《えんきょう》三年(一三一〇)間の紀年銘をもつことから、ほぼこの時期が蘇民将来札の時期と考えてよいとのことである。とすれば、蘇民将来札が体系的に最も整えられた時期が鎌倉時代後期、十四世紀代にあることがここに明瞭となるのである。

この新潟県馬場屋敷遺跡の蘇民将来札の一群とともに注目されるのは、静岡県焼津市小川町・小川城遺跡の蘇民将来札の一群である。遺跡としては小川城とその城下と考えられ、十五世紀後半から十六世紀前半に最盛期があった遺跡であろうとされている。この遺跡から発見された蘇民将来札は六枚。そのうち最も複雑な構造をもつ札は第一例である。札の表に「丷八□天刑星皇」と記し、その下に三行割りし、右に「咄天罡鬼七鬼神」、中央に「□蘇民将来子孫☆」、左行に「地鎮鬼除八鬼神」と書く。裏面には一字梵

字（種子）を書くという。この札とあたかも対になるかと思われる札がある（図2の1）。

文中に蘇民将来の句を見ないものであるが、表面に「ハ□南無薬師天形星皇守護」と記し、右下に「咄天咽鬼七鬼神七五三五」、左下に「地鎮鬼除八鬼神□」と書く。先に紹介した『簠簋内伝』にも蘇民将来の名や牛頭天王の名とともに天刑（形）星の名も見える。牛頭天王の旅立ちの遠因・婆梨采女が南海にあること、牛頭天王が娶るべき女性であることを教唆するものとして天刑星が登場している。益田家本『地獄草紙』はより古い姿を語るかのように「牛頭天王など諸々の疫鬼を酢に浸して食う」壮絶な天刑星の様が見事に描き出されているのである。

古くは牛頭天王やその眷属を抑止する強烈な存在であった天刑星が次第に牛頭天王の上位にある存在、牛頭天王の信仰が高まる中でその勢威を牛頭天王が得、並ぶ存在へと移っていくことが知られている。こうした視点からするならば、第二例の蘇民将来札とこの天刑星札の間に深いつながりのあることが読みとれるであろうし、また天刑星が天刑星皇と記され、あるいは蘇民将来より上位にあるもの、牛頭天王と同じような位置にある天刑星皇として、その占める位置が理解されるのである。

こうした二枚の札には、共通した咄天咽の語、七鬼神、地鎮鬼、八鬼神といった神名、七五三五の数字が見られるが、咄天咽は天帝が天形星に疫鬼鎮圧を命ずる句、七鬼神、地鎮鬼、八鬼神はいずれも祟りなす疫鬼のグループのそれぞれである。日蓮《にちれん》上人の『立正安国論《りっしょうあんこくろん》』の冒頭にすでに七鬼神の名が見られるように、早くから成立していた疫神のグループである。おそらく七鬼神、地鎮鬼、八鬼神を鎮めるために「南無薬師天形星皇」が想起され、「天形星皇□蘇民将来子孫☆」が息づいているといえるのである。天形星や牛頭天王の種子にベイ字を配し薬師とする所見は種々の呪法書に見えるが、この札にも見えているのである。天刑星を薬師と重ね、あるいは牛頭天王と薬師を重ね、薬師如来と同様、疫病の救済に当たるものとして天刑星、牛頭天王を理解している様が鮮やかに読み取れるのである。

小川城遺跡の蘇民将来の呪札はなお数多い。第二例として掲げれば、「蘇民将来子孫也」と札の表に記し、裏面に☆（五行）を書くといった簡単な札がある。また表面は同文、裏面に九字を書く例も見られるが、いずれも簡単な札である。こうした簡単な字句の札は先の新潟県馬場屋敷遺跡の蘇民将来札群やこの小川城蘇民将来札群の中にも数多く見られる。十四世紀代の馬場屋敷遺跡の札と十六世紀代の小川城跡の札の間には二世紀間の時間の隔たりがあるがその文言の相似は極めて強く、一貫してテキストが共通することを教えてくれる上、こうした呪札が変化しにくいものであることを暗示している。しかし、大きな目で見るならば、馬場屋敷遺跡の蘇民将来札には蘇民将来の句の頭に☆(五行)や符を書く例が多く、小川城遺跡の蘇民将来札に比べると複雑・整正であるといえる。おそらく蘇民将来札は、常に精緻な文言・符をそなえた類と、極めて簡略な類が存在するが、前者は次第に整正の度を加え、後者は次第に簡略化されていくといった流れをもつのではないかと推察されるのである。

　そうした流れの中で四日市市の赤堀城跡発掘の蘇民将来札を見ると、その文言は「蘇民将来(子孫也)」「急々如律令」の二句を表裏に見るのみであり、極めて簡略な札であるといえよう。赤堀城の廃絶が天正十二年(一五八四)にあるとされる点を配慮するならば、静岡県小川城遺跡の蘇民将来札群より後出する札として、その簡略化が一層進んだものと考えること、うべなるかなと想わせるものがある。

　ところで、ここに赤堀城跡蘇民将来札をさかのぼる時代の蘇民信仰の実際をいま少し詳細に検討してみることとしよう。まず、想起される興味深いデータは、蘇民将来信仰の体系にかかわる各種の札の存在である。その内容をうかがうと、一は天刑星をめぐる札、二は牛頭天王をめぐる札、三は牛頭天王の眷属をめぐる札、四は蘇民将来をめぐる札である。

　蘇民将来をめぐる札はさておくとして、前三者を検討しよう。天刑星については馬場屋敷遺跡に一枚、「☆天□□九九八十一」と記す札があり、天刑星を表現したものであったと考えられるがいまだ数少ない。ところが、広島県福山市草戸《くさど》千軒町《せんげんちょう》遺跡の数多い札の中には「(呪字)阿天形星」「(呪字)□□阿天形星」「(呪字)阿天形星」といった文言をもつ札があり、十三世紀後半〜十四世紀前半の間の札とされている。簡単な札ではあるが符を伴い、また阿字を冠する点、注目される札群であると言える。

こうした札に続くのが先に記した十六世紀前半に近い小川城例であり、「八□天形星」と上半に、下半に「日日□□」と書き、その間、右側に「咄□嘓」、左側に「□□□」と記した札の他、先に掲げた二種の天形星皇の札がみられるのである。天形星の札が次第に複雑になり整備されていく様子がうかがえるであろう。蘇民将来札の二つの流れ—精なるものは一層精緻へ、略なるものは一層の省略へ—といった動きの前者と絡み合うものであることが理解されるのである。

こうした中で注目されるのは牛頭天王の存在である。新潟県馬場屋敷の札群にも、またつづく草戸千軒町遺跡、小川城跡の札群中にも牛頭天王札は見られない。疫神として猛威をふるい、また疫神を統轄する力をも具えた神格としての牛頭天王の姿は、呪札の中には見出しえないというのが現状である。語句としては各書常に記され、また呪法書—たとえば『深秘抄』には「咄天嘓」の下に剣冠をつけ七星に六目をつけた髣髴《ほうはつ》の邪鬼神を描き、その下に左右に神神を記したあと「牛頭天王」と記した札が掲げられているように、この種の札も用いられたのであるが、現実には資料が乏しいのである。祀られるべき対象の故に、もしくは攘《はら》われるべき存在である故に、牛頭天王は札に登場する機会が少なかったのであろうか。後世、天形星と牛頭天王が習合し一体化すると説く所説もある。その場合は「牛頭天王」札は「天形星」札に替えられる可能性があり、いくつもの天形星札が発掘されているだけに、そうした二神の習合説も肯じ得る一面をもっているといってよいのかもしれないが、なお後日をまたねばならない。

牛頭天王のもとには八将神(八王子)と八万四千六百五十四神王といった眷属がひかえている。巨旦大王を滅ぼす際に活躍する存在である。こうした眷属をめぐる札については奈良県元興寺極楽坊発見の一枚がある。「八万四千六百五十四神王」と書き、下を二行に割り「急々如・律令」と記す珍しい例である。この八万四千六百五十四神王の数は、『祇園八坂神社縁起』にも見え、早くから定着した牛頭天王の眷属の数であった。呪法書中にはこの数字が見え、時に用いられた札であることも明らかにしている。こうした牛頭天王の眷属の様は『深秘抄』には鬼の隊伍なす行列、道行きの姿で雄弁に描かれている。まさに百鬼夜行とも似た表現であるところに興趣がある。こうした八万四千六百五十四神王、八将神(八王子)の襲いかかるところ、さしも堅固に城砦をめぐらした巨旦大王の世界も破れ滅び去るのである。

天刑星や八将神(八王子)、八万四千六百五十四神王、それに蘇民将来、そうした札を加えた世界が牛頭天王をめぐるまじなひ札の世界であり、まじなひの体系であった。さらには大日如来や薬師如来が天刑星や蘇民将来と習合し、そのもつ役割を重ねているのである。ところで最近でもなお「蘇民将来」札は各地の社寺で頒かたれている。その二、三をまず挙げてみよう。

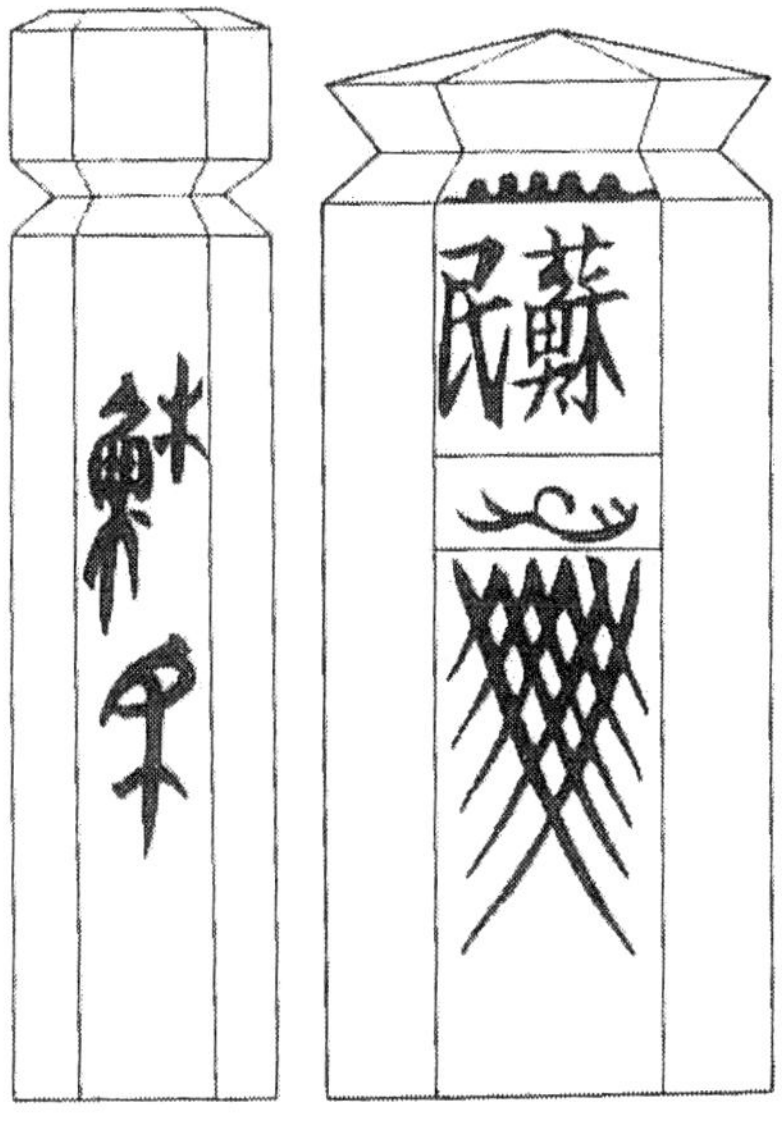

図3

一は岩手県水沢市黒石寺《こくせきじ》の蘇民将来札である(図3の左)。この蘇民将来札は断面六角形、頂部は平滑に作り周縁を緩やかに面取りし、頸部は鋭くえぐりこんで結縛《けつばく》できるように仕上げ、底は平らである。各面に「黒石寺　(焼印)蘇民・将来・子孫・門戸・☆」と記しているが、文字は非常に晦渋《かいじゅう》、一般の人々には読みがたい呪字に変えて、呪符の尊厳を保とうとするかのようである。よく似た蘇民将来札は愛知県津島市津島神社の蘇民将来札である。

黒石寺例と同様、断面六角形柱状の札であり、頭部を六面に斜めに切り落とし、頭部にやはり鋭いえぐりを施し結縛の便をはかっている(図3の右)。正面に焼印で津島神社と印し、残る五面に素盞嗚尊が天上から底根之国に放逐される際、霖雨《りんう》ふる中を青草を束ねて笠蓑とし家々に宿を乞いつつ降り行くが悪業の故の放逐とて、誰一人として宿を貸さなかったとする伝承にもとづいて、素盞嗚尊と牛頭天王が同一視されることもあって、この五面に斜格子風に蓑衣が描かれているのである。この焼印と蓑衣を書く各面の上部には「除疫、大福、長者、蘇民、将来、之門」と二字ずつ横書きの呪句が記され、頂部、えぐり部、柱身中央に朱書された施文を容れる華やかな札である。同様、六角形につくり相似た文言、腰蓑を描く例は、長野県上田市信濃国分寺の頒《わ》ける蘇民将来札にも見られるのである(図4の4)。今日、各地の寺社が頒かつ蘇民将来札は、このように六角柱で頭部を面取りし、えぐりを入れる例が多く見られるようである。

ところが、先に見た、馬場屋敷遺跡、草戸千軒町遺跡、小川城遺跡などの蘇民将来札はまさにその名の通り薄い板札であり、頭を山形に作り両側辺にえぐりを施す形をとっている。まったく異なる形態に蘇民将来札が展開しているのである。板札から柱札(守りという言葉が適切であろう)へと転ずる歴史がたどれるのである。ただ、ともに山形に頭を作り、頸部にえぐりを入れる点では通ずるものがあり、板札から守に転ずる際、こうした板札の形態が守りに移されたと見るべきなのであろう。

こうした「守り」としての六角柱の蘇民将来札の出現は、いかなる経緯をとるのであろうか。そのことを推測させる資料は『神道名目類聚抄』に見える蘇民守の図である。

蘇民守の項の下に「鎮疫神ノ守ナリ」と注し、横に八幡厄神守、祇園社守の二種の絵様を掲げているのである。注目されるのは八幡厄神守である(図4の1)。一条の紐を二つに分け、その先に丸筒を貫き、房糸が垂れる形で描かれている。絵には記されていないがこの丸筒の表に「蘇民将来子孫也」といった文言が記されていた可能性もあるであろう。今日の六角柱蘇民将来守には貫孔《ぬきあな》はなく、えぐりをもつ点なお若干の相違は見るが、おそらく板状の蘇民札がこの絵のような丸筒(もしくは六角柱)状の蘇民守の影響を受けて、こうした今日の形に移行していくものと推察されるのである。

『神道名目類聚抄』の八幡厄神守の形をさらにさかのぼれば、平安時代、卯杖《うつえ》と同様、正月上卯《じょうう》の日の祝いに用いられた卯槌《うつち》に脈絡する。この卯槌は正月の邪気を払うものであり、糸所《いとどころ》から内裏《だいり》に奉り昼御座《ひるござ》の西南柱に懸けられる。方形柱に天地の貫孔をあけ、頭部を紫金牛《やぶこうじ》・日蔭蘰《ひかげかづら》で飾り、約五尺(一・五㍍)の五色の組糸を貫き垂れるものである。その祖形は中国の剛卯《ごうう》の制に連なると説明されている。この卯槌は卯杖とともに、正月上卯日に用いるとされ邪気を除くとあるように、蘇民将来札も正月の上旬の用にあてられ、厄神を避けるといった働きをもっている。かれこれよく通ずるものがあるといえよう。したがって、本来は、板札として連綿と続いてきた蘇民将来札が、江戸時代に二つの形態に分かれ、その一は従前通り板札として、一つは剛卯—卯槌の影響をうけて六角柱守として息づくこととなったと見てよいのである。

ちなみに『神道名目類聚抄』の祇園社守は松枝に二本の木を結びとめ、これに蘇民将来子孫也といった文言を書いた紙札をかける形であるが、この紙札に当たるものが板札であったと見てよいであろう。各地で発見されている蘇民将来札、赤堀城跡発見の蘇民将来札をも含めて、こうした松飾りなどに結びとめられていた様子を復元したとしても、大きな誤りはないと考えるのである。

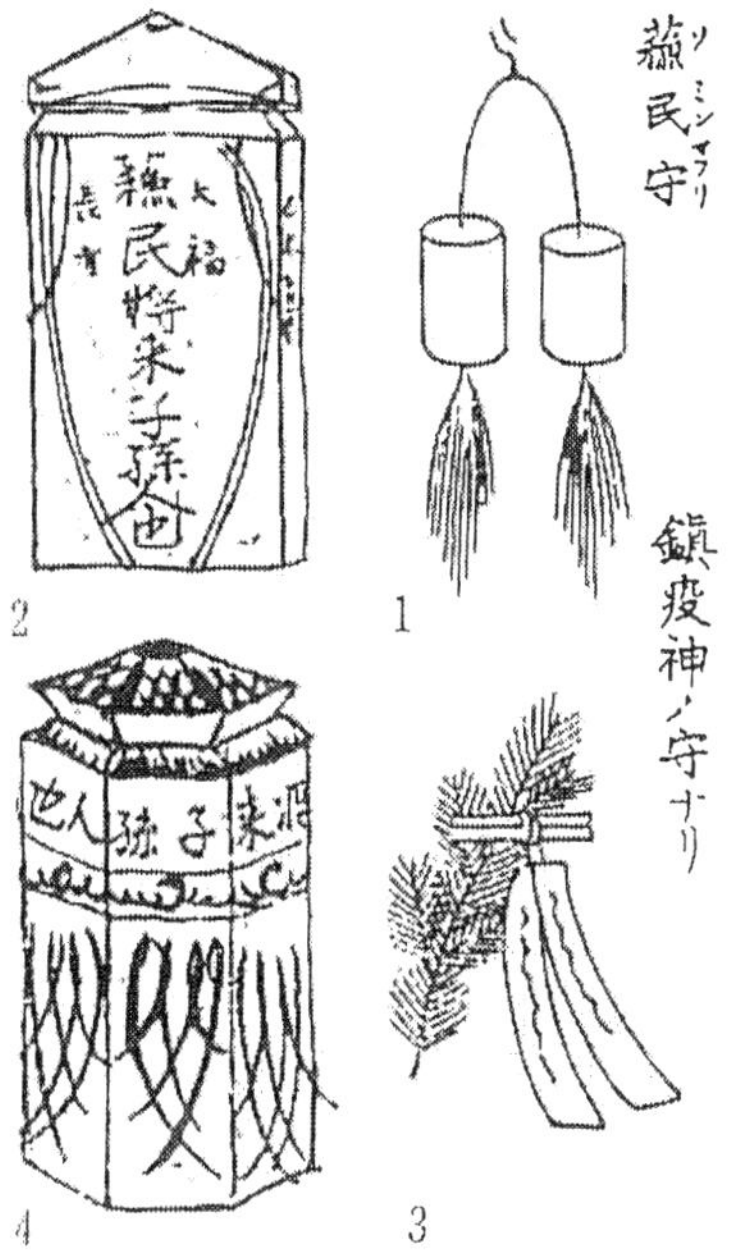

図4　1. 八幡厄神　2. 祇園社守
3. 州崎神社　4. 信濃国分寺

なお、この蘇民将来札の形と関連して注意しておかねばならないことは、板札の形態に二様が弁別されることである。その一は脚部が平切されたもの、いま一は尖るものである。前者は形の小さなものとやや大きなものの二類に分けられるが、小さなものは「蘇民将来之子孫也」として人々の腰や茅輪《ちのわ》に結ぶ札であり、後に六角柱守ともなるものである。大きなものは家屋の門戸などに松飾りとともにとりつけるもの、また後者、下脚の尖る例は門戸の脇や建物の傍らに挿し樹てる札と見てよいであろう。形と用途、用いる場の間に密接な関係があることを明確に示すものと考えるのである。

相似た例は物忌に際して用いられる物忌札についてもいえるところであり、頭に挿す物忌札は小さく平脚、輿や簾に挿す物忌札は少し大きく平脚、門戸に飾りものとともに結ぶのは大きく平脚、門前に挿し樹てる物忌札は大きく尖脚、まさに形と用途、用いる場の対応がみごとにたどれる事例であるが、蘇民将来札にも同じあり方が追えるといってよいのである。

このように蘇民将来札の形と機能、使用される空間を検討すると、現在、各地の社寺が頒かつ蘇民将来札は、「守」という言葉が適切な、個人が身におびる形の「守」であることが理解されるのである。ところが、三重県下では、門に「しめ飾り」として吊す蘇民将来札が現在なお息づいている。伊勢市周辺の各戸の門戸に見られる正月のしめ飾りがそれである。幾重にもよったしめ縄に五束の藁束を折り結んで下げ、左右に白幣を付け、その右外に裏白を、左外に橙《だいだい》を下げ、中央に札をさげた堂々たる飾りである。札は天地一五チセン、頭幅七・二チセン、脚幅六・二チセン、全体やや脚方にすぼむ長方形、厚き一チセンの木札である。

札表には「蘇民将来子孫家」、上右に「七福即生」、上左に「七難即滅」の二句を記し、下に門字を左右に別けて記す札である。今日では筆書せず刷るものとなっているが、丁重に刷られることもあり、遠目では筆書したかに見える美しさである。

裏面には「急々如律令」の句を中央に、左に九字、右に五行を刷っている。札の形は従来発掘調査で見出されている札に比べやや変化した今日風の札形ではあるが、しめ飾りに付けられる様は、『神道名目類聚抄』の掲げる祇園社守の系譜に連なることを暗示し注目される。八幡厄神守が個人の懸符、佩符であるのに対し、祇園社守は個人の帯符ないしは門符と考えられるものであり、伊勢のしめ飾りに伴う蘇民将来札と通ずるものがたどれるのである。

こうしたしめ縄飾りの蘇民将来札は、現在伊勢市を中心に各家に同規同矩の札が一斉に見られる。伊勢神宮を信仰圏とする地域に、この種の蘇民将来札が拡汎《かくはん》しているのである。

同様な事例は江戸時代にも見られる。たとえば『都名所図会』には石清水八幡宮を説いて「疫盡堂、一の鳥居の南、廊下の内にあり、此所八幡宮御旅所也、疫神は正月十九日一日の勧請也、延喜式に曰、山城と摂津の境に疫神を祭るとあり、世人正月十五日より十九日まで当山へ群集して、其年の疫難を払ふなり、土産には蘇民将来の札、目釘竹、破魔弓、毛鑓等を求めて、家に収め、邪鬼を退るなり」とあるように、石清水八幡宮は八幡宮としての蘇民将来札を土産として頒かっているのであり、おそらく同巧の札が一斉に群集に拡汎するのである。

同様な事例は『諸国図絵年中行事大成』の一月十四日、祇園社粥杖蘇民社三科の祓の条に「当社に木口の四角なる守を出す、其札に蘇民将来子孫と書す、是疫を除くの守にして、素盞嗚尊より起る」といった記事が見られる。祇園社の蘇民将来守は先に『神道名目類聚抄』所収の図では松枝に二本の木を結びとめ、蘇民将来子孫也といった文言を書いた紙片をかける形で描かれているが、この記事では「木口の四角なる守」とあり、趣を異にする。木口の四角なる守で想起されるのは、石清水八幡宮の九筒守である。

この丸筒守の祖源的な形として卯槌のあることをのべたが、この卯槌は方柱形であり貫孔をあけて五色の組糸を垂れるものであり、相通ずる形状と見てよい。祇園社の蘇民将来札にはこうした二様の形状が見られるのであるが、紙札を伴うものは、しめ飾りとして門戸に、方柱の守は佩符として護身に用いるものと見るのが穏当なのであろうか。それとも一からいま一に変遷するのであろうか。一応は前者の考えを穏当と考えておきたいと思う。今日見る蘇民将来札と鎌倉・室町時代を結ぶ道程―江戸時代の蘇民将来札がいかに多彩多様であるかは、こうした文献からたどることができるのである。

赤堀城跡の蘇民将来札は、どのようにしてこの地に配られたのであろうか。そうした経緯もまた、まじなひ札を考える上に重要な視点となる。そこで二、三の頒符《はんふ》のケースを拾い上げて検討することとしよう。

最近、東大阪市額田町一円の発掘調査で次々と蘇民将来札が発見されている。狭い地域社会に多くの蘇民将来札が流通しているのである。この地域を検討するといずれも集落跡であり、地域内に著名な式内石切劔箭《いしきりつるぎや》神社が所在する。この神社は現在、管長職を木積《こづみ》家で継嗣されており、地元では別称木積宮と呼びならわしている。この地に存在した一寺は法通寺《ほうつうじ》といい、いまなおその遺称を留めている。法通寺・木積宮・木積氏、実は訛音《かおん》であり本来は饒速日尊《にぎはやひのみこと》に出自する物部氏の一族、穂積《ほづみ》氏の居地であり、元来は穂積寺、穂積宮、穂積氏であった。この穂積が中世、牛頭天王の牛頭の音と通じ、一時は牛頭社、天王社とも称したようである。したがって一円に見られる鎌倉時代の蘇民将来札は、この牛頭天王社＝石切劔箭神社からの頒布であり、近隣の各村に広く行きわたる結果になったとみられるのである。社寺から集落の各家に蘇民将来札が行きわたるには、一つには岩手県黒石寺の蘇民将来札のように一月十九日、黒石寺境内に集まった各村々の群衆に、蘇民将来札を容れた布袋を本堂から投じ、裸の群衆がこれを奪いあい、やがて布袋の中の札が取り出され、多くの人々にわたるといった蘇民祭ともいうべき祭儀の中での拡汎のケースもあれば、石清水八幡宮の先の記事のように一月十九日疫盡堂で疫神を勧請してこれを祀り、群集して難を払う、そうした祭の土産といった形で頒布するケースもみられるのである。「守」とされる蘇民将来札の広がりをうかがうに足る資料といえるであろう。

一方、『倭訓栞《わくんのしおり》』には「そみかくだ」に注して「山臥をいふ、蘇民之札の義、蘇民将来子孫、繁昌の符などを人にあたえ、門戸に掛けしむるをもて名とせるなるべし、夫木集に、あやぶまで峯よりくだる柴車のりに心やそみかくだなる」と記している。「そみかくだ」は山臥のことであり、蘇民将来札とかかわる存在、この札を人々に配る存在を山臥とみているのである。言葉を換えれば、蘇民将来札を頒かち歩く山臥修験の徒の姿がここには見られるのである。山臥が寺社に属する存在であることはいうまでもないところであるが、個々の家々を門付けして蘇民将来札を配るといった情景もまたみられたのである。

赤堀城跡発見の蘇民将来札は城下での札であり、それだけにその配札がこうした配布のいずれの型に属するのかは定めがたい側面をもつ。ただ、この蘇民将来札は、この赤堀の地には牛頭天王(須佐之男命)を祀る牛頭天王八王子社こと八坂神社があり、赤堀城主の鎮守であったと伝えるだけに、この八坂神社からの配札、城主や城へ神主が参上しての配札といった可能性を考えておくべきであろう。

古代・中世・近世を通じて用いられたまじなひ札の世界は、時代時代の人々の心根の揺れ動き、喜怒哀楽を端的に表現する重要な手がかりである。各々の家に懸けられたり、立てられたりした呪札・呪符の多くはその都度焼却されたり流されたり、その姿を留める事例は極めて稀、その数も少ない。そうした中で最近の考古学の調査は発掘の進展もあって多くの呪札をこの世に顕現させ、そのかみのまじなひ世界を雄弁に語らせ始めた。このまじなひ札の中で最も体系化され、数量多く長期に存続した札が天刑星・牛頭天王・眷属・蘇民将来といったいわゆる牛頭天王＝疫神を中核におく、まじなひ札である。赤堀城跡の蘇民将来札はまさにそうした札の一枚であり、その語るところは極めて大きい。文字すら消えた小さな一木片、そのもつ価値の大きさがここに浮かび上がるのである。

こうした小稿に協力された四日市市教育委員会文化室の北野保、春日井恒さん、図版作成に援助下さった奈良大学学生佐藤玲子さん、図4に『古事類苑』の挿図および『民族と歴史』所載の本山桂川氏稿の挿図を掲げさせていただいたことをここに記して、感謝の意を表し、稿を終えたい。

屋敷と家屋のまじなひに

屋敷を得る、屋敷を失う。家屋を建てる、家屋を焼く。人の生きざまの中でこうした屋敷や家宅が心を揺り動かす。揺れる想いの中には栄光と希望に満ち満ちた日と落胆と失意に深々と沈む日がある。失意にあるものは再起を願い、よみがえりを求める。栄光の世界にあるものは、この栄光の永遠を実現せんと一層の想いに動く。幸せを永遠のものとしようとする心根には、何時いかに滅ぶかもしれぬ盛者必衰の理への怖れがあり、あらゆる手段を講じて一層の隆昌への道を確かめ安らぎを得たいとする。

この手段の可能性を大きく占めるのがまじなひ世界である。衰者必盛の言葉を作ってでも不幸から立ち上がろうとする者がまずその手段とするのも、またまじなひ世界である。屋敷と家屋のまじなひを求める中で中世の人々の想いをまず浮かび上がらせよう。

屋敷や家々をめぐるまじなひ世界を詳細に語るのは、『簠簋内伝《ほきないでん》』の造屋編である。本書では、屋敷地を求めるにあたっては、まず地形を判ずることから説かれている。たとえば、「東低く西高きは青龍《せいりゅう》の地にして木姓《もくせい》の神の屋敷なり、青龍の地は木姓の人は貧しく、火姓《か》の人は富み、土姓《ど》の人は病し、金姓《きん》の人は災ひあり、水姓《すい》の人は栄えるなり」と記し、東低西高、西低東高、南低北高、北低南高、中底方高、方低中高の地と六種に地形を分けて、木・火・土・金・水の五姓にあわせて説いている。

この六種の地形中、最も凶とされるのは、今日では好適の屋敷地とされる方低中高の地である。「四龍地《しりゅうのち》は五姓ともにこれを厭《いと》うべし。或《ある》ひは是《これ》を無主地《むしゅのち》という。総じてこの地に卜《ぼく》して居《お》る人は身を覆《おお》ひ命を断《た》つこと甚《はなはだ》しく、常に口舌起《くぜつおこ》りてまさに闘諍《とうじょう》はげしく、火風《ひふう》の難常《なんつね》に来《き》たりて家屋を壊《こぼ》ち、水賊《みずぞく》など至りて財宝《たから》失うこと甚し、あえて住むべからんや」とのべている。

仮りに水姓の人ならば、東低西高の青龍の地では栄え、西低東高の白龍の地では富むとされるが、他の地形では患し、貧し、病するとされているのである。屋敷地の地形一つをとってもこうした複雑なルールをまじなひ世界はもっているのである。

現実に屋敷地が決められたとしても、次に問題となるのは屋敷地の相―形態である。屋敷には二十二相があり、四角円形の屋敷は如意相、八角團形は富貴相、前狭く後広い屋敷は富貴相、南北に長い屋敷は豊饒相などと説かれており、ここにも詳細なとりきめが見られるのである。

屋敷地をきめる日、地をならし埋め屋敷地を造る日、家々の材を伐り出す日についても吉日の日取りが定められており、人々は、それぞれの吉日を得て屋敷の営みを進めていくのである。

昭和四十七年秋、埼玉県の青鳥城跡の調査中、興味を惹く一組の皿が発見された。皿の内面に墨で輪宝《りんぽう》を書き中心に梵字のア字を収めた特異なものである(図1)。その後の資料の増加もあって、この種の皿が地鎮のみぎりに用いるものであることがわかってきた。たとえば『修験常用《しゅげんじょうよう》秘法集《ひほうしゅう》』其の二には、地鎮祭法として、

土器の内に是の如く輪宝を書き、粥《かゆ》の五穀を少し入れよ。又、土器にア(梵字)を書き、蓋《ふた》を覆《おお》ひて之を埋むべし。堂塔社相《どうとうしゃそう》の地鎮は中央に之を埋むべし。人の屋

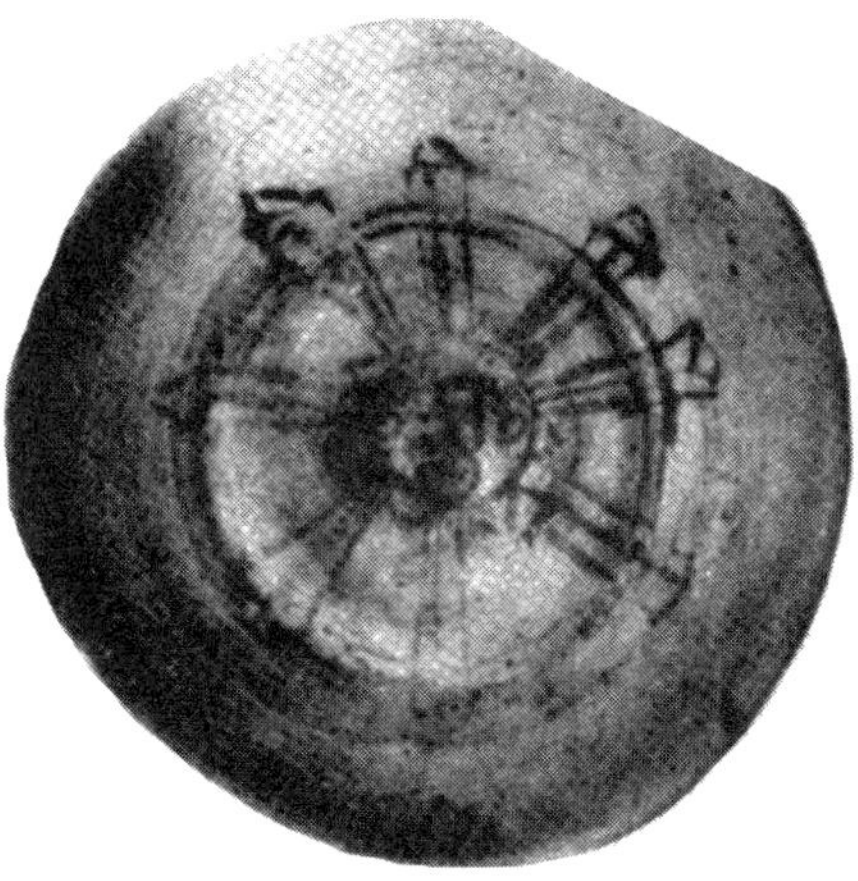

図1　青鳥城跡発見の輪宝を書く土器

敷には四壁の内、氏神の祠の下に埋むべし。又その館の内に社なくんば、戌亥《いぬい》の角の柱の下に埋むべし。悪土等の札も爰《ここ》に埋むべし。并びに建除之れを埋むべし。又四隅の柱の下の土を一升ずつ取り、戌亥隅の土をば辰巳《たつみ》の隅の柱の下に埋め、辰巳の角の土をば戌亥の角の柱の下に埋めよ。未申《ひつじさる》の角と丑寅《うしとら》の角も是の如く更互するなり。樗木《ちょぼく》の長さ五寸、広さ七分にうすく削り、四天王の種子を書きて、前の土の如く互に取り違えて埋むべし。是れは各々うつむけて埋むべし。

と見えている。埼玉県青鳥城の例や京都東福寺、茨城県例などは一カ所から一組を発見しており、岐阜県伊富岐《いぶき》神社例は社殿中央床下から輪宝とア字(梵字)を書く皿を数多く陶筒の中に収めたものであり、二つのあり方が指摘できる。地鎮めの祭りは修験道だけでなく仏教でもまったく同様な法式でとり行なわれている。

承応《じょうおう》二年(一六五三)三月二十二日の書写の奥書をもつ『屋敷地取作法《やしきちとりさほう》』は南院《なんいん》本と道意《どうい》本を校訂したものであるが、はじめに「造作新造の時地神に地を乞ひ奉る事」としてさらに詳細に地鎮めの法を記しているし、西来寺《にしらいじ》住慈《じゅうじ》歓《かん》は寛政《かんせい》四年(一七九二)八月に『土公作法《どこうさほう》并《ならびに》支度《したく》』と称する一本を書写しているが内容は酷似しており、輪宝と梵字アを書くことのみが記されていないのである。

地鎮にはこの他にもいくつかの法式が認められる。たとえば滋賀県中主町《ちゅうずちょう》の白井《しらい》家では大黒柱の柱下に径三寸ほどの鉄丸を函《はこ》に納めて安置していたし、また岩手県北上市では柱下から朱に染まった三石が発見され、一石には一白《いっぱく》水星《すいせい》・二黒土星《じこくどせい》…九紫火星《きゅうしかせい》と記し、二石には「古留邊由良由良」と墨書されていた。おそらく地鎮にあたって鎮《しずめ》石《いし》として配されたものと考えられるが古留邊由良由良の句は『旧事本紀《くじほんぎ》』に見られる鎮魂祭の呪句であり、「ゆらゆらふるう」所作を通じて、霊をふるいたたせ、活気づけようとする目的をもつ句である。

瘧病平治《おこりやまいへいじ》の神符《しんぷ》として丸い符札を作り中央に円を書き、中に由良・布留部・由良と三行に記し、円の四方に少彦名《すくなひこな》命《みこと》と書き、さらに外周に五臓符中安鎮守護給の九字を配置した例があるが、このようにフルヘユラユラの句は瘧病を治し、たつべき家の安鎮の句として息づくのである。

地鎮のとり行なわれたのちにも種々のまじなひがなさ

れる。『柳莽雑筆《りゅうもうざっぴつ》』には京都真言教寺の徳治《とくじ》二年(一三〇七)の上梁文《のぼりやなぶん》のある虚空蔵堂《こくぞうどう》の各柱に頭・足・背・腹の四字が方柱の各角に墨書されていたと記し、これが『簠簋《ほき》内伝《ないでん》』に見える「就柱立龍伏口伝」に合致するものであると説いている。柱を立てる時、無造作に木目のみを見て立柱するのではなく、一つのまじなひ体系がそこに厳然と存在することを語っているのである。『簠簋内伝』によると、「此の大地の底に一の大蛇有り、四季に依りて伏臥の所大いに異る。若し柱を頭に立てる時は則ち父母師君死亡す。又、柱を足に立る時は則ち眷属僕従没亡す。柱を背に立る時は則ち妻子自己倶に死亡す。柱を腹に立る時は則ち萬福求めざるに来たり七妖の思はざるに退き子孫繁昌して家内安全なり。」とあり、その由縁が理解されるのである。

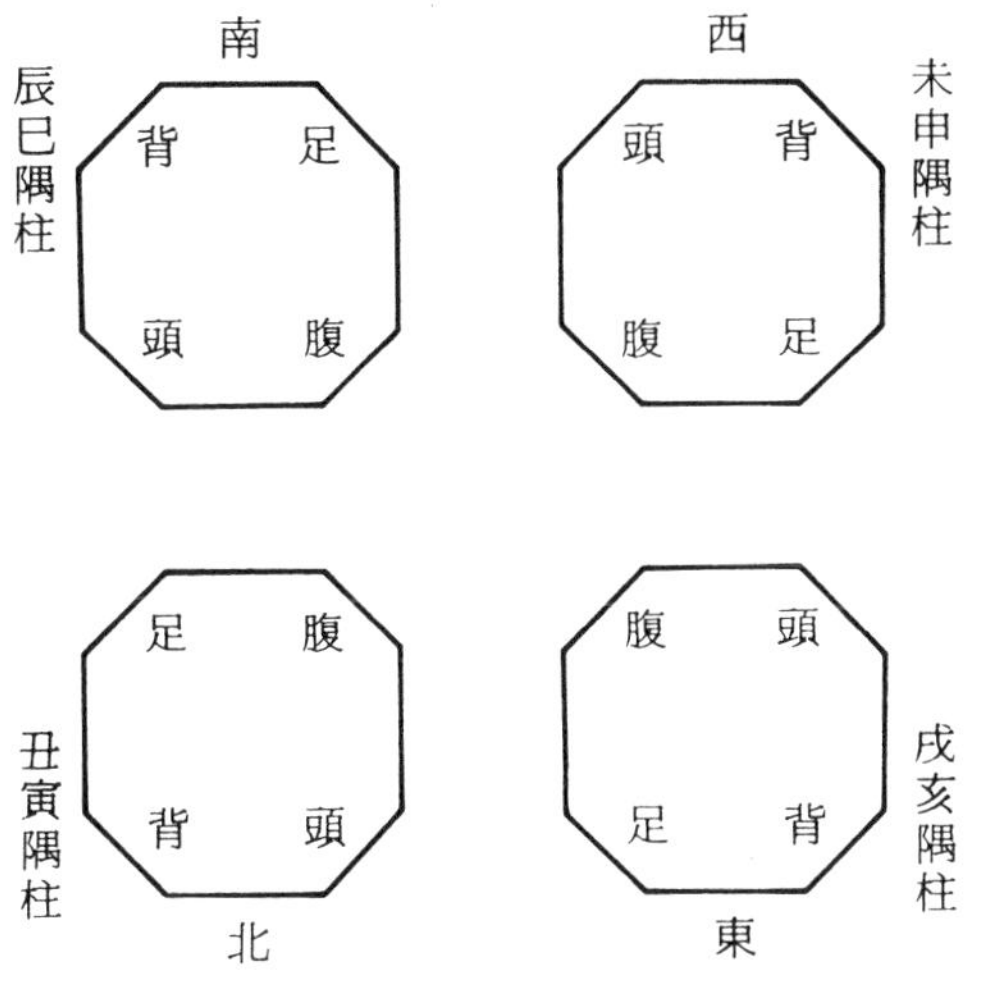

図2　真言教寺龍伏の柱

　真言教寺虚空蔵堂の場合、四隅の隅柱の外方に向って背の字が、また建物の内に向う角に腹字がくるように配され、龍腹に立柱する形となっている。加えて柱の木目を見ると皮付の方を外にし心を内へ、換言すれば背・足・頭字は皮付に、腹字を心にくばって柱材を作りたてることが知られるのである。こうした龍伏を考えての立柱例は別に二・三の例があり、今後も多くの例が得られるものと思われるのである。

　立柱にはじまる諸工事が進むと棟上げとなるが、棟上げにあたっては、また種々の祭り、まじなひが見られる。吉日を撰び式がとり行なわれるが、応永《おうえい》十四年(一四〇七)の造替日記を見ると、「御殿の御棟の東西に弓矢を儲け沓形《くつかたち》餅《もち》、折敷《おしき》を置き、御幣に五色緒《ごしきお》をかけて、弓は御棟南北に向ひ合せて付打ち候」とあるように邪気悪霊を避ける、払う力をもつ弓矢が棟に打ちつけられ、餅などが供されているのである。棟に銭を打ちつけたり梅実を蔵したりするのも辟邪摧邪《へきじゃざいじゃ》のまじなひであろう。中国でも太暦八年（七六六）、文珠閣上梁に「飯餅見銭等物」を置くとあり、実に飯餅二千顆、胡餅二千枚、茶二百串というように厖大多様な食物とともに赤銭二百貫が供されたことが記されており、彼我共通する一面をよく示している。

　この上棟式には一般に棟札がつくられ棟に打ちつけられる。棟札にもいくつかのタイプがあるが、表には「奉新添修造八幡大菩薩御宝殿右志者」と中央にしたため、右に「天下太平国土安穏」、左に「所願如意成就処世」などと記し、下に願主、結願者、大工などを加えるのが通有の形である。この棟札の背面には、時に興味深い呪句が書かれる。神道流に「高天原仁千木高知氏」と記したり、道教流に「急々如律令」とか「臨兵闘者皆陳烈在前」の九字を書き冊なり☆を加えるもの、また仏教流に五大力菩薩と書くものなど豊かな世界を見せている。大力の五菩薩による守護を願う心根、忍者も使う九字とその印により邪悪なるものを退け太平安穏、所願如意成就をなさしめんとする呪句にこめられた想い、そこには願う趣旨の確かな成就を中心にまじなひ世界が活きているのである。

　最近、こうした棟札と共に梁《はり》に打ちつけられた祈願札の発見が相ついでいる。大阪府山添邸で発見された札は、中央に[illegible]急々如律令の句を置き左右に上棟の日、当主の名を書く。[illegible]は文字ではなく呪字なのであり、古くから諸悪難を払う符字とされているだけに、火難・水難など家に差し迫る難や戸主・家族におよぶ病難や盗難を未然に防ぎたいとの心の動きがこうした符を上棟の日に用いる結果を生み出したのであろう。

　昨年、大阪府の鴻池《こうのいけ》新田会所の棟から棟札とともにや

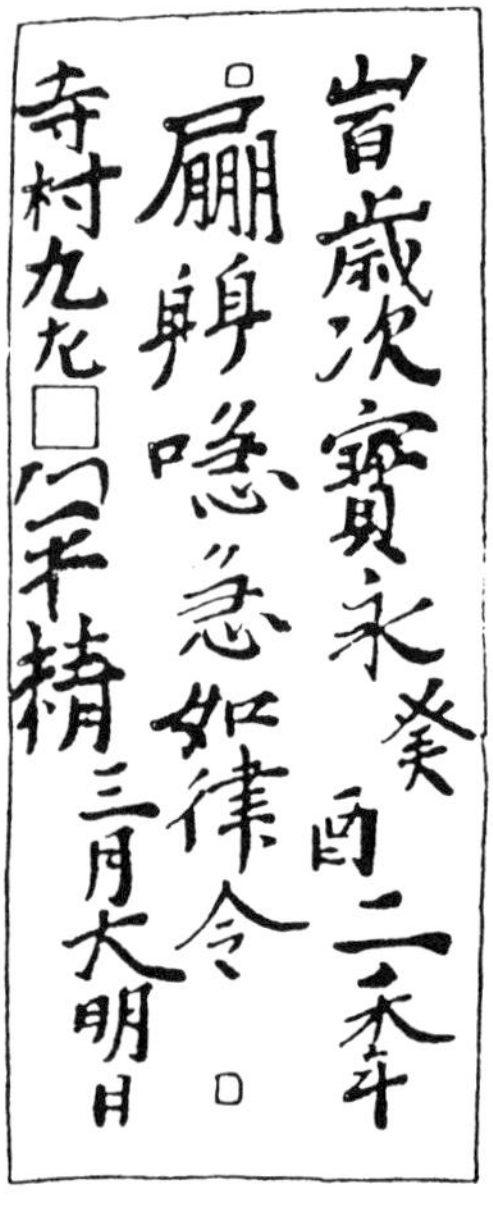

図3　山添邸の祈願札

はり重要な祈願札が発見されている。「天栄地栄……布留部由良由良一二三四五六七八九十」と墨書した札であり、森宮神社神主の執行のもとに作られたものであることが知られる。『旧事本紀』の鎮魂祭の語るフルヘユラユラの句がここにも登場しているのであり、ユラユラと一二三と数えつつフルヒムスブ、その様が記されているのである。上棟の吉日に家も安鎮し、家族の安寧を護るためにこうした呪句が一つの機能を果たすのである。

　棟上げが終わり新屋に移るにあたっても厳重なしきたりが見られる。『類聚雑要抄《るいじゅうざつようしょう》』には、康平《こうへい》六年(一〇六五)七月二日の屋移りの様子を次のように述べている。

　まず水を捧げた童女《どうじょ》と燭《しょく》を捧げた童女の二人が先にたち、つぎに黄牛《こうぎゅう》を索く一人、つぎに坏《ひ》に金の宝器をのせた二人がつづき、内に五穀をいれた釜を持つもの二人、やがて家長が出、馬の鞍をもつ一人、子孫の男がつづく。つづいて布帛《ふはく》を盛った箱をもつ二人、五穀と飯をいれた甑《こしき》をもつ一人、最後に家母が鏡を心前に帯びて移るのである。水・火・宝器・馬鞍や帛を納めた箱などは堂に入れ、釜・甑などは大炊屋《おおいや》に、黄牛は庭につなぎ五菓を食し飲酒する。宅に入った次の日、門戸・井竈・堂庭・厠などの諸神を甑内に盛られた五穀でもって祀る。移徙してのち三日間は殺生せず、歌わず、厠へ上らず、悪言もせず、楽も奏せず、刑罰せず……と詳細が語られているのである。

　屋敷の地を卜定《ぼくじょう》するところから新宅に移るまでの時の流れを追う中で、その折々の段階で種々のまじなひ、呪儀が盛んにとり行なわれることを示したが、移り住んで後にも、また数々のまじなひ・呪儀がくりひろげられるのである。

　古代には、建物は戸主の死と新しい戸主の誕生を契機として家が建てられ、都も移されていった。一代一都、代ごとの遷都などはその極端な現われである。こうした代ごとの家のよみがえり、新築だけでなく、来る年ごとに家の、屋敷のよみがえりが願われていたことが『延喜式』などでわかる。大殿祭《おおとのほがい》にあたって忌部《いんべ》が玉を取り殿の四角に懸け、御巫《みかんなぎ》等が米・酒・切木綿《きりもめん》を殿内の四角に散じ、つづいて湯殿《ゆどの》・厠殿《かわやどの》・御厨子所《みずしどころ》、紫宸殿《ししんでん》の順に四角に玉を懸け、米酒を散じ、最後に御炊殿《みかしきどの》に同様の所作があって大殿祭が終わるのである。

　玉を懸け、米酒・切木綿を散ずることは地鎮・鎮壇の場合や災厄をはらう場合にしばしば見る所作であり、機能として一脈相通ずるものが認められるのである。各建物の四境を災厄や寄りくる悪霊を払うことで護り、懸けられた玉でよみがえる新しい霊を鎮め、建物のよみがえりを願っているのである。

中世、こうした大殿祭とも一面通ずる性格を示す呪儀として「屋固《やがため》」があげられよう。たとえば、『吉田家日次記《ひなみき》』応永十年(一四〇三)正月十六日の条を見ると、

今日以使者并書札、示遣屋固事於陰陽頭賀茂在方朝臣、祭物鵝眼百疋遣之了、五方土四方、并神各少分可送之云々、仍裏遣之了、及晩屋固文庫、寝殿四方、四、角并中門同帳台、対舎、雑舎、車宿、厩、大小門各一、宇別一、慇懃沙汰送之、五方土返送之、此地移住之後、未及沙汰之間、今日以吉曜沙汰之、祝箸々々急々如律令

といった記事がある。要するに家屋・屋敷の屋固—堅固平安の呪儀として、陰陽師の所掌《しょしょう》するところとして五方の土をとり、この土に呪儀が行なわれるのである。地鎮にあたり東西南北中央の五方に札をたて、また対応する方位の土、たとえば戌亥の隅の土を辰巳の隅に、辰巳の隅の土も戌亥の隅に埋むといった呪儀とも重なり合うところが多いのである。

慶長十六年(一六一一)書写の奥書きをもつ『まじなひ秘伝』には、金姓人、土姓人というように分別し、各姓ごとにヤカタメの札の呪句を掲げている。よって来る由縁は不明ではあるが、そこには複雑に発達した呪句の姿がたどれるのである。一例として金姓人のヤカタメを掲げよう(図4)。

呪句として解釈することのできないのは残念であるが、北方にたてる札中に見える天形星《てんけいせい》は牛頭《ごず》天王や悪鬼を酢に浸して食すると説かれる強力な辟邪の神王とされており、こうした辟邪摧悪《ざいあく》も内容の呪句であること、水姓の人の屋固札の北、南の両札に見える呪図は、天形星七目符と称されるものであり、やはり天形星とかかわり辟邪、疫神《えきしん》守として用いられる図であることなどを考えあわせれば、屋固の性格が単に家屋の固め、平安を願うだけでなく、強く摧邪《ざいじゃ》(邪な心を打ち砕く意)の面をもつものであったことがうかがえるであろう。広島県草戸千軒町遺跡や和歌山県中荘《なかのしょう》遺跡発見の阿天形星呪符とも関連が考えられるもの

である。

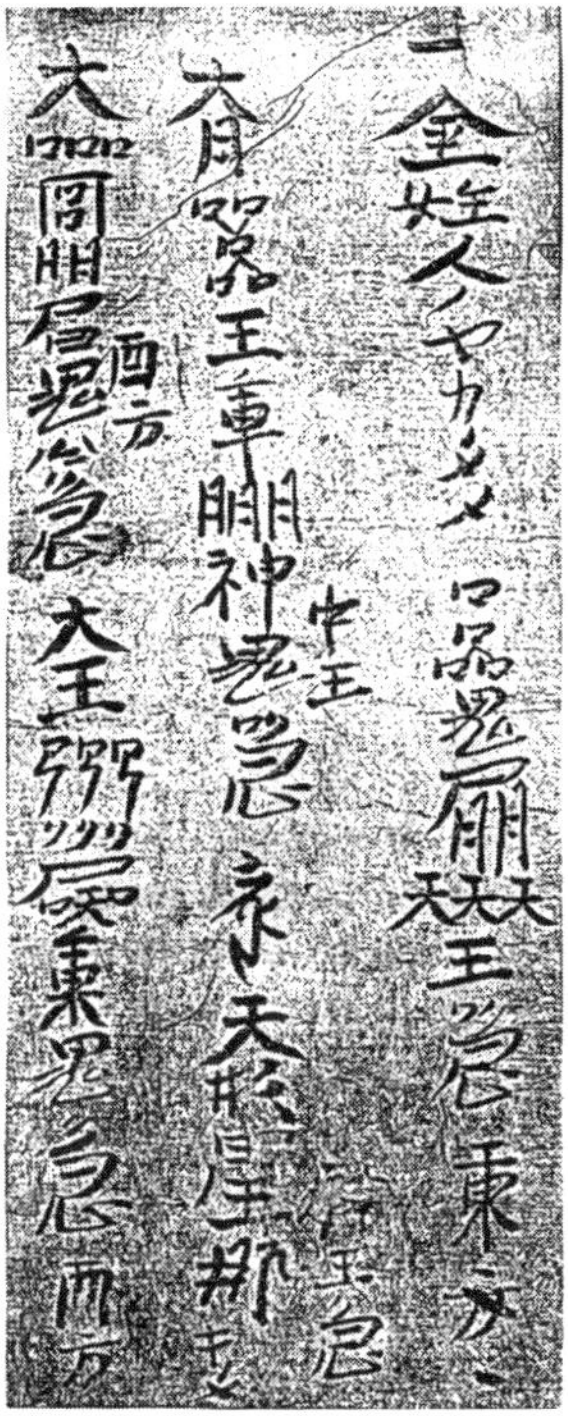

図４『まじなひ秘伝』のヤカタメ札

　ところで、草戸千軒町遺跡では、三宝荒神《さんぼうこうじん》を描き上に明天中と書した札が発見されている。天中は、天中節を示す言葉であり、一般には七月晦日、生気の方の木もとり炭で焼き八月朔日、日の出前に「八月朔日天中節赤口白舌随節滅」と書き門や社頭に押す慣習があった。八朔《はっさく》札と呼ばれ火難、盗病、口舌の災を払う術として広く用いられていたものである。赤口《しゃっこう》は赤き焔、白舌《はくぜつ》は白き煙であり火災を鎮めることに呪意があると考えられる札であり、中世の日記には頻出する札である。

　建てられた居宅や建物の罹火《りか》を防ぐことを願う気持ちがこうした呪札を広く流布させたのである。兵庫県の著名な丹生谷《にうのや》箱木《はこぎ》千年家《せんねんや》で見出された呪札もまた同様な一例である。頭に呪と書き、つづけて「姑蘇啄摩耶啄」と記し、二行に割って「往宋名无忌知君是火精大金輪王勅」と記し最後に急々如律令の呪句を配している。この往宋にはじまる句は今日も火災よけの呪句として札にしたため門に貼るとよいとされて息づいている。居宅の罹火を防ぐために多くの呪札が用いられるのは当然のなりゆきであろう。

『中右記《ちゅうゆうき》』の康和《こうわ》五年（一一〇三）十一月十七日の条には、十六日に五条東洞院《ひがしのとういん》西辺四五町ほど、数百家已《すでに》煨燼《かいじん》といった事態のあったことをのべ、来宅した陰陽助《おんみょうのすけ》家栄《いえひで》と語りあった内容として、「欲慎火事者、毎日朝間念誦之次可称朱(朶カ)無忌者、是朶無忌者火性之名也、唱此三字之時火神避不来云々、此事有興、仍所記置也」と記している。こうした火神の名を唱えれば火神も辟《さ》けるというのであり、朱無忌なのか朶無忌なのか、いずれが正しいかは別として、この三字がやがては呪句となり呪符に迎えられることは言うまでもないであろう。

現実に『扶桑略記《ふそうりゃつき》』には、天徳《てんとく》五年（九六一）六月十六日、はじめて内裏殿舎門廊《だいりでんしゃもんろう》の柱を立て梁《はり》を上げたがこの日改元し、天徳五年を応和《おうわ》元年とされた。この改元の理由は、天徳とはこれ火神の号なり、その忌あるべし、よって改元するなりと記されている。火神の号にも種々あることが知られる上、改元の理由ともなっていることは注目される。いずれにせよ、火災をさける呪符は数多く出されているのである。

屋敷の中で、まじなひに深くかかわるものとしては、竈《かまど》と井戸があげられる。井戸を穿つにあたって種々の呪儀があったことは改めて言を要しないであろう。兼康保明氏が先般報告された滋賀県加茂遺跡の井戸などはその一例であろう。井側板《いがわいた》を据える掘り方の底に清砂を敷き、斎串《さいくし》をたて、呪儀終えてのち側板が置かれていく。斎串をたての様子が手にとるように判明する。井戸の開穿《かいせん》と共に井戸―とくに古井戸を埋めることも重要な呪儀が必要である。草戸千軒町遺跡や奈良県奈良坂遺跡では、埋められた井戸の中に節を抜いた竹がたてられた状況が顕現している。今では井戸の気一目を抜くと伝えているが、古くは、金貴大徳と書いた札を長い竹に挿み、これを井戸にたて、いま一本節を抜いた三尺ほどの竹を浄《きよ》め泥土をのぞいた井戸底に指し立てる。埋めるほどに金貴大徳札を挟んだ長い竹を抜き上げ、終わるとこの竹を川に流しやるという。小さい逆竹は井戸にのこすのである。井戸にある霊を鎮める一方、災過をもたらす霊をひき出す呪儀である。金貴大徳は、金貴と大徳であり、『簠簋内伝』によれば、珍財国の大王守宅神《もりやのかみ》と王妃鎮家女の間に生れた五子の二人とされている。守宅・鎮家の名の示すように宅を守り、家を鎮めるものとして息づいているのである。

先に『吉田家日次記』により屋固の姿を見たが、同年同月十九日の条にも「今日東庭の古井を埋む。日ごろ木を構えて防いできたが次第に破損し煩わしくなってきたので在方《ありかた》朝臣（陰陽頭《おんみょうのかみ》）と語らい、中央に節を通した丸竹をたて井戸を埋めた。俗説ではこの時銭一文を入れるというが……」とあり、室町時代初め―応永十年（一四〇三）にこうした埋井の呪儀が普遍化していたこと、こうした遺跡が今日発掘されていることをよく示したのである。

古井戸を埋めるという際の呪儀はこれだけではない。栃木県石那田《いしなだ》館跡の井戸がその一例となろう。井戸が次第に埋まっていく中で一挙に埋める必要が生じたと見え、埋土されている。この埋立に多くの完形の皿が配置されていたが、その皿には、一・二・三・四・五・六・七・八・九・十・十一といった文字をそれぞれ書くものが見られるのである。おそらく、東・西・南・北・中央の諸神を勧請し、粥なり五穀を捧げ、四方を結界した上、古井戸を埋めていったのであろう。やはり埋井の際の呪儀を彷沸とさせる遺跡といえるのである。

井戸をめぐる呪儀はなお数多い。井戸を年ごとによみがえらせ、力づける呪儀として中世、盛んに松明《たいまつ》をかざして井戸の底を映すことが正月に行なわれたし、また遺跡からは男性のシンボル―陽物を木で作り井に投げ入れるといったこともなされたようである。いずれにせよ井戸をめぐり数多くの緻密な体系をそなえたまじなひ世界が展開していたのである。炊飯の中心になる竈や人々の必ず用いる厠屋についても同様、詳細に組み立てられたまじなひ世界が広がっていることは言うまでもないであろう。

こうして厳重に実修《じつしゅう》されたまじなひ世界にあっても、常に人々に平安・安寧を保証することはできない。人には必ず死が訪れ、屋敷や家宅もそのたびに清浄を乱す場合が生ずる。家に死者の出たとき、その家の門前に札がたつ。物忌札である。たとえば、『大日本国法華経験記』下・第一一三話に「奥州の鷹取《たかとり》の男」の一話が記されているが、九死に一生を得た鷹取りの男が「往きて我が宅に至るに死して七日に至りて、物忌の札を立て、門を閉じて人なし」とあるように平安時代にすでに物忌札が成立している。『今昔物語集』にも死者を出した家の門前に物忌札を立ててはいても、なお人の躰をなした鬼が固くとざした門から入りこむ様が巻二十七に第二十三話として記され、より来るもの―鬼の存在が説かれている。死者を出し物忌に籠もるだけでなく、内の穢を外に出さず、門内の弱まりをついて近づこうとする邪鬼を却《しりぞ》けようとすることに、その本意があるのである。

かつて、奈良県元興寺極楽坊から多数の物忌札が発見されたが、これらは十四世紀代の物忌札であり、厖大な葬祭資料と共存しており、葬家の門前にたてられたのち、元興寺極楽坊に運びこまれたものと考えられた。現実に中世の日記には初七日、二七日、三七日……と忌日ごとに葬家門前に物忌札をたて、忌に籠もる様が数多く記しとどめられている。元興寺の物忌札は梵字のバンを頭に書き、つづいて「堅固物忌九九八十一 二十七九八 急々如律令」と表書し、裏面にはたとえば「正平《しょうへい》七年(一三五二)壬辰閏二月廿三日他界」と墨書する三角頭の三九センチ、幅六センチの札である。他遺跡の例はいまだないが今後各地で発見されるであろう。家の穢れを

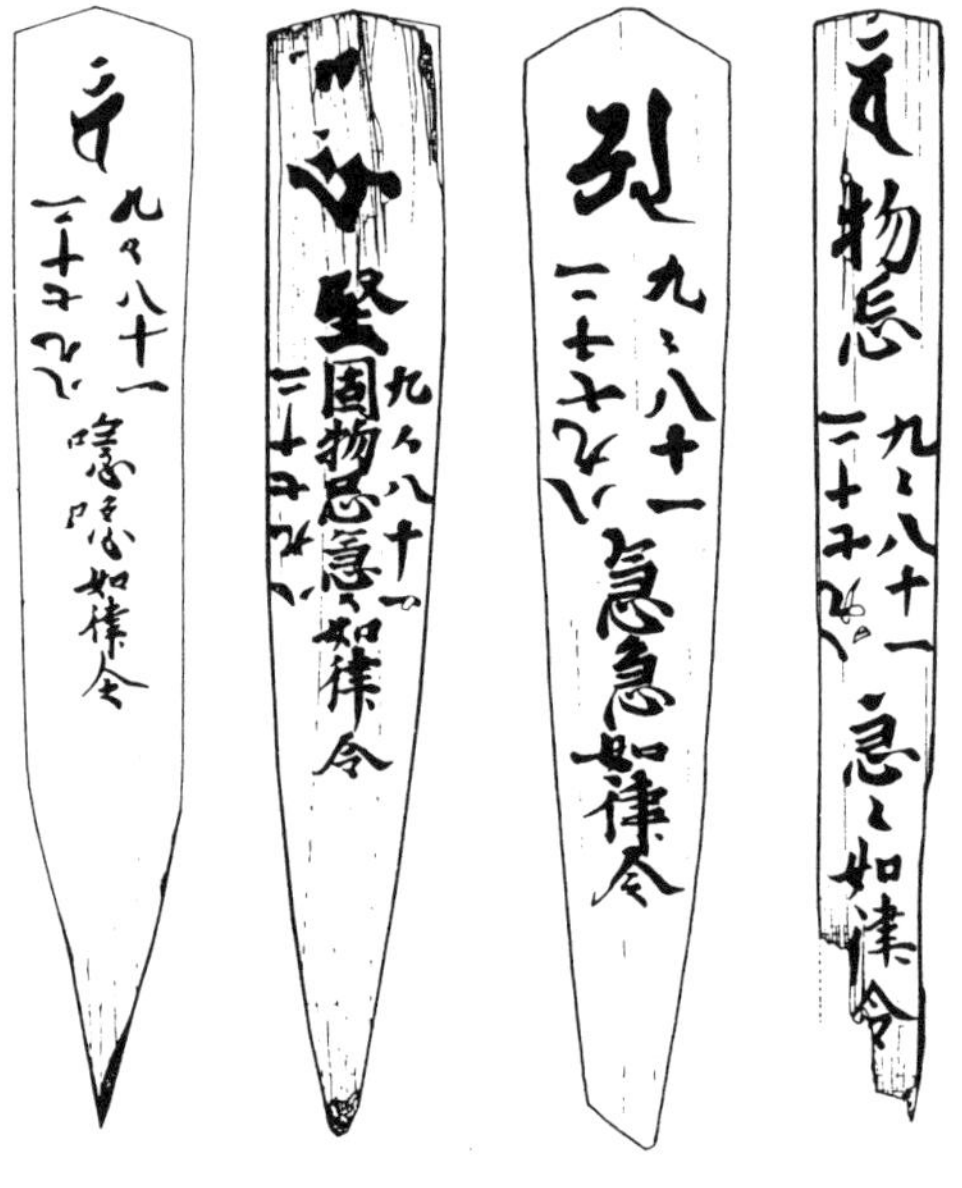

図5　元興寺の物忌札

他に広げず、また穢れ弱った家を―屋敷を護るものとして物忌札が息づくのである。

物忌札と一面通ずる機能をもつものに穢札―触穢札がある。屋敷地や家屋内に、また神社社頭に犬が死者の頭を持ちこんだり、手足をくわえ持ちこむ、あるいは殺害されたものが倒れこむ、喧嘩で死ぬといった場合など、五体不具の穢などと呼ばれ、穢れが屋敷・家宅・社頭に充満するものと考えられた。そうして門前や鳥居前に触穢を示す札がたてられる。『園太暦』の貞和四年(一三四八)十月五日の条に、宮中内廷の東頭の木柴の下に生頭を見付けたので触穢札をたてたことが見える。その札には「今日より七ケ日穢なり、貞和四年十月五日」と記されていたという。穢れが広がることをさけ、弱まった穢地を堅固に守り抜けようとするものであった。七ケ日を経てはじめて平常の地に帰る、その間、人も神も屋敷も建物もすべて穢世界に物忌むのである。

屋敷と家宅をめぐるまじなひ世界を種々の過程、場面を通してうかがってきた。四方中央の諸神諸仏を勧請し……という一見おおげさに見える呪儀は、幸せを得、護り抜く

ためには詳細・細緻な呪行と呪具、呪符と呪句が体系的にそろえられるところに始まるとされたのである。

より来る鬼・悪霊・不幸、そうしたものを境にあっていかに避け退けるか、万々の準備のもとにそれが果たされるものと考えられたのである。中世にあっては、境立てして内なる自らと外なる他者を明確に区別すること、他なる者を鬼・悪霊・穢れと怖れその辟除、排斥に強力な力をもつ神々や仏や呪句、呪儀を幾重にも重ねそのつつがない働きを期待すること、自らに起こる不幸や穢れには内に籠もり内を固め、外へ広がることを抑えるものの弱まりも早急にいやす形が考えられていること、すべては複雑な体系をもつまじなひ世界を忠実にわが身の側におき、手立てを正しく踏み、これを取り仕切ることにあった。まじなひは、そうした意味では中世を中世たらしめる思惟であり、体系であったと言えるであろう。

墳墓鎮祭呪儀の成立と展開——日韓両国の比較

人、死して墓を営む。その墓の営みに当たり「鎮め」のまつり—呪儀をとり行なう、そうした呪儀を反映する遺跡は再三みとめられるはずでありますが、いざ、その実例はということになりますと、なかなかに確かな事例を挙げることができないというのが今日の実情であります。本稿では私が過日しました日・韓両国の各一例を提示しまして、そのもつ意味をさぐって見たいと思うのであります。今後のこの種の遺跡への理解の深化をねがっての先語りとしての小稿でもあります。

1　韓国新羅における墳墓鎮祭

韓国の一例として新羅《しらぎ》の一古墳の語りをあてたいと思います。昭和七年五月、有光教一博士によって発掘調査され朝鮮総督府より『昭和七年度古蹟調査報告第二冊』として刊行されました慶州忠孝里古墳群の一基、第六号墳の所見がそれであります(図1)。この第六号墳は、径一五㍍、高さ二・五㍍の円墳、その中央に横穴式石室を具えております。石室は南面しており、通路は長さ一・五㍍、葬室は奥行二㍍、幅二・三㍍、割石を積み上げました四壁の壁面に漆喰を塗り整美な白壁に仕上げました石室であります。興味ぶかいことに葬室内には棺座が設けられております。この棺座は東側の壁から西へ作り出し、葬室中央を占める形をとっています。南・西・北壁との間に、それぞれ〇・八㍍、〇・三㍍、〇・四㍍の距離を保っており、均衡のとれた配置となっております。棺座自体は東辺が〇・八九㍍、西辺は○・八二メートル、南辺二・二メートル、北辺二メートル、高さ○・三五メートルを測る、やや歪んだ平面形の棺座であり、外周に比較的大きな石材を据え、内部には堅緻な粘土と小砂利を入れ、棺座の表面、側周に漆喰を平滑に塗りあげております。その大きさから見まして一人の死者の棺柩を載せるにふさわしい棺座と見られるのであります。

　ところで、この棺座と関連しまして注目される重要な一つの事実が報告されております。実は、棺座の範囲の中、棺座の下底近くの粘土中に限って焼け剝がれた石片、多量の木炭、わずかですが朱が見出され、しかもこの粘土を取り除きましたところ、粘板岩質の岩盤に達するのでありますが、この面に火焼しました赤赭色の部分があり、周辺に炭化物の点在することが注意されたと記されているのであります。石室が完成しました後、石室内でこのような焚焼《ふんしょう》といった行為があり、その後、棺座が築かれ、室の床面を粘土で貼り整えるといった経緯があったと考えられるのであります。同様の事実が隣する第五号墳でも確認されております。石室の床面は粘板岩質の岩盤を平坦にならし、一～二センチの厚みで漆喰を塗り、その上に二基の棺座を設けております。この床面の漆喰の下、すなわち岩盤に接しました面、特に棺座の下で多量の木炭片を見つけ、岩盤自体も焼けていることが確かめられているのであります。

　こうした葬室中央―棺座を築く位置に見られた焚焼の痕跡とあわせて注目される事実が第六号墳に見られます。葬室の四隅の床面下に極めて特殊な遺構が見出されたのであります。岩盤に径五〇センチ、深さ二三センチの円穴を穿ちまして、四隅各々、穴ごとに一点ずつ盒《ごう》(陶質土器)を納めるといった類例乏しい遺構がそれであります。この盒を納めた凹窪を覆う形で赤褐色粘土が葬室床面全体に塗り敷かれておりまして、仮りに岩盤を覆う粘土を剝ぎ去らなければ、遂にこの四隅の各盒は発見できなかったであろうと報告されております。

　四隅に収められていたこの各盒はいずれも同形同大であり、同時に製作焼成された一窯の製品であると推察されるものであります。その内一盒―東北隅に埋められていました盒の中に硝子《がらす》製勾玉一顆、瑠璃《るり》玉三顆、銀挺《ぎんてい》一枚が容れられておりました。珍しい資料であります。まず盒ですが、これはもちろん蓋付きであり、通高一一・五センチ、底径七・

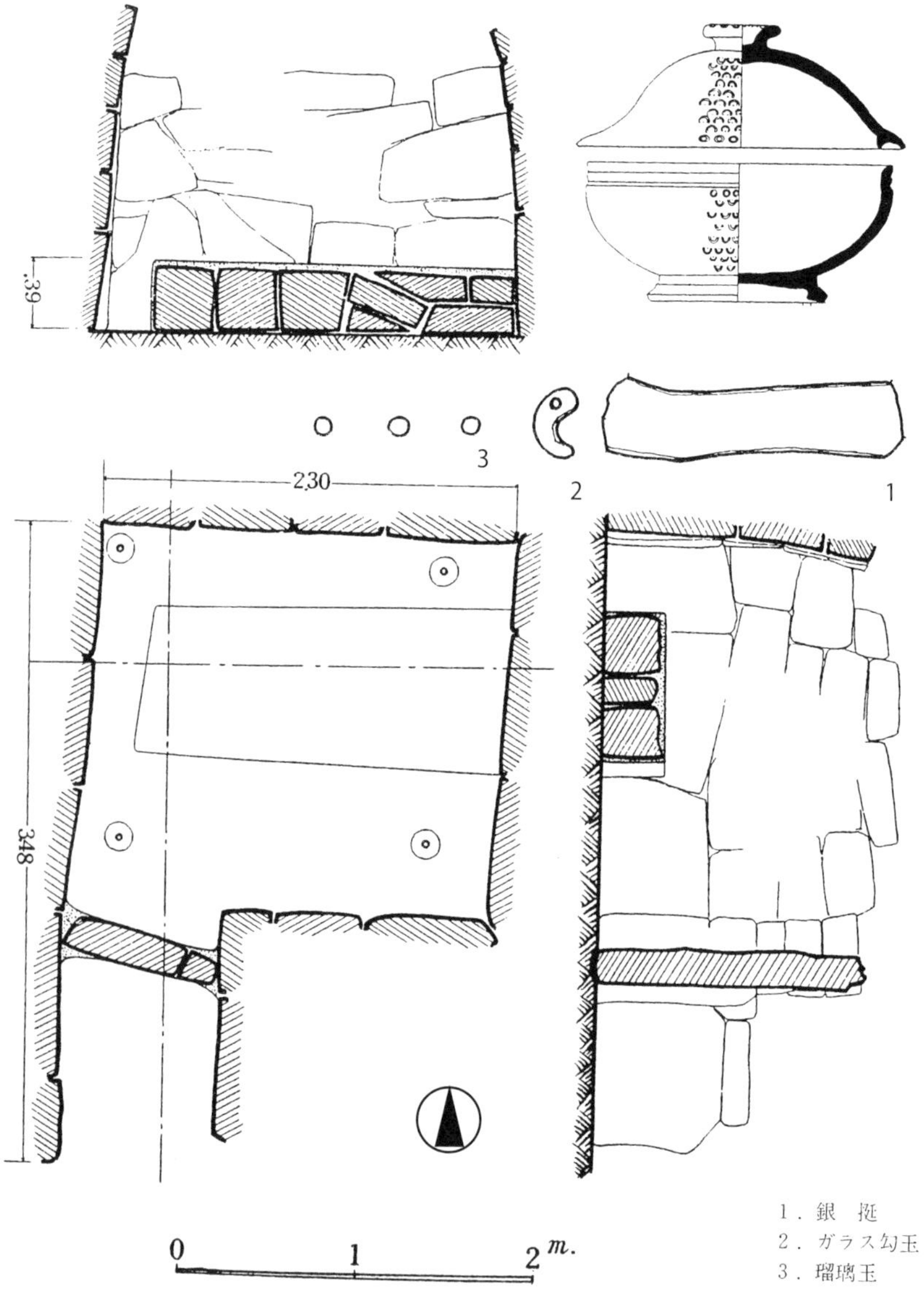

図１　新羅忠孝里第６号古墳 墳鎮遺構

五センチを測り、四盒とも同じ飾文を施しています。蓋には坏状の把手がつき、円や半円文で半身を飾りました丁寧な作柄の器であります。発見されました硝子製勾玉は長さ一・七センチ、小形の歪みのある粗雑な品といったイメージの品、瑠璃小玉は二顆が濃紺の平玉、一顆は緑色の小玉であります。銀挺は短冊形の遺品でして、長さ七センチ、幅一・七五センチ、扁平で両端が少し拡がり中央が幅狭い、言い換えれば両端が弧線の辺縁をもつもの、鉄挺と同じ形をとっているのであります。銀挺、銀板とよぶべきものと思うのであります。

石室が完成した後、しかも葬室の床面を粘土貼りして整え棺座を設ける前、こうした極めて限られた時間の間に、葬室中央で焚焼し、四隅に各穴を掘り、各盒を配置し埋める、そうした一連の行為の存在がここに浮かび上ることになったのであります。墓室—葬室の中心と四隅を点じての呪儀の指摘であります。

2　日本筑前における墳墓鎮祭

韓国新羅・慶州忠孝里第六号墳のこうした遺構と対比される日本の墳墓資料の一例を次に掲げることとしましょう。

問題の墳墓は、福岡県鞍手《くらて》郡若宮《わかみや》町に所在します汐《しお》井《い》掛《がけ》墳墓群中の一、第五号墳墓(図2)がそれであります。丘陵の斜面に営まれました火葬墓であります。発見時には、一辺五五センチ前後の不整方形の墓穴の中央に、復原口径一〇センチ、腹部径二四センチ、底径一二センチ、器高復原二一センチを測ります、いわゆる「薬壺《やっこ》形《がた》」の美しい器形をもちました須恵器壺—蔵骨器を据えておりました。もちろん、蔵骨器内には多量の火葬骨と木炭片が容れられており、よく墳墓の蔵骨の様を物語っておりました。副葬品と申しますか、死者に副えて彼岸へと願う品々の副葬はこれを見出すことはできませんでした。

副葬品は見ませんが、この墳墓の場合、素晴しい事実といいますか、品の発見があり、注目を集めました。実は、蔵骨器を収めました墓穴内に数多くの貨幣が見られたのであります。墓穴の中に中心と四方を点ずる形で整然と配置された貨銭が姿を表わし、極めて重要な所見が導かれるであろうとの予感をもたせたのであります。詳細な報告書の記述を追いますと次のような情景が復原されます。

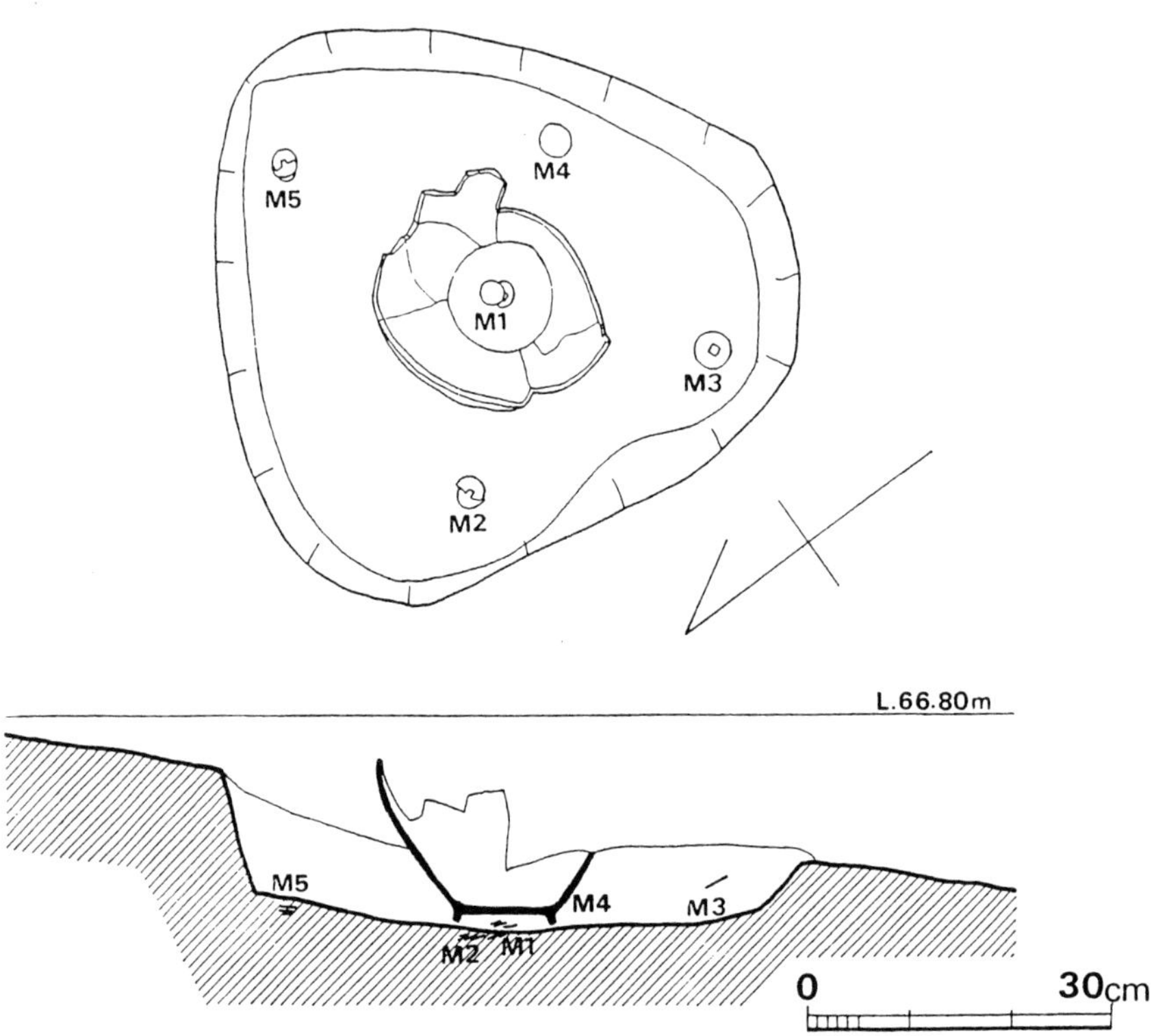

図２　筑前汐井掛第５号墳墓 墓鎮遺構

　中央を点じました銭貨は三枚重ね、最上部の一枚は万年《まんねん》通宝、次は神功《じんぐう》開宝でありました。四方の一、北西方の銭貨は五枚重ね、銭文は不明であると記されています。南西方の銭貨五枚は底に和《わ》同開珎《どうかいちん》、続いて三枚が神功開宝であり、上は和同開珎となっています。南東方の三枚重ねの銭種は不明、神功開宝、万年通宝の順に、北東方の三枚の銭貨はすべて和同開珎を積み置くという情景がそれであります。

　さらに言葉を足しますと、西面する二方—北西・南西方の二隅は五枚、中心と東面する二方—南東、北東方の二隅は三枚の銭貨でなりたっているのでありますから、西面を正面とすることが考えられますし、あるいは南西、南東隅が五・三枚、北西、北東隅が五・三枚の銭貨から成りたっていますから南面、もしくは北面が正面といったことも想像できるのであります。遺跡は北東から南西に降る斜面に営まれており、北西、南西隅を結ぶ線がちょうど南北の磁角に合致することもありまして、西面を正面とする案が地形を勘案いたしまして最も妥当であると私なりに考えております。

このように和同開珎、万年通宝、神功開宝といった三種一九枚の銭貨を用いて中央、四方を点ずるといった呪儀が実修されているのでありますが、実はこの墓穴の中心に先の薬壺形蔵骨器が据えられているのであります。蔵骨器の下に正しく五枚の銭貨を見るのであり、中心、四方を点じました後、蔵骨器がその中心―墓穴中央に配置されていくといった経緯の呪儀がたどれるのであります。

3　韓国新羅墳墓鎮祭と日本堂塔鎮祭

韓国、日本、両国の墳墓に見る特色ある、しかも共通する一面をもった遺構の存在を指摘してまいりました。忠孝里例は中央に棺座を設けました横穴式石室墳ですし、汐井掛例は中央に蔵骨器を配置しました火葬墳墓でありますから、一見まったく異なる墓制と見えるのでありますが、中心を点じ四方を点定して結界する呪儀は共通すると見てよいのであります。いま詳細に検討しますと、忠孝里第六号墳の陶盒《とうごう》は七世紀前葉に位置づける編年観が器形施文から見て妥当なものと考えられますし、汐井掛第五号墳の場合は三種の銭貨中、最も新しい神功開宝の初鋳年時が七六五年にありますから八世紀後葉の年代が与えられます。薬壺形蔵骨器の器形もまたこうした年代観に齟齬を来たすものではありません。したがって忠孝里例と汐井掛例の間には、一世紀半葉にも及ぶ時間差が介在することとなるのであります。このように見て来ますと、韓国忠孝里例は七世紀前葉の墳墓における中心、四方点定結界の事例、日本汐井掛例は八世紀後葉の墳墓における中心、四方点定結界の事例といった位置づけができることになるのであります。

そこで、韓国忠孝里例を中心に七世紀前葉を前後する時期の「時代」の性格を考えてみたいと思います。忠孝里例が四盒中、東北隅の一盒に銀挺一枚、硝子製勾玉一顆、瑠璃玉三顆が納められていた事実は先に記しましたとおりであります。こうした品目を通観しまして直ちに想起される資料は、奈良県・飛鳥寺《あすかでら》塔跡に収められていた鎮壇具《ちんだんぐ》の品々であります。飛鳥寺の場合は硝子製勾玉一顆の他に勾玉三顆、別に小玉・管玉など各種の玉類のほか、金延板

（金挺《きんてい》）七枚、銀延板（銀挺）五枚、金粒、銀粒があり、これに馬具や甲冑、刀子、雲母といった極めて豊富、豪華な品目が見られるのであり、勾玉、小玉、銀挺などの品目がよく忠孝里例と一致するのであります。こうした飛鳥寺の品々は推古《すいこ》天皇元年（五九三）正月十五日仏舎利《ぶっしゃり》を刹柱礎《さっちゅうそ》に置いた際の品であり、心柱《しんばしら》立柱時の鎮祭《ちんさい》の祭料と見てよいと考えるのであります。残念ながら飛鳥寺のこの種の品々の配置の旧状をうかがい知ることは過去の発掘に災いされて不能と言わざるを得ませんが、忠孝里例をさかのぼる資料として注目すべきものと言えるのであります。

ところで、この飛鳥寺は平城京遷都に伴いまして寺を移し、興福寺に南接する大寺―元興寺として登場してまいります。この南都元興寺の塔跡からは、十顆の勾玉、五一粒の小玉など多量の玉類のほか、金延板三枚、金粒真珠、あるいは和同開珎、万年通宝、神功開宝など一一八枚の銭貨の発見が伝えられております。築壇の過程で心礎《しんそ》周辺に蒔かれ撞きしめられていく、そうした鎮祭の料であると説かれているものであります。よく似た資料としては興福寺や法華寺の例が挙げられます。興福寺中金堂《ちゅうこんどう》では金延板九枚、銀延板四枚のほか、多量の玉類と銭貨、金器・銀器、鏡や刀剣が見出されていますし、法華寺では金延板、銀延板、玉類、銭貨の出土が周知されているのでありまして、南都の諸寺の主要堂塔にはこうした金、銀挺や勾玉、小玉といった玉類でもって鎮壇の用に供する事例が普遍化していると見てよいのであります。飛鳥寺で見られました金、銀挺や金銀粒、勾玉、小玉といった玉類、あるいは馬具や武具の共用といった現象は、八世紀、平城京を彩る諸寺にあってさらに銭貨を加える形で一層の豊饒に至る経緯を物語っているかと思料するのであります。

このような視点で見ますと、新羅忠孝里第六号墳の四盒の性格はおぼろげながら浮かびあがってくるかと思います。飛鳥寺、元興寺、興福寺、法華寺の諸例が寺院堂塔の鎮祭―地鎮、鎮壇にかかわるもの、堂塔基壇の造成、立柱といった時点での「鎮祭」の遺構であり、豪華なその遺品は、そうした鎮祭の「鎮料・祭料」と考えられますので、品目も共通する忠孝里例は同様「鎮祭」と「鎮料」として、この世に伝えられたものと見ることができるのであります。忠孝里例は横穴式石室の完成後、地盤を穿った鎮穴内に「鎮料」を納めた盒を四隅に配置してまつりし、のち粘土・漆喰で貼床、あわせて棺座を設けて葬をまつ事例と見なされることになるのであります。三盒には内部に何等の品ものこされていなかったようでありますが、おそらく朽ち去ったのであり、三盒ともども種々の品が収められていたと見てよいと存じます。ここに「墓鎮め」という性格が明確になるのであります。

　棺柩を据える以前、葬室の完成をまってなされた「墓鎮」は、単に墓を鎮めるという機能だけではなく地神をなごめ「葬者」を迎えるための「鎮め」でもあったことは言うまでもありません。地鎮・鎮壇の呪儀が単に建物を鎮めるためではなく地神をなごめ、仏を、また住まう人をも鎮める効をもつのと同じであります。忠孝里例をそうした「鎮祭」の遺構であるとした場合、注目される一事実があります。中心を点定して焚焼するといった行為、空間があることがそれであります。四隅に鎮穴を穿ち鎮料を納める。そうして結界し、中央の聖性を生み出し強めるのでありますが、その最も肝要な中心に焚焼が指摘されるのでありますから、この「焚焼」が忠孝里例の墓鎮の呪儀の中核を占めることになるといえるのであります。焚焼の浄火《じょうか》により一切の邪毒《じゃどく》を焼き尽くし諸事功徳を焼就《しょうじゅ》する上、大地を焼温《しょうおん》し浄地と化せしむといった意があっての焚焼と見てよいのであります。こうした焚焼といった呪儀を伴います「鎮祭」は、わが国ではいまだ適切な例示を得ることができませんが、飛鳥・白鳳時代の遺跡にその適例を得る日を予測しておかねばならないと存じます。

4　日本筑前墳墓鎮祭と地鎮鎮壇事例

　寺院堂塔の「鎮祭」では、その「鎮料」が金銀珠玉・器財でなりたつ古い相と、金銀珠玉・器財・銭貨からなりたつ新しい相が見られること、前者に飛鳥寺など飛鳥・白鳳時代の寺院があり、後者には奈良時代から平安時代に及ぶ南都の諸大寺が属することを説いてまいりました。ところが七世紀前葉と考えられる忠孝里例は寺院堂塔の鎮祭―寺院地鎮壇―とは異なり金銀珠玉に該当する銀挺・玉類からなりたち器財を欠くのであります。おそらく「墓鎮」といった鎮めの祭儀では器財を要せずといった思惟が働いているのではないかと思います。同じ「鎮め」の語で束ねられるものの、寺院と墳墓の間では、その鎮料・祭儀次第に相違のあることがうかがえるのであります。

この相違は日韓といった地理の隔たりによる相違というよりは、むしろ一つの時代の寺院と墳墓といった性格の異なる場にもとづく相違ではないか、今後、飛鳥・白鳳時代の墳墓―日本の墳墓で忠孝里例と同様、金銀珠玉類でなりたつ鎮料の世界が見出されるのではないかといった想いがするのであります。

では、八世紀後葉の年代が与えられます汐井掛例は如何様に考えるべきでありましょうか。そこに見られますのは銭貨一九枚のみであります。奈良朝の寺院堂塔の鎮料は、飛鳥・白鳳時代の寺院堂塔に見られる金銀珠玉・器財に新しく銭貨が加わると申しましたが、その銭貨のみが墳墓に見られるのであります。寺院堂塔の鎮料が品目を加えその数量を増加する傾向にある中で、墳墓の場合は新しく登場しました鎮料―銭貨にいち早く転換していると申してよいかと思います。平安時代の寺院堂塔の鎮料はいま一つ判然としませんが、仮りに朝廷官衙の鎮料を例にとりあげますと、平安京内裏の調査ではピット80と呼ぶ鎮穴中から九点の土師器《はじき》坏、三点の土師器皿とともに珊瑚《さんご》一点が、また同地のピット83とされた鎮穴からは須恵器壺一点と琥珀《こはく》一〇点が発掘されています。ともに平安時代前期の遺構と説かれています。

奈良朝の寺院とは異なる一面を見せており注目されますが、鎮料の一に珊瑚・琥珀といった珠玉の類が宛てられている点が重要かと存じます。実はこうした傾向は平安時代後期の遺構とされる内裏のピット78と呼ばれる鎮穴からは須恵器壺一点、土師器皿一点、同坏二点とともにガラス玉一〇点、ＳＫ76とされる鎮穴では須恵器壺一点、土師器坏三点、皿三点、輪宝《りんぽう》一点、橛《けつ》一点とともにガラス玉六点と金粉が発掘されており、依然、珠玉の類が息づいていることがうかがえるのであります。

奈良時代の寺社堂塔造顕時の鎮祭に珠玉、器財、銭貨を共伴した華やかさは、平安時代官衙では珠玉を中核に器財、銭貨を欠き、やや退嬰《たいえい》の彩りを見せると考えてよいかと思います。鎮祭の祭式次第にも変化があり、壺、坏皿といった祭具が登場して来ております。まさに銭貨を中心に展開する墳墓鎮料とは大きく異なる流れであると説いてよいと思料します。ただ興味ぶかいことに平城京の貴紳邸宅では、建物の建築立柱時、柱穴中に銭貨を納める立柱鎮祭がとり行なわれています。地鎮鎮壇とは区別される葬祭・私儀であります。立柱や墳墓は個人なり家族とかかわる私儀であるだけに、呪師—陰陽師といった人々が柔軟に鎮料を転換させ、時代の嗜好—動向に即応させている。そう考えてもよいのではないかと思います。こうした転換は七世紀後葉の無文銀銭《むもんぎんせん》の成立、ないしは八世紀前葉の和同開珎の成立と深く結びつき、蓄銭や通銭の定着と密接に絡み合う動きではなかったかと思います。

汐井掛例の重要さは中心・四方を点じた銭貨に表徴されています。こうした中心・四方を点じた例を求めますと、興味ある資料のいくつかに遭遇いたします。その二、三を見ていきたいと思います。

第一は平城京右京五条四坊三坪発見の胞衣《えな》壺例であります。この胞衣壺は汐井掛例と同様、薬壺形の有蓋壺《ゆうがい》であります。内部に和同開珎五枚を中心と四方におき、銭文を表にする形で配置し、その上に赤い布で包まれた胞衣を置き、上に唐墨《からすみ》一挺と筆一管を副える稀有の例であります。こうした姿が胞衣埋納の実例であることは『玉蘂《ぎょくずい》』承元《じょうげん》三年（一二〇九）五月二十五日条に「次入銭五文於白瓷瓶子以文為上用歟、九十九文外、次以胞衣入銭上、次新筆一管入胞衣上、次掩瓶蓋、以生気方土塗塞之」と記す記事があることから容易に読みとることができるのであります。記事に銭五文を白瓷瓶子に入れると見え、その五文が銭文を上に用いると記すところが大事であります。この五枚の銭が中心と四方を点ずる形で配置されるものであることを現実の遺跡が教えてくれるのであります。壺中といった狭小な世界でありますが、胞衣といった人間の分身ともいうべき重要な納物であるだけに、あらかじめ壺中の中心と四方を点じて「鎮祭」し、胞衣の安全永遠の埋納を願っているのであります。中心の銭上に赤布包の胞衣が置かれ四周四辺を固く結界する意味をも具えて、四方に銭貨が置かれるのであります。胞衣壺の場合、壺中に銭貨五枚を布置しておりますが、将来、埋納穴の底に五枚の銭貨を中心・四方に置くといった場合が見られるかも知れません。

滋賀県マキノ町蛭口《ひるくち》では奈良朝の一点の坏身中に、中心と四方を点ずる形で各二〇枚、和同開珎を積み坏蓋で蓋するといった事例が知られています。不時の発見で詳細な状況は不明ですが、坏中に五〇枚の和同開珎を容れますと、蓋までの間の空間は極めてわずかであります。朽ち果てる材の蔵骨容器、蔵胞衣容器を収めました穴の底にこうした五〇枚の銭貨を納れた坏を埋める。そうした経緯も想定されるのではないかと思うのです。もちろん、こうした坏を地の「鎮め」として用いたり、こうした坏を五組用意し、中央を点じ四方を結界し地鎮鎮壇するケースも考えられるとは思います。

数年前、岩手県水沢市の胆沢城跡を発掘調査中、中央を点じ四方を劃する四隅に穴をほり、内に須恵器—長頸壺《ちょうけいこ》を据え、坏で蓋するといった整然たる地鎮鎮壇の好例を見出したことがあります。壺中に残存する品は見られませんでしたが、内容物—鎮料が納められていたことは間違いないところと思います。銭貨を見ないものの、平安朝の地鎮・鎮壇の事例に、このような中心と四隅(四方)を点じ、そこに種々埋納するといった行為がたどれるからであります。

想えば、平城京の胞衣壺は一壺中での鎮祭、また筑前汐井掛火葬墓は一墓穴中での鎮祭、陸奥胆沢城の地鎮鎮壇例は一地区を限る中での鎮祭の表現であります。種々の相をとりまして「鎮祭」の呪儀が実修されている。言い換えますと、呪儀の対象にしたがって種々のメニューをそなえた鎮祭、種々の空間を限りました鎮祭が用意されていると見てよいのではないかと考えるのであります。

5　日本における墳墓鎮祭の成立と展開

日本における墳墓鎮祭の明確な事例は筑前国汐井掛火葬墓—八世紀後葉の一例がそれであります。しかし、韓国新羅の忠孝里第六号墳—横穴式石室墳に見られる墳墓鎮祭の事例を比較検討しますと、七世紀初葉に属します忠孝里第六号墳の鎮料と六世紀末葉に創建されました飛鳥寺造塔時の鎮料がよく合致することがわかりますだけに、おそらく日韓両国では少なくとも六世紀末葉にはこの種の墳墓鎮祭が寺塔鎮祭と相まって成立している可能性が強いと思われるのであります。

日本の横穴式石室内部の調査の進展に伴い、石室の中心、四隅を点ずる形で鎮料を収めた鎮祭の遺構が見出される日を期待すべきであろうと考えています。もちろん、日本におけるこの種の墳墓鎮祭の慣行は、飛鳥寺が高句麗・新羅・百済の援助と彼地文物の摂取受容、模倣の上に成立している事情が広く知られていますように、慣行の故地が韓国にあったことは改めて説くまでもないところでありましょう。飛鳥の地には、高松塚古墳、キトラ古墳といった横口式石棺内の四壁に玄武、朱雀、白虎、青龍を描き、天上に星宿を表現した古墳が見られますが、こうした古墳にも四壁を劃する、四方を点ずる意は息づいていると考えることができるかも知れません。

同様、奈良市の東、此瀬《このせ》で見出された太朝臣安万侶卿墓《おおのあそみやすまろ》は、墓穴中に木炭を敷き木櫃—外容器を据え四周間隙に木炭をつめ、天井をも同様に覆った丁重な火葬墓でありますが、木櫃内には錦袋などに収められていたのでしょうか、骨灰が中央に集まり、混じる形で四顆の真珠が副えられていたようであります。骨灰を収納した容器—錦袋の四方を点ずる形でこれらの真珠が一顆ずつ配置されていた可能性も考えられます。中央に墓誌板と骨灰が配置されることとも関連づけて考えると興味ぶかく想われるのであります。

新羅忠孝里第六号墳例に沿いつつ、やや概念をひろげて相似た一面をもつ資料を探りますと、こうした事例がある。そのように理解いただければよいのであります。

明確な墳墓鎮祭資料であります八世紀後葉の汐井掛火葬墓例以降、こうした鎮祭がどのように展開していくのか次に検討して見たいと思います。

大阪府の東南隅、河内長野市に所在します金剛寺多宝塔下の遺構を挙げ、次に述べたいと考えます(図3)。昭和十四年八月、多宝塔の解体修理事業に伴い基壇亀腹《きばら》の盛土築《つき》固《がた》めの状況を調査するために基壇中央部が試掘調査されたのでありますが、その際、基壇中心のやや後寄りの位置で極めて重要な遺構が発見されたのであります。その遺構は東西二尺二寸(六七㌢)、南北二尺四寸(七三㌢)、深さ二尺(六〇㌢)の平面方形平底の穴であります。この穴の底には中央に長方形の台石を据え、四隅と各辺の中心に八卦《はっけ》を記しました石材を配置し、さらに四隅に橛を墨書きしました細長い石材を樹てており、中心の台石との間隙に二五枚の坏が所狭ましとばかり口を上に向けた姿で並べられて

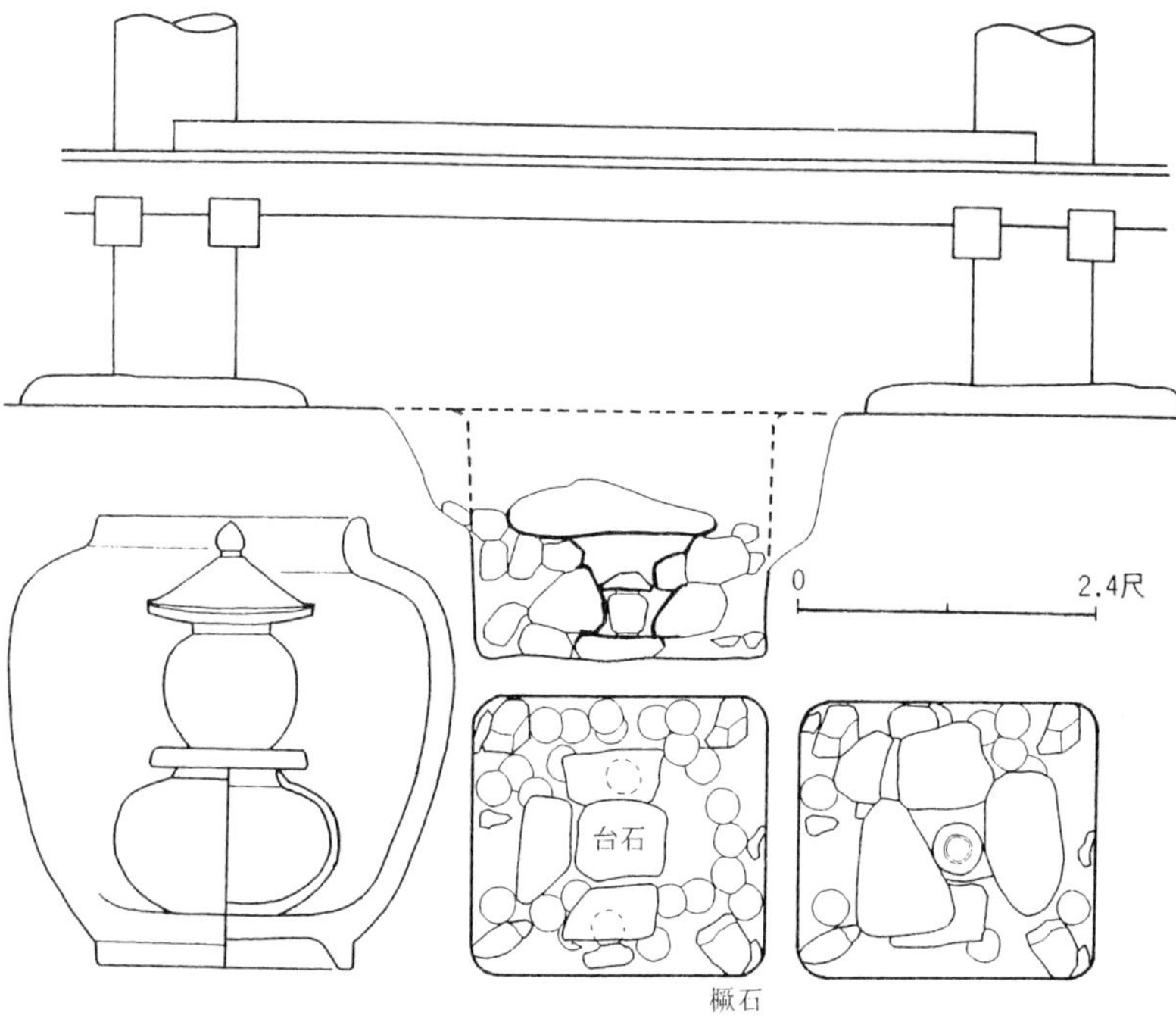

図3　河内金剛寺多宝塔下 墓鎮遺構

おります。この中心台石上に須恵質の外容器―壺が安置され、この壺を囲むかのように比較的大きな石で台石の三方、四方を取り囲み、一種の保護施設―石室を造り出すのでありますが、石室の基底石は坏の上にのせられており、また石室の基底石の一石には梵字墨書の痕跡が見られたと記されています。石室内の外容器中には白磁壺形蔵骨器が安置されており、その口の上に銅製打物、鍍《と》金《きん》された高さ二寸弱の宝塔《ほうとう》を載せており、その内部には五宝《ごほう》・五香《ごこう》と書き丁寧に折りたたんだ紙片が収められています。須恵質の外容器の中には、この他、宝篋印《ほうきょういん》陀羅尼《だらに》の一部を書写した一八点の小礫が同封されていたと記されています。この須恵器外容器の蓋石は半截《はんせつ》した自然石を用いて覆い、さらに石室の天井には長さ一・七尺(五二㌢)、幅一尺(三〇㌢)、厚さ四・八寸(一四・五㌢)の自然石が乗せられていましたが、この石材の表裏両面には一切如来心秘密全身舎利《いっさいにょらいしんぴみつぜんしんしゃり》宝篋印陀羅尼が三回繰り返し達筆に梵書され、字頭を北方に向けていたとのことであります。

金剛寺多宝塔基壇中央部のこうした遺構についてなお

若干の所見を加えますと、まず、台石にも橛と組み合う輪宝が描かれていたのではないかという推測、外容器中に納められた梵書小礫中に雲母の附着を見る例があり、五宝と関連して注目されること、穴の底面の坏二五枚は、土師質坏形土器六枚、瓦質圏台付坏形土器一九枚であること、あるいはこの方形穴の西南隅底部で径三分（一センチ）内外の長石の丸石が五点一括して配置されていたことなどが特に留意されるのであります。

　こうした金剛寺多宝塔に見られます遺構の性格については種々の見解が生まれるかと思います。たとえば滋賀県石《いし》山寺《やまでら》多宝塔でも基壇中心に輪宝・橛がセットとなり整然と四辺と中心を点ずる形で配置されており、安鎮法《あんちんほう》の遺構と説かれています。また奈良県興福寺大御堂などでも堂の基壇中央に方形の一穴を穿ち、中心に賢瓶を据え周囲に多数の坏を並べ、穴の壁ぞいに輪宝・橛がセットとなり整然と樹てられた遺構が発掘されております。このような資料と対比しますと、基壇の中央に方形穴として設けられること、底に坏が数多く配置されること、中央に金銅製宝塔、ないしは賢瓶（宝瓶）が据えられること、輪宝・橛、もしくは瓦に墨描された橛が見られること、五宝五香の文字を見る紙片や雲母は安鎮法の中枢をなすものであることなど、彼此対照する中でよく一致する面のあることが知られるのであります。

『覚禅鈔《かくぜんしょう》』の巻第九二・地鎮鎮壇の条の裏書七三五、鎮壇作法には、

　壇中心穿穴、始自艮掘之。次穴底敷輪正方角上置壺、次四角橛引五色皆始自艮。次入満土等堅之。糸端五指計出於地。其上置石一顆。最極秘密説。紙若板八卦封書安八方。

といった記事があります。一見しますと、金剛寺多宝塔下の遺構に相似た面がたどれるのであります。したがいまして、金剛寺多宝塔下のこの遺構は「安鎮法」実修の遺跡と見ることもできるのであります。

　しかし、ここに重要な事実があります。それは、この金剛寺多宝塔下の遺構を調査された竹原吉助氏の所見であります。報告書『国宝金剛寺塔婆及鐘楼修理報告書』の附録「塔婆下の埋蔵物に関する発掘経過概要」の中で「今回の金剛寺の場合に対応した適当なる鎮例は寡聞にして知らな

い。覚禅鈔、阿娑縛鈔、或は門葉記に見らるる藤原期から室町期に亙る多くの鎮例と比較すると金剛寺の場合は、特殊な場合である為か、違った方式に依るものと考えられる。併し乍らこれ等を参酌する事に依って、方式を異にする處があるが、兎も角もその内に安鎮法の厳修されている事実は認められる。併し乍らここに須恵外容器の内に白磁骨壺があって遺骨の存する事実はこの場合極めて重要視すべきものと考へられる。純然たる安鎮法とは無関係な、それとは別な性質も有する埋蔵物ではあるまいかと考へられる。従って金剛寺の場合に於ては性質の異った二つの埋蔵物が同時に併せ埋められ、単純なる意味での安鎮修法とばかりは考へられないものである」と述べられており、注目を惹くのであります。

金剛寺多宝塔下のこの遺構は方形穴中に台石を伴う石室を設け、その中に外容器に護られる形で宝塔を載せて蓋した白磁蔵骨器に収められる遺骨を中心に営まれたものであることは遺構自体が教えるところであります。蔵骨容器は高さ一・一六寸(三・三センチ)、腹径一・八五寸(五・七センチ)といった小壺、蔵骨量もわずかでありますが、火葬した遺骨を各地に納骨する事例を踏まえれば、この小壺も納骨用の蔵骨器と見なすことは十分できるのであります。このように考えますと、金剛寺多宝塔下のこの遺構は、方形穴を塔基壇の中心に穿ち納骨することに儀式の枢要があり、納骨に際して一種の「鎮め」の呪儀が実修されたのではないか、換言しますと墳墓をめぐる鎮めの祭儀の実態を伝える遺跡ではないかと思うのであります。墳墓上に堂塔を営む、あるいは堂塔内に墳墓にふさわしい形で納骨するといった事例は、史書にしばしば見られるところでありますから、金剛寺多宝塔下の本遺構もそうした範疇で理解するべきものではないかと考えるのであります。

たとえば著名な例ですが、醍醐寺円光院《だいごじえんこういん》の一事例を挙げますと、『醍醐寺新要録』には「円光院旧跡の佛壇を掘り崩す際、銅製五輪塔を収めた石櫃を発見。火輪は三角、各輪に各色を塗る五輪塔であり、地輪に納骨、水輪に銅を薄く紙状にし真言等を書付け、大日如来真言、光明真言など各真言、大呪を添えてあった」旨が記されております。鎮めの要素は見られませんが納骨の姿の相似る様子は理解いただけるかと思います。

金剛寺多宝塔下の遺構は、墓穴の底に二五枚の坏を敷くこと、四隅四辺に八卦石、四隅に橛石を配することなどは明確に「鎮め」の実修を意味するものであります。墓穴の掘穿後、こうした「鎮め」の祭儀を執行し、のち台石の周囲に石積みして石室を造り、内に須恵質の外容器を納れ、甕内に白磁蔵骨容器を据えて金銅製宝塔で封じ、種々の供養の品や鎮めの品も添えて石蓋を架け、さらに石室上面に梵字書写の大石を据えて埋め戻すといった丁重な「納骨」の祭儀が実修されているのであります。

このように分析いたしますと、注目される所見が導かれます。納骨にあたって鎮めの祭儀が行なわれているのでありますが、実はこの鎮めの祭儀が非常に「安鎮法」と共通しているのであります。「納骨」にあたり「安鎮法」を修しているといってもよいのではないかと思うのでありす。建物や屋敷地に対してとり行なう「安鎮法」が、「墳墓―納骨」に摂取されている稀有の例といえるのであります。この「墓鎮」の呪儀は密教の受容に伴って日本にもたらされた祭儀であり、鎮めの意味においては新羅忠孝里第六号古墳、日本汐井掛第五号墳墓とは通ずる一面をもちつつも、呪儀の祭具、鎮料などは大きく異なるといった一面を見せるのであります。時代と共に変化する墳墓鎮祭呪儀の姿を雄弁に物語る、金剛寺例はそうした一例に他ならないと思うのであります。

日韓両国の間に見られる墳墓鎮祭―墓鎮の呪儀―の実例を掲げ、こうした祭儀の存在を指摘するとともに、その祭儀の内容を復原してきたのでありますが、いまだ学界の視座にこうした呪儀が定着していないこともあり、なおその詳細を説くには遺憾の想いがのこるのであります。多くの方々の協力を得て資料の豊饒を願う心、切なるものがあります。古代の墓鎮呪儀と、金剛寺例のような中世の墓鎮呪儀の間にある相違と共通性、そうした面に関してもまた同じ想いがいたします。本稿は時期尚早の感なきにしもあらずとは思いますが、まずは先語りの小考として高井悌三郎先生の賀を祝しまして献呈させていただきたく思います。疎稿、寛恕賜りますよう願い上げる次第であります。なお末尾ながら本稿に係り授けられた木下密運師、亀山隆、飯塚康行君に感謝の意を表したいと思います。

城とまじなひ

城とまじなひ　城は、常に生死に直面する空間である。それだけに多くのまじなひが息づいている。築城にあたって人身を御供する人柱の伝承も、城郭の永遠の安穏と、堅固を願う所に発するものである。考古学上の所見として人柱の調査例はないが、伊藤ていじ氏は『城』の中で、「奥村宏文書」に新潟県長岡城の建設にあたって藩主が慣例により人柱をと仰せ出されたが、衆生済度《しゅじょうさいど》の変化《へんげ》としてこの世に姿を現わした人形こそふさわしいとして木製人形を作り、本丸の四隅に一体ずつ埋めることとした、という記事のあることを説いている。

人柱が現実に存在するだけに人形が注目されたのであろう。人柱の一例として、岐阜県池尻城二の丸推定地で、刀を添えた武士を収めた一木棺桶の蓋に息抜き竹をさした遺構をその例示としてはという同氏の提案がある。こうした息抜き竹を持つ例は入定者にも伝承されるだけに、武士が城堅固を願い、入定者同様、人柱にたち、土穴に入ること は充分にありうることである。死して人を救い、自らも死でもって安心《あんじん》を得る点では共通するからである。今後、城館内でのこの種の遺構の発見を期することとしたい。

人柱と同様、築城にあたり、あるいは居館の永遠の安寧と堅固を願うものとして実修されたのは地鎮の祭りである。埼玉県青鳥城跡で発掘された輪宝《りんぽう》を墨書した一枚の皿は、地鎮の一例である。『法則等』には、「この輪宝を土器五に書きて東西南北中央に埋めば金剛不壊《ふえ》の地となり万宝を出し不祥なく」とその用い方を記している。『修験常用秘法《しゅげんじょうようひほう》集《しゅう》』にも、地鎮祭法として「土器の中に輪宝を書き、粥の五穀を少し入れよ。土器に梵字アを書き、蓋を覆ひて之を埋むべし」と述べている。青鳥城跡の発見例は、まさにこうした地鎮の祭りの四方中央に埋められた土器の一つであり、築城なりの際に地鎮の呪儀が行なわれたことを示すものといえる。同様な例は、松江城天守の鬼門にあたる東北隅の根太受けの礎石下に、墨書のある一・二尺×一・七尺×〇・四寸の桐の木札、梵字のある七寸の来待石塊・鉄鉾が鎮物として埋納されていたというように、いくつかの例示をみることができる。

　こうした城が非常の事態を迎え、戦時となると一層、まじなひは多方面に働くこととなる。たとえば、城攻めの一つに水攻めがあるが、『総見記』では、滋賀県長光寺城に籠もる柴田勝家《かついえ》を攻める佐々木六角承禎《しょうてい》は、城中に井水なく、城外より懸樋で取水していることを知って水の手を押さえ、渇による落城を図る。この時、勝家は「炎天に雨水ことごとく尽きはててわずかに二石入りの水瓶三個となり、これが最後と人馬を集め、酒宴し、この水を飲みつくして三瓶をたたき割り出陣し、逆に佐々木の軍を敗走させた」と記すが、多くの場合は渇水は敗戦につながる。渇水状況にあることを知られぬよう白米で軍馬を洗い、水の豊かさにみせかけるなど、苦心の策がとられたという。こうした危急の事態を解決する手法として、まじなひが一つの世界を作り出している。たとえば、「露笹の大事」というまじなひは、「山城に籠城の時、敵、麓を取り囲み数日にして水尽きる時、山の窪みを探し、其の窪み少し突き根笹をとりて見れば露少しはあるなり。是を取りて九字瓶中に納めて『祓大龍王』と三度唱へ、『妙法蓮華経観世音菩薩普門品第二十五還著本人衆怨悉退散《げんじゃくほんにんしゅうおんしったいさん》阿耨多羅三藐三菩提《あのくたらさんみゃくさんぼだい》』と七度唱へ、其の露を窪みに移し少しずつ涌出る、水いかほど使ふともたえず」と記され、さらに敵方に逆九字を切るといったまじなひが語られている。

　こうしたまじなひに効果があるか否かは問題ではない。必要な水に対する穿井と共通する技術として、まじなひが生きているのである。時には荘厳な呪儀として、また時には緊急の呪儀としてとり行なわれたに違いない。

　同様な事態は、城中への火攻めにもみられる。『兵法《へいほう》一家言《いっかげん》』には、「風上に在る矢倉、多門の下に木材を積み火を放ち焼立つ、その他、棒火矢、箭焙烙などを打掛けて焼くべし」と記されているが、こうした火は城館を焼失させるだけに、まじなひ世界の対象となる。たとえば、「火難除之術」はそうした城焼に備えるまじなひとして、「坎震《かんしん》の四方順に柱へ馬脳《めのう》油を以って、『渭水積臨深得水本苦陰故ゟ菩提ゟ農々鎮呼水泉』という呪文を書く。つづいて九字宝瓶印へ其の願文を記し柱ごとに向って符の九字を行ない呪を唱へ、剣印をして一切の火矢、敵の焼火この内に入らずと心得て切るなり」といったまじなひにより、城攻め火攻めの災から城を守ろうとするのであり、大きな願いがこのまじなひに込められているのである。

籠城する者を攻め落とす術には、その兵糧を断つといった術もまたしばしばとられた。糧食の補給を失うことは確実に死につながり、城中に不和をもたらす遠因となる。それだけに常に糧食を蓄え、備えたのであるが、長期となると、そのすべてを失う日も来る。こうした危機を打開するものとして「不食而不飢法＝食わずして飢えざるの法」がまじなひ世界に息づいている。

「軍兵既に饉して食飯なき時、呪薬として軍場兵丸を用いる」と記し、「天薬咒」を誦し、「大豆上皮を去り粉として当分砂参少し交へ美酒にて煉りハムキの粉を衣にして饉える時七粒ずつ用いる」と記しており、労馬に用いるもよしとしている。こうした丸薬とでもいうべき軍場兵丸が果たして飢えた軍兵・兵馬にどのように効を生むのかは不明であるが、とにもかくにも城攻めにより糧食を断たれた時のまじなひとして、真摯にこうしたまじなひが秘伝されてきたのである。

城は守るものとして息づく空間ではあるが、一方からすれば攻め落とすべき存在でもある。遠巻きに城を囲む軍としては、いち早い城攻めにより落城させることが望まれる。守りではなく、攻めの側からの論理が一方に存在するのである。こうした攻めをめぐってもまじなひ世界が顕著にみられるのである。

「白照天臣下之術」というのがその一つである。「城攻め久しくして落ちざる時、七日の内に責め落さんと思う時、祓石に馬脳油を以って、左の呪を書いた符を作り、その符を置く。

開石石石石石石石石石閉鬼急々如律令
不至耶得心唵利能心無若盆

欲成朱成得心

七日間九字文を瓶印し、願ひや咒を唱え、南北東に込める」といった内容を持つまじなひである。石に書く呪文に祓石を用いるとあるように、石をめぐるまじなひであり、符に石の字が三字三行に組まれ、石でもって城中を開く意を持たせており、敵の城中にあって敵を守護している鬼に開城させようとしての符文であることをよく示しているのである。

守るにも攻めるにも実に細かく体系化したまじなひが、対応しているのである。戦いに勝ち、わが身を守るうえでまじなひは、兵具・兵法と同様に大きな価値を持って生きていたといえるのである。

城は、日々戦いにのみあるのではない。平和な日々もまたみられたのである。こうした平和な時には鎮護の神として八幡大菩薩愛宕大権現が城内に勧請され、城を守護し、いったん急を告げると、その神威は一層発揚されるのであった。伊藤ていじ氏は、楽田《がくでん》城(犬山市)の天守二階座敷にこの神が祀られ、また毘沙門天が仏として祀られたと述べられている。『師鑑抄《しかんしょう》』には城の大手の陽数の方向に鎮守が置かれるべきであると記しているが、東京都の寛永寺は江戸城の鬼門守護の寺院とされること、城内に若宮八幡を、城外鬼門の地に本八幡社を配置し、正八幡社には別当寺院を置くといったあり方がみられることが指摘されている。守護する神・仏は多岐にわたるものの、その願うところは、城の鎮め、生と死の葛藤、戦いでの守護、氏族の平穏にあったのである。城はまじなひ世界に息づくのである。

戦いとまじなひ　戦いは、まさに生と死の岐路である。戦いのあとに残るのは生の感慨と死への恐れである。累々たる戦いの屍を目前にする時、人を殺すことの生へつながる事実が確かめられるのである。死を前に生が息づき、生の前に死が恐れられるのである。

戦いにあって勝ちを得ることは戦いにある者のすべてが望むことであろう。「勝負に勝を得る法」として、「品勝箭々□—□—□—□—□　急々如律令」の符を作り、九字の文を瓶に納め、その願咒、「唵阿摩提莎訶《おんあまだいそわか》」と三七遍誦し、これを呑み、戦陣に臨めばよいとするまじなひなどは、その一例である。

同様な例に「我敵なる人を調伏するの術」がある。神社に至り猫骨陰の釘を九字瓶の中に納めて、その願を書き神木に打つ。その時、「鬼討死すと云う時は敵死す、鬼打蔽すと云う時は敵煩す」と唱える。こうすれば、相手を調伏することができるというのである。こうした手法を一層複雑にしたまじなひは「中ル矢の大事」である。「棗《なつめ》の木七指に矢をこしらへ、弓は桃の木四束にして弦は常の如くにして鏃に馬脳油を塗る。九字瓶中に矢尻（鏃）を納めて我敵は何人なりとこれを傷破するとの願をこめて人形をこしらへ敵と心得て射るなり、射る時は臨兵闘者皆陳烈在前《りんぴょうとうじゃかいじんれつざいぜん》（＝四縦五横）と唱える。そうすれば相手なる敵の体を破傷する」というのである。この場合、敵たる人形を射抜くことにより敵を倒すというまじなひであり、古くから「うしみつ時まいり」とされる呪術とも通ずる一面を持つまじなひである。

戦いにあたって、種々の困難に遭い、危機に遭う。こうした時、いち早くその事態を避けるために細かいまじなひが用意されている。たとえば、「甲冑なき時、戦場にて負けず屈せず庇を蒙らざる術」がそれである。甲冑を欠いて戦うことは死につながるだけに、こうしたまじなひが生まれてくるのである。こうした時、肌着に幾筋も「[illegible]急々南無威徳来世輩咒梵笠本威徳来生故参一切応得」という符を馬脳油で書き、「唵摩利支天《おんまりしてん》[illegible]莎訶《そわか》」と百遍誦すればよいというのである。こうした肌着への呪句の書付けは、第二次世界大戦中の千人針にも似て威徳、摩利支天の加護によりわが身の安全を得ようとするのである。

敵に囲みこまれ、窮地に立った時に実修するまじなひも存在する。「囲解之大事」とされるものがそれである。南無供帝南婆軍婆時天王という呪を百八回書き、符を作り、九字瓶中に納め、囲いを解かんとする願趣とこの呪を三七遍唱え、敵に投げつける。そうすれば取り巻いている敵は眠気を覚え、気を失うので、その時、抜け出るとよいとするのである。百八回も書き、三七遍も唱える余裕が、こうした時にあるか否かは問わないまでも、こうした呪句に効用が期待されていたのである。

夜討ちも戦う者にとって恐れるべき事態であった。夜討ちを未然に知り、ひと時前に目を覚まし、対応するためのまじなひがある。「閨寧之術枕之風」という術がそれである。夜討ちされる前に目を覚ますには、寝所の天井の、常に目をくばりうる所へ目開目開という符文を書いて九字瓶中に納め、その願をかけ、貼ればよい。さらに夜々、枕の上へ卍」と唱えながら書く。一切の災難・怨敵は入り来らずと心得えて四方に九字(臨兵闘者開陳烈在前＝四縦五横)を切ればよいと説くのである。目開の二度重ね自身、その目的とよく合致する符文であるだけに、符の意がよく読み取れるのである。

　味方の兵が海山に阻まれたり、敵兵に遮られて道を失っている時、いながらにしてその兵をよぶには「兵を呼之術」が用意されている。猫骨陰の釘を九字瓶中に納め、願の趣きを唱え、これを取り出して地面に「今宵は山も無し川も無し水も浅く山も低し道も吉し」と書き、釘を指し置く。そうして味方のいるほうに向き、先の歌を読み行けばよいとするのである。「今宵は山も無し川も無し」といった呪歌はすべての障害となるものが取り除かれ、味方が早く我がほうに来るに便なるようにの意であり、呪歌がその効を発動することによって、一刻も兵を早くよび寄せることができるとするのである。

　わが身を戦場で守る術とは別に、相手を倒し、死に追いやり、敗れさせる術・まじなひも数多い。戦いに出る日、出さまに弦を打つといった呪儀もそうした一例である。『高忠軍陣聞書《たかただぐんじんききがき》』には、「出さまに弦打をする也、南の方にても東の方にても向きて一ツ打べし。人打といふ義也」とみえるが、一度、弓弦を打つことが人打ちに意が通じ、敵を打つという意となるのである。きわめて簡単な語呂合わせにも近いまじなひであるが、こうした呪儀がさまざまに生きていたのである。

　『北条五代記』には「天文六年、北条氏綱《うじつな》が鰹《かつお》つりを見物中、その舟中に鰹一隻が飛び入るといった喜悦の珍事があり、以後戦場への門出の酒には肴鰹を専ら用いる」とあるが、その根拠は、鰹に勝負に勝の意をかけているのである。

　「懐中弓之術」といった術は、悪人や敵をこらしめ、死に至らしめる術である。辛丑《かのとうし》の日に竹を切り、弦は常のごとく長さ四連とし、矢は七指の寸で作り、紙に「曰晶山急々如律令」の符を書き、弓矢を巻き、その上に馬脳油を塗り置く。そうして摩利支天・愛染明王を備えて摩利支天・愛染明王の呪を唱え、敵の人形をこしらえて、そのいるほうに向かい、射れば敵は必ず死ぬとしているのである。この呪符の意はなお分明しないが、死に至らしめる力を備えた呪句であることはいうまでもない。敵を示す人形を射る行為とあわせて死を与えるまじなひとして、戦いでは用いられたのである。

普通、忍術とよばれている術も、まじなひ世界の一画を占める呪儀である。「象を隠す之大事」とよばれる一呪儀を例にとると、「紙にて我が姿の隠れ見えざる程の、頭から足までかかる袋を作り、目の所のみ見えるように開け、ここへ五逆の油を用いて観耶微戈汝等諸智疫気心と記し、一面に五逆の油を塗り九字瓶中に納め願呪一百遍を唱える。用いる時にも同様にして被れば、敵の目に見えることなし。是れ昼の忍びに用いるなり」と述べている。大きな紙袋をかぶり、呪油・呪願・呪文を用いると、その象＝姿を隠すことができるというのである。現実にこうしたまじなひが、相手の目をくらますことができるか否かは問題があろう。しかし、まじなひ世界ではこうした術が一つの効を伴うものとされ、戦いの場では信じられていたのである。

忍びの者たちにとっては、他の人々とは異なった特異な能力が要求される。たとえば、「闇夜に七里迄見放す法」などはその一例であろう。「地狐《ちこ》の胆を取りて三七日かげ干しにし、赤地錦をもって包み壇上に置き、心経首巻を誦すること常になせば、用いる時にこの包みを額に当てれば七里を見通す」という。まったく非科学的ではあるが、まじなひ世界ではこうした地狐の胆の包みの効用が息づいていたのである。

戦いをめぐるまじなひ世界は、きわめて生死にかかわるだけに、精細にきめこまかく用意し、構築されているといえるのである。まじなひ世界からする戦いの検討、研究こそ今後学問上必要なのである。

初出一覧

序　まじなひの世界・事始（原題「まじないの考古学・事始」『どるめん』No.18、一九七八年）

Ⅰ　まじなひ入門

古代の祭礼と儀礼（原題「祭礼と儀礼」『古代史発掘10 都とむらの暮し』講談社、一九七四年）
漢礼　道教的世界の受容（同題『日本歴史考古学を学ぶ（中）』有斐閣、一九八六年）
古代の笑ひに（同題『月刊文化財』八月号、一九七九年）
戯　画（同題『古代史発掘10 都とむらの暮し』講談社、一九七四年）
人面墨書土器（同題『月刊文化財』一月号、一九七八年）
古代のまじなひ世界（原題「古代まじない世界」『神と人』大阪書籍、一九八六年）
中世まじなひ世界の語りかけ（原題「中世―まじない世界の語りかけ」『季刊日本学』第二号、一九八三年）

Ⅱ　呪符と呪儀

触穢札と神事札と（同題『元興寺文化財研究』No.9、一九八二年）
鬼神と人とその動き（同題『文化財學報』第四集、一九八六年）
蘇民将来札とその世界（同題『四日市市史研究』創刊号、一九八七年）
屋敷と家屋のまじなひに（原題「屋敷と家屋のまじないに」『草戸千軒』No.88、一九八〇年）
墳墓鎮祭呪儀の成立と展開（原題「日韓両国墳墓鎮祭呪儀の成立と展開」『歴史学と考古学』高井悌三郎先生喜寿記念事業会、一九八八年）
城とまじなひ（原題「まじない」『日本城郭大系　別巻Ⅱ』新人物往来社、一九八一年）

解題　水野正好先生とまじなひの世界

狭川　真一

数多い水野先生の論考の中から、まず広義のまじなひに関係すると思われるものを抽出し、さらにそこから少し平易に書かれていると判断したもの十数編に絞り込んだ。その上で、先生自らが本書の刊行をイメージされていたかのような「まじなひの世界・事始」の論考を序に据えて、その他を大きく二つにまとめた。

まず前半に「まじなひ入門」の章を置いて、さまざまなまじなひについて学ぶこととし、後半に「呪符と呪儀」という、一部では今も我々の身近にあるまじなひ世界について学べるように区分した。

さて、本書に収載した各論考については、生前、水野先生ご自身が各論考を要約し、短くまとめられた資料が残っている。どうやら奈良大学に大学院を設置することに伴い、当時の文部省へ提出するために書かれた必要資料の下書きのようである。平成四年(一九九二)三月刊行分までが記載されていて、幸いにも本書に収載した論考はすべて含まれていた。本来なら私が解題を記さねばならないところだが、先生ご自身の言葉で論旨や執筆の意図を簡潔にまとめられたものであり、それぞれの論文への想いが伝わってくるという意味でも、これをそのまま掲載することにした。

掲載にあたり原文をできる限り活かすため、水野先生独特の仮名遣い、送り仮名も含めて残された下書き原稿そのままとし、若干の読点を加える程度に留めた。したがって、本文中では統一により消えてしまった、たとえば人面墨描土器などの文字もそのまま残されている。

序

◎まじなひの世界・事始

研究者の全くないまじなひで世界をどのように復原するのか、その言触れとして、すでに検討をおへていた分析について全般を見通しながら判りやすく説明し、その体系を概略示した。

I　まじなひ入門

◎古代の祭礼と儀礼

従前、都市としての平城京、律令制下の各地の官衙をめぐっては宗教的に問われることは乏しかった。仏教や神道とは異る道教的—陰陽道的な祭礼・儀礼を殺馬漢神、人面墨書土器と祓流し、福徳神をめぐる祭礼などをとりあげ、具体的にその内容をのべた。

◎漢礼　道教的世界の受容

中国で発達した組織的な道教はそのままの姿では日本に伝わらない。道観も道士も姿をみせない。しかも陰陽道という名で呼ばれる以前の道教的世界は、中国の日常的な道教が中心である。こうした道教的世界を「漢礼」という用語で表現すればいいとといた。

◎古代の笑ひに

日本古代の笑ひが如何なる役割を果すものであるか、縄文仮面の笑ひを呼ぶ表情や埴輪人物中の楯持人の顔の表情、農夫婦の田遊びに見られる笑ひの表情を通じて、笑ひが疫鬼を却け、陰気をはらひ、光明世界をもたらすと考えられていたことを詳細に語った。

◎戯画

奈良時代の戯画と呼ばれる資料を集成し、その背景にある心性をといた。人面墨書土器と呼ばれる壺や皿型土器の絵画が疫鬼を中心とする祓流しの絵であること、別に呪詛の絵画資料とみなされる秋田城発見の弓矢と係る人像など種々相を示した。

◎人面墨書土器

平城京や河内で発掘される人面墨描土器の例が増加。その大部分が小壺であることに注目し、延喜式やその他の史料からその祓えの贖(あがなへ)の小壺としての用途を導き、さらに描かれた人面と酔胡従面も対比し、疫鬼—流行神の表情であろうとした。

◎古代のまじなひ世界

古代の刀剣を中心にその象嵌銘文などを通じて、いかに天皇と刀剣がまじなひ世界でつながっているか、また金装横刀や銀人を用いる大祓の東・西文部の働きがこうした刀剣とまじなひ世界をいかに雄弁に語るか、他の資料も加え、古代のまじなひを記した。

◎中世まじなひ世界の語りかけ

中世の僧侶、貴族の日記を中心に日常生活の中で反復される日ごとの定まった呪儀、或ひは何十年間に及ぶ定期的に実修される呪儀をとりあげ、その性格や、生活に占める位置を与え、その呪儀の内容などを具体的に考古学の成果をも加えて記した。

II　呪符と呪儀

◎触穢札と神事札と

触穢時に樹てられる触穢礼、神事のための浄化時に樹てられる神事札の内容を記録から復原し、穢・浄空間の扱い、意識の相違をとりあげた。また両札の間に見られる共通性を指摘し、併せて両札が対構造をなすものであることをのべた。

◎鬼神と人とその動き

呪符や呪法書の中にはおびただしい鬼神の姿がたどれる。こうした鬼神がどのような容貌をもち、どのように日常生活の中に潜み、人々の生活を侵犯しているのか、病気や貧しさに対応する一鬼の働きに対応する人の動きを追求し、人と鬼の関係をあとづけた。

◎蘇民将来札とその世界

中・近世をいろどる蘇民将来の信仰を汎日本的視野から検討し、その展開、分化の流れを追った。とくに蘇民将来をめぐる牛頭天王、天刑星、波梨采女、八万四千六百五十四神王などの神統譜や、札の形状の分化などについて具体的に記述し、四日市市の事例と重ねた。

◎屋敷と家屋のまじなひに

屋敷を設ける、家宅をたてる、そうした人生の大事にどのようにまじなひ世界がかかわるかを、地鎮、鎮壇、立柱、屋敷地取、梁渡しなどの諸段階ごとに検討し、その具体相を提示した。中世の屋敷や家宅の発掘例が増加しつつある傾向に資するための小稿である。

◎墳墓鎮祭呪儀の成立と展開

墳墓の造営にあたり一種の地鎮祭が執行されるであろうことは予測されるところであるが、韓国の七世紀初めの古墳、我国の九世紀初めの火葬墓にその実例が見られることを指摘。相互の比較、地鎮祭や鎮壇の際の鎮め物を対比、日韓同根の呪儀を復原した。

◎城とまじなひ

従前、城郭や兵乱にともなうまじなひは等閑視されてきた。東北大学所蔵の呪法書などを用いて城郭をめぐるまじなひの種々相、戦乱時のまじなひの種々相を示し、この世界にもまじなひが色濃く息づいていることを明らかにし、まじなひのもつ意味を提示した。

本書に収載した論考は、昭和四十九年(一九七四)から昭和六十三年(一九八八)にかけて執筆されたものである。昭和四十九年と言えば、十月に大阪府教育委員会を退職し、文化庁文化財保護部記念物課調査官に転職された年である。文化庁での四年間は全国を駆け回り、各地で重要遺跡の史跡指定を実現し、斬新な視点と着想で調査の指導をされるすがたは、考古学のテクノクラートと評された坪井清足先生をして「あの小躯に、よくもかくまでの学問と行政手腕を秘めているのか」(『続文化財学論集』序文)と語らせる活躍ぶりであった。そして昭和五十四年(一九七九)には、奈良大学に全国ではじめて新設された、文化財学科の教員に就任されたのである。

大学での教育と研究の成果は、卒業生の多くが文化財専門職の道に進んでいることにも表れている。筆者もその一人であるが、先生の指導を受け、今も文化財の世界に身を置き、さまざまな立場で取り組む者は北海道から沖縄までほぼ全国に広がっている。そして平成六年(一九九四)には奈良大学学長に就任され、二期六年の間、お務めになられている。

さて、水野先生とまじなひ世界の資料との出会いは、昭和三十六年(一九六一)五月に元興寺仏教民俗資料研究室(奈良市)で担当された、元興寺境内の発掘調査とその出土品および本堂・禅室の解体修理で発見された、膨大な仏教民俗資料に触れたことに始まる。元興寺ではまじなひ資料だけでなく、当時の住職・辻村泰圓師との出会いが後の人生集墳論も、墓道を設定して多くの古墳を有機的に結びつけて説明しようとする試みは斬新であった。他にも新しい切り口で数多くの論考を発表し続けられた。その内容には、後のまじなひの世界論の前段階を感じさせる精神を説いた内容のものも含まれ、論文を通じて具体的に人の心や人の動きを描こうとしたことがよく理解できる。水野先生の論考に一貫して見えるのは、考古学を通して、そういう人の心根を読み取ろうとするものであった。

考古学によるまじなひ世界の研究は、前人未到の世界でもあったことから、読み通すにはかなり難解な部分もあることは否めない。しかし通読するとそこには、古代や中世に生きた人々の存在を感じていただけることに間違いはない。

（大阪大谷大学文学部教授）

を大きく左右するものとなった。その一つが、奈良大学教員への就任である。辻村泰圓住職は一時期、奈良大学の理事長を兼務しておられ、その時に日本で最初となる文化財学科創設を着想された。そして実現に向けてご尽力されるなか、水野先生には「設立の暁にはどこに居ても奈良大学に来て教壇に立ってほしい」と約束されていたと聞く。昭和五十四年の開設直前に残念ながら辻村泰圓住職は急逝されてしまったが、当時の約束を果たされ文化庁を退職し、奈良大学文学部文化財学科助教授に就任されたと聞いている。その後も縁もあって長く元興寺文化財研究所の評議員をお務めになり、晩年には所長に就任され、現役のままお亡くなりになるまで、元興寺への想いはそれはそれは深いものがあった。

このような背景を知るとき、水野先生とまじなひ世界の結び付きは必然であるかのように思ってしまうのは私だけではないだろう。しかし、決してそれだけには留まらず、若き日に発表された縄文の集落論は当時の考古学に大きな影響を与えるものであったし、埴輪芸能論も形象埴輪の意義を古墳上で復原的に考察して注目された。後期古墳の群

あとがき

本書の編集は狭川真一と江浦洋が担当したが、実のところ高志書院・濱久年氏のお力添えがなかったら未だに完成していなかっただろうと思う。精力的に数々の提案をいただき、着々と進めていただいたことで形になった。記して感謝を申し上げます。

なお、本文の校正は主として江浦が、解題は狭川が担当したが、畏友・高野学氏、和氣清章氏の助言を受けた。

余談だが、狭川の前職は元興寺文化財研究所副所長で水野所長急逝後に任命され、定年まで勤めさせていただいた。また江浦は大阪府文化財センター次長の要職を水野理事長の元で務め、今は元興寺文化財研究所の嘱託研究員として勤務している。すべて元興寺でつながっているところに仏縁を感じない者はいないだろう。

きっと水野先生は、元興寺の極楽堂へ時折お越しになり辻村泰圓師と談笑しながら、今も我々を操っておられるように思えてならない。

狭川真一・江浦 洋